TopBook
饕书客
一个人，遇见一本书

特战典争 012

TopBook 磐书客

千年匈奴史

这是一个充满无畏勇气和冒险精神的民族
这是一个狂野奔放、难以捉摸的民族

This is a wild and unpredictable nation
This is a nation full of courage and adventure

这些来自辽阔草原和浩瀚大漠的游牧者有着说不清的来历，道不明的去向

These nomads from vast grasslands and vast deserts have an untold history and an unknown destination

他们如沙尘一般骤然兴起,将无尽的杀戮劫掠和金戈铁马用刀剑刻在史书上

They rose up like dust and carved in the history books the endless killing and plundering with shining spears and armoured horse

只留下千年感叹和英雄悲情在后人心头萦绕

Only left a thousand years of exclamations and heroic tragedy in the mind of future generations

这就是匈奴

This is the Huns

龚 琛 / 著

陕西新华出版传媒集团
陕 西 人 民 出 版 社

图书在版编目（CIP）数据

千年匈奴史 / 龚琛著 . —西安：陕西人民出版社，2018
（战争特典）
ISBN 978-7-224-12826-0

Ⅰ . ①千… Ⅱ . ①龚… Ⅲ . ①匈奴—民族历史 Ⅳ . ① K289

中国版本图书馆 CIP 数据核字（2018）第 157744 号

出 品 人：惠西平
总 策 划：宋亚萍
出版统筹：韩　琳
策划编辑：王　凌　关　宁
责任编辑：王　倩　张启阳
整体设计：哲　峰　杨亚强

千年匈奴史

作　　者　龚　琛
出版发行　陕西新华出版传媒集团　陕西人民出版社
（西安北大街147号　邮编：710003）
印　　刷　陕西金和印务有限公司
开　　本　787mm × 1092mm　16开　19.75印张
字　　数　310千字
版　　次　2019年1月第1版　2019年1月第1次印刷
书　　号　ISBN 978-7-224-12826-0
定　　价　65.90元

这是一个

充满无畏勇气和冒险精神的民族，

这是一个狂野奔放、难以捉摸的民族。

这些来自辽阔草原和瀚海大漠的游牧者有着说不清的来历，

道不明的去向。

他们如沙尘暴一般骤然兴起，

将无尽的杀戮劫掠和金戈铁马用刀剑刻在史书之上；

又像烟火般昙花一现，

只留下千年感叹和英雄悲情在后人心头萦绕。

——

这就是匈奴。

目录

第一章 草原之子

CAOYUAN
ZHIZI

第一节 哪来的匈奴？

1. 华夏余脉，夏之苗裔？ 关于匈奴的话题在中国绝不新鲜，但介绍匈奴的书籍却寥寥无几。随手捡起一本书来看看，翻来覆去大概总是那几句话："匈奴，其先祖夏后氏之苗裔也，曰淳维。唐虞以上有山戎、猃狁、荤粥，居于北蛮，随畜牧而转移。"

这段话首先将匈奴划到华夏族的范畴内，毕竟大伙儿都有同一祖先，于是暗中埋下了可以进行"统战工作"的伏笔。接着又指出淳维的子孙们是专营畜牧业的蛮族人士，明确将其与农耕为主的汉民族划分开来。而且其祖先山戎、猃狁、荤粥都曾有侵扰中原祸害百姓的旧账，倒叙起来的话，山戎侵扰过燕、齐；猃狁曾与周宣王姬静大打出手；而身为蚩尤余孽的荤粥更是胆敢去抗衡"伟大领袖"轩辕黄帝！大伙儿与他们打交道时还是小心为上。这么有水平的话自然出自大家之手，作者便是太史公司马迁先生。

司马迁生活在西汉时期，那时候东亚大陆上的两大强国——汉帝国与匈奴帝国正展开长期争夺霸权的战争。在争霸过程中，汉与匈奴上演了绵延数百年的和亲—战争的戏码。汉对匈奴的态度变化无常，在又打又拉的过程中分化瓦解了不可一世的匈奴帝国。

匈奴本身未必同意司马迁的论断，但他们本身没有发展出文字，后来又逐渐衰落消亡，自然更加无法占领舆论宣传阵地，使用笔杆子为自己摇旗呐喊。于是在以后的历史中，匈奴的"夏起源说"便被魏晋南北朝乃至于隋唐五代和宋元明清的历史学家们不断地加强巩固，逐渐发展出“淳维以殷时奔北边”和“尧时曰荤粥，周曰猃狁，秦曰匈奴”，“夏桀无道，汤放之鸣条，三年而死。其子獯粥妻桀之众妾，避居北野，随畜移徙，中国谓之匈奴”等诸多注解。

尤其是最后这条很有意思，利用匈奴特有的收继婚姻风俗来加强自己的论据。大体上是说夏王朝的末代君主姒履癸被商汤流放而死后，他的儿子獯粥先是“收编”了自己的若干后妈，接着率部跑到北方草原上过起游牧的浪漫生活，从而形成了匈奴。

这种对匈奴起源的认识绵延两千余年，直到近代国学大师王国维才对其进行了纠正。

王国维否定了匈奴起源自夏后氏的观点，但对于匈奴源自山戎、猃狁等古代蛮族的看法还是很赞同的。不仅如此，王国维还进一步通过对甲骨文和金文的研究，运用音韵考证认为商代的鬼方和西周初期的昆夷也都是匈奴的祖先。他在《鬼方昆夷猃狁考》中提出：“见于商、周间者曰鬼方，曰混夷，曰獯鬻。在宗周之季则曰猃狁。入春秋后则始谓之戎，继号曰狄。战国以降又称之曰胡，曰匈奴。”

王国维的观点成为近现代匈奴研究的金科玉律，至今国内的大多数学派都沿袭了王国维的学说。

太史公司马迁在《史记》中概述了匈奴起源的传说

虽然司马迁—王国维理论体系的名头甚大，但照样也有不买账的。

例如现代学者蒙文通就不同意王国维的看法。他在《周秦少数民族研究》等文中，认为鬼方、畎夷、荤粥、猃狁并非匈奴，真正和匈奴同族的，应该是义渠。

黄文弼也持有类似的见解，他在《论匈奴族之起源》一文中说：“余按鬼方、荤粥、混夷、猃狁皆古之羌族，与匈奴异。自太史公混为一族，遂今后世羌、胡不分也。”

蒙文通的主要论据是羌人和匈奴之间存在着巨大的服饰和发型审美差异，“被发左衽”的羌和“胡服椎结”的匈奴，就如同马褂辫子的努尔哈赤与长衣扎髻的朱由检一样，是截然不同的两个民族。所以匈奴的前身不是形成羌人的鬼方、猃狁等，而是林胡、楼烦、义渠，因为他们往往都被称为胡——春秋时，他们又被称为狄。

黄文弼也在《古代匈奴民族之研究》中提出春秋的白狄（白翟、北狄），战国的林胡、楼烦、义渠，就是后来的匈奴。他们二人都提到的义渠是古代北方少数民族，在商代前是西方羌戎民族的一个分支，原居宁夏固原草原和六盘山、陇山两侧。义渠在商代一直同鬼方争夺生存空间，后来又不断蚕食先周姬姓部落建立的豳国。到了周文王姬昌末年，大臣姜尚曾派使臣南宫适出使义渠。义渠首领送马、鸡和犀牛给文王，二道贩子姬昌又将这些东西转献给商纣王子受辛。

由此可见，义渠经常同周人做生意，关系挺近乎。而鬼方就比较不上道，不懂得与周朝和谐相处的好处，于是逐渐被周朝军队驱逐到河套地区，义渠则趁机内迁占据了陇东大原地区。这里土地肥沃，水草丰茂，畜牧业得到空前发展，农业也开始出现。义渠人口大量增加，从而发展成为区别于其他羌戎的义渠族。义渠族全民皆兵，遇到战争便倾族而出上战场。兄长死后，弟弟可以娶嫂为妻，这些风俗似乎都与匈奴相符。而义渠被秦所灭后，其残留后裔以匈奴的名号再兴似乎从时间上也说得过去。

龟背上的甲骨文关于昔日匈奴的只字片语

《史记·秦本纪》中记载“韩、赵、魏、燕、齐帅匈奴共攻秦”，而《战国策·秦策》中也记载着义渠王在同一年“起兵袭秦，大败秦人于李帛之下”，两份史料相互印证，似乎可以证明《史记》中所说的匈奴便是《战国策》

中所说的义渠。无论是匈奴还是义渠，这次进攻最终还是被秦国瓦解。

公元前314年，秦国在中原战场取胜后，调集重兵从东、南、西三面入侵义渠，先后夺得义渠二十五城，义渠国土大大缩小。

公元前306年，幼小的秦昭襄王嬴稷即位后由母亲宣太后芈八子摄政。宣太后是个极为厉害的女人，她使出美人计诱惑义渠王于甘泉宫，还一口气为义渠王生下两个儿子！

这下义渠王完全丧失了对秦国的警惕，未能阻止秦国对自己国家进行的渗透。时机成熟后，宣太后眼皮都不眨一下地杀了义渠王，接着灭掉义渠国。义渠族大部也融入秦人之中，逐渐汉化成为汉民族的一部分。

嬴稷母子灭掉义渠后又修筑长城"御胡"，在去除北方后顾之忧后便开始大举侵略关东六国，到嬴稷在位末期时秦国领土已经超过其余六国的总和，秦统一天下的基础由此奠定。

上述两种匈奴起源的推测其实都是根据古代史料进行的论证，可惜同样在古代史料中也充斥着与之相悖的记载。例如关于鬼方的军事组织结构和战争方式的记载就与匈奴截然不同。周康王姬钊时期的小盂鼎上刻着大将盂王奉命讨伐鬼方的事迹。上面有"孚车十两""孚车百口百两"的记载，也就是说周军缴获了鬼方军队的战车若干，而使用战车绝非游牧民族的作风。此外，戎、狄等民族在古籍中往往有徒步作战的记录，与匈奴的骑射差距甚远。

春秋战国时期的戎、狄等民族大多已经进入半定居的状态，尤其是义渠在与秦的长期战争中曾修筑城池要塞抵御秦军进犯，这绝非游牧民族的作风。

《后汉书·西羌列传》中记载战国时期"义渠、大荔最强，筑城数十"，秦国在进攻中被迫频繁地进行消耗较大的攻城战。而义渠国与狄人分支鲜虞建立的中山国都仿效中原诸侯国的政治制度，大量任用中原人士为官吏。例如司马迁的祖先司马赒就曾三任中山国的相邦。在《史记·太史公自序》中，司马迁也确认先祖司马氏"相中山"。司马赒曾趁着邻国燕国内乱时"亲率三军之众，以征不义之邦"，得胜后"择燕吉金，铸为彝壶，节于禋，可法可尚，以飨上帝，以祀先王"，这说明义渠国与后来的匈奴帝国在政治制度上毫无延续性可言，况且义渠人崇尚火葬，而匈奴则是土葬。《墨子·节葬》中记载义渠人"不忧其系垒也，而忧其死不焚也”，这种观念是与他们的宗教信仰紧密相连的。

2. 一锅混沌乱炖的“匈奴粥” 既然匈奴起源于华夏后裔的假说有破绽，那么自然会有人提出新的猜测。反正假设错误的话也不会有匈奴人跳出来反驳，更加没有因为伤害了匈奴人民感情而引起民事诉讼官司的危险。于是史学界还有如下的假设存在：匈奴是外来户，他们是从西方迁徙而来的游牧者。不过此西方并不是欧美友人的意思，而是特指突厥种族。

现代学者岑仲勉在《伊兰之胡与匈奴之胡》中提出：“所考匈奴有西来之痕迹，并非指阿利安种，只似为从西北徙来之突厥种，其人先与伊兰近居，自不难挟伊兰胡以具至……”而俄罗斯和蒙古学界则提出匈奴是秦汉之际在北方草原上新兴的游牧势力，与以往诸少数民族并无直接的继承关系。

诸多说法不一而足，谁也没有决定性的证据可以辩过其他假说。毕竟这是一个早已消失又没有文字的民族，连司马迁都在《史记·匈奴列传》中打好了预防针：“自淳维以至头曼，千有余岁，时大时小，别散分离”。也就是说这个民族的发展延续实在是难以严格考证。

匈奴的起源，难道真是不解之谜么？

当然不是——从石头里蹦出来的只有孙悟空，匈奴人可没这么神通广大。

14 世纪的伊利汗国史学家拉施特丁在《史集》中这样介绍蒙古民族的由来：“由于塔塔尔人非常伟大和受人尊敬，其他非塔塔尔人各民族也以塔塔尔人的名字为世人所知……这些非塔塔尔人由于把自己列入塔塔尔人中，也觉得居于伟大和可敬的地位……各种非蒙古部落，均仰赖成吉思汗及其氏族的洪福，才成了蒙古人。这些人原来都各自有自己的名字，但如今为了自我炫耀，他们都自称为蒙古人。”

也就是说蒙古塔塔尔部落兴起后，被其吞并的其余草原各部落也都以蒙古人自居，例如克烈部、乃蛮部和汪古部本是突厥分支，在被铁木真征服后他们也心甘情愿地成为“蒙古人”。这是游牧民族的一个特点，他们对于种族和国家的概念并不像汉人那么敏感。当蒙古帝国崩溃后，这些部落也随之放弃了自己的蒙古身份。克烈和乃蛮与乌孙、钦察等部落再度组成了新的民族——哈萨克。

14 世纪的伊利汗国史学家拉施特丁所著《史集》中的插图：贵族们朝见成吉思汗

1940 年，一个蒙古牧民的背影。身为游牧民族的代表，蒙古人在文化上与匈奴也有传承

以此为样板，将时间上溯千余年到匈奴的时代，是不是也可以做类似的理解呢？

到了春秋战国时代，上述民族全都消失，取而代之的是戎、狄等新的民族称谓，并且还有数以百计的分支存在。这些民族同样也不是空降到中国大地上的，他们必定是古代少数民族部落互相兼并融合后产生的“新”民族，虽然名字不同，但以部落民族为中心活动的特点却保持不变。以草原民族的特性而言，匈奴不可能是单一氏族和部落的直系后裔，他们是不同部落联盟的产物。匈奴内部的各分支如屠各、宇文、独孤可以看作是构成匈奴帝国的不同部落，而那些贵族大姓氏如挛鞮、呼延、兰等也可以看出昔日不同氏族的痕迹。更何况诸多匈奴“别种”“别部”的存在，更是说明了匈奴起源的复杂程度。

既然匈奴帝国是个类似多民族体系的国家，我们可以推断所谓“匈奴”便是在这个民族兴盛时最有代表性和最具实力的一部分，当这个部分兼并其他部落或与其他部落联盟后，匈奴这个名称也像日后的塔塔尔、蒙古一样被其他部落和民族所接受，从而成为他们共同的名号。这个关于匈奴起源的理论从上世纪初开始就有国内外学者提出，例如杨建新在《中国北方少数民族史》中指出，匈奴是以早已存在于北方的某一强大部落为基础，结合了鬼方、猃狁、荤粥和戎、狄乃至于一部分中原华夏族成分的部落联合体，在战国后期形成了新的匈奴族。乌恩结

内蒙古阴山岩画时间跨度极大，其中就有山戎、猃狁、荤粥等部族留下的印记

合考古学发现和史籍记载提出匈奴的确有西方突厥种族的血统，也有中国北方古代少数民族的成分，这种差异导致了后来南北匈奴的分裂。这种解释是以北方草原兴起论为基础，融合了其他推论的一种大杂烩式的解释。从效果上来看可谓是攻守兼备，左右逢源，很好地解释了匈奴那神秘莫测的起源之谜，至少不会让读者的理解力乱成一锅粥……

匈奴与其说是一个民族，不如说是一种游牧文化。

第二节 草原之子

1. 匈奴种族——远古“联合国” 匈奴人到底是个什么模样呢?

司马迁在《史记》中对匈奴相貌没有特别的描述，似乎他们与汉人之间没有巨大的差异。没有详尽的文字描述，我们还有雕塑可供揣摩——在陕西兴平西汉名将霍去病的墓前有一尊一百四十厘米高的“马踏匈奴”雕像，马腹下的匈奴人左手持弓，右手以短矛刺马胁。此人面阔多须，头大而后仰，高颧骨小眼睛，眼睑呈三角形，厚唇平鼻，低额大耳，这种相貌貌似有蒙古人种特征。

王国维认为匈奴人“深目多须”，应该是典型的突厥人相貌。内蒙古鄂托克旗三段地汉墓中出土的土男俑则均为长颅高鼻深目，颇有欧罗巴人种特点。陕西长安县（今西安市长安区）沣西乡客省庄出土的匈奴墓葬中发现了表现匈奴人摔跤的透雕铜饰，匈奴人高鼻长发，也具有鲜明的突厥人种特征。在初唐史学家李延寿所撰的《北史・突厥传》中就明确指出：“突厥者……匈奴之别种也。”就目前的东亚考古学发现而言，匈奴人相貌以蒙古人种者居多，但也包括一些突厥或欧罗巴人种的特征。

曾饱受匈奴入侵之苦的欧洲人对匈奴人的记载更多，如哥特历史学家约丹内斯记载道：“他们的肤色很黑，脸没有定形。应该是眼睛的地方长了两个黑洞，鼻子平扁，面上疤痕累累”，“胸宽头大，眼很小，鼻梁扁平，皮肤稍黑。大体上看很接近蒙古圆头人种的特征。至于其皮肤，则由于草原上太阳的强烈辐射而变成了黑褐色”；希腊人措西莫斯认为“他们看上去和猴子差不多”；斯道尼乌斯主教更是说："匈奴人的新生儿也有一张令人恐怖的脸……他们的鼻子不允许超过脸的高度，为了长大后在作战时能戴上脸盔，不惜用带子裹住鼻孔以遏制其生长。在这种情况下只有亲生母亲才会给自己的儿子破相。"上述描述充斥着仇恨情绪，似乎让我们看到了一个可怕的半兽人部落。

幸而有法国现代汉学家戴遂良给我们提供了一番中立的研究成果："他们的身材是矮小的，有粗短的体格，圆而极其硕大的头，脸宽，颧骨高，撇开的鼻翼，相当稠密的上唇须，除了在颌上的一簇硬毛外没有胡子，在穿孔里戴着一个环子的长耳朵。除了在头顶上留有一束头发之外，一般是剃光的。眉毛是厚的，眼睛突出像杏仁一般，瞳仁是活泼的。"此外由于多食奶酪，匈奴人的颧骨下面有两团暗红的油光。

如此复杂多样的相貌也从一个侧面说明了匈奴种族的复杂性，不过在东西方史料中对于匈奴衣着、饮食和作战习惯的记载大致上是统一的。

《史记》上说匈奴人"自君王以下，咸食畜肉，衣其皮革，被旃裘"，"儿能骑羊，引弓射鸟鼠；少长则射狐兔：用为食。士力能弯弓，尽为甲骑"，"其长兵则弓矢，短兵则刀铤"。

古罗马史学家阿米亚诺斯描述："匈奴人的凶猛和野蛮是难以想象的。他们划破孩子们的面颊，使他们以后长不出胡子。他们身体粗壮、手臂巨长，不合比例的大头，形成了畸形的外表。他们像野兽般地生活，吃生食，吃树根和放在他们马鞍下压碎的嫩肉不调味。他们不知道犁的使用，没有固定住处，常年游牧。他们从小习惯了忍受寒冷、饥饿和干渴。畜群随着他们迁徙，其中一些牲畜用来拉篷车，车内有其妻室儿女。妇女在车中纺线做衣，生儿育

霍去病墓前的马踏匈奴石雕

女，直到把他们抚养成人。如果你问他们来自何方、出生于何地，他们不可能告诉你。他们的服装是缝在一起的一件麻织内衣和一件鼠皮外套。内衣是深色调的，穿上后便不再换下，直到在身上穿坏为止。头盔或帽子朝后戴在头上，多毛的腿部用羊皮裹住，是他们十足的盛装。他们的鞋子，无形状和尺码，使他们不宜行走，因此让他们作为步兵是相当不适合的，但骑在马上，几乎像铆在他们的丑陋的小马上一样，这些马不知疲乏，奔驰时像闪电一样迅速。他们在马背上度过一生，有时跨在马上，有时像妇女一样侧坐在马上。他们在马背上开会、做买卖、吃喝——甚至躺在马脖子上睡觉。”

汉瓦当“千秋万岁”字样拓片

匈奴地区出土的汉瓦当说明了当地存在一定程度的定居生活方式

从上述记载来看，似乎匈奴是一个纯粹意义上的游牧民族。其实不然，匈奴的城镇和村庄定居点遗址与大量农具和手工艺品的出土表明匈奴也拥有发达的农业和手工业。

例如在外贝加尔地区就有伊沃尔加城址、德日进河边的巴颜—乌德勒城址、希洛克河畔的格曼德尔图城址和七卡河边的都列尼村等大量城镇和村庄遗址，其中有的城镇还拥有城墙等防御设施。尤其在伊沃尔加城址中发现了大约七千平方米的住房和手工作坊。

在游牧王国中出现农耕文明的痕迹并不奇怪。首先中原的华夏族就是匈奴起源时组成它的一分子，其次匈奴从中原掳掠到草原上的大量人口需要安置，不可能全部将他们变成牧奴。于是大量汉民族人口带来的农业也成为匈奴经济的一部分，在匈奴遗址中出土的大量汉式器具和房屋充分证明了这一点，尤其是在俄罗斯哈卡斯自治共和国发掘出的中国式宫殿瓦当上刻着“天子千秋万岁常乐未央”字样，更是令人对宫殿主人的身份浮想联翩。从汉代史料中诸如“会连雨雪数日……谷稼不熟，单于恐”之类的话来看，农业在匈奴社会经济中还是占有相当大比重的。

2. 草原之子的纯真生活 虽然中原传来了农业技术，不过游牧生活还是匈奴人的不二选择。他们的生活节奏由他们畜养的马、牛、羊、骆驼群来决定，毡房木车就是他们的家。在不同季节，为了适应放牧的需要，他们必须经常移换牧地，选择水草丰美的地方做夏营地，寻找可避风寒的谷地做冬营地。对于马和羊，牧场的要求也不一样，马群一般依山而营，羊群则临涧而驻。但是，这种游牧也不是随意进行的，每个部落都必须在一定的地域内按照一定的路线迁徙。他们居住在用木架、毛毡和兽皮构成的帐幕中，一家人不分老少同居在一处帷帐下。在迁移时，他们将拆下的毡帐及家庭用具装在马或牛拉的车上。

匈奴在宿营地驻屯时，将车子围成一圈，毡帐扎在圈内，一般是部落酋长住在圆圈中心，其他人按地位高低从内向外分布。当部落驻扎停当后炊烟升起，匈奴人便会在歇息时唱起歌谣。

匈奴人虽没有文字，但他们的民歌曲调优美嘹亮，在胜利时高歌，在挫败后低唱。除了歌颂领袖和英雄之外，匈奴人还擅长把身边的事物和自身境遇编入歌词，于是匈奴人的喜怒哀乐都会在歌声中悠悠传四方。

为民歌伴奏的是胡笳，《后汉书·窦宪传》中有“远兵金山，听笳龙庭”的记载，其中的笳指的是胡笳，除此之外还有鞞鼓，也是匈奴的常用乐器。这些乐器后来也传入中原，直到魏晋南北朝时还有中原人演奏的记录。例如晋朝的并州刺史刘琨就擅长吹奏胡笳，他吹出的“出塞入塞之声”凄婉动听，令匈奴人听了“有怀土之切”，在思念故乡时泪眼蒙眬。

在匈奴的社会分工中放牧和狩猎是男子的事情，妇女负责挤奶、制作奶酪、剪羊毛纺线和制衣等工作。匈奴的女子真是顶起了半边天，在游牧经济中占有十分重要的地位。当匈奴部落发生战争时，青壮年妇女往往随军出征，管理行李和钱财，同时搭建毡帐，运送粮草辎重等物。在危急时刻甚至要随男子一同上马战斗，这种特有的劳动分工方式决定了妇女在游牧民族中具有相当高的地位。后来花木兰的故事出现在鲜卑的传说中，自然也是这种半边天地位的写照。

游牧民族的牧民都是淳朴、善良的化身，远来的陌生旅人可以把毡房当成自己的家一样走进去歇息。主人会热情地招待客人，不过这种招待是有时间限制的：以热情好客的哈萨克人风俗来看，在他们当中流传着这样一句话：“祖先的遗产中一部分是留给客人的。只要沿途有哈萨克人，哪怕你走一年的路，也用不着带一粒粮、一分钱。”于是第一天的客人是“上天派来的客人”，要殷勤招待；住到第二天则变成了“祖先请来的客人”，自然接着好好款待。俗话说事不过三，在哈萨克人家中做客不要超过两天，毕竟牧民家的牛羊也不是天上掉下来的，于是第三天就变成了“魔鬼派来的客人”，给予粗茶淡饭提醒客人该走人了。如果客人真存了就此留在这里白吃白喝一辈子的念头，那么第四天什么招待都没有了，直接撵出去拉倒……

我有个朋友曾去内蒙古草原深处游玩，他结识了一位蒙古族牧民朋友，两人结伴同游相谈甚欢，无拘无束饮酒高歌。当他离开的时候，那牧民忽然给他跪下磕了一个头。朋友大惊失色忙问这是为何？牧民说你是我的好友，但这一离别今生再也不能见面，所以用这种方式送你。如此真性情，只有草原民族有，想来匈奴人自然也不例外。

匈奴人对天地十分尊崇，在一年三次大规模的祭祀中，正月的春祭、五月的龙城大祭，都要祭祀天地，因为单于代表苍天，阏氏则代表大地。这样，祭拜天地的同时等于也是对单于夫妇的膜拜，有利于巩固其统治。

匈奴祭天最早在鄂尔多斯草原上的云阳甘泉城下，后来此地被秦朝夺去，只好向西迁到河西走廊休屠王右地。后来此地又被霍去病夺取。

对日月，单于要每天在其升起时朝拜：“而单于朝出营，拜日之始生，夕拜月。”另外每次出兵之前都要观察星月，月盛则可攻战，月亏则必须罢兵：“举事而候星月，月盛壮则攻战，月亏则退兵。”由于太阳从东方升起，匈奴人自然产生了以左为尊的观念，毡房的房门也常向左开。因为太阳带来了光明，匈奴人崇敬代表光明的白色，与人盟约时要杀白马歃血，共饮血酒。

对于祖先，匈奴人认为人的灵魂不灭，所以要随葬大批的衣物、器皿乃至奴婢人牲，供其在天国享用，必要时还会通过巫师与祖先对话。正所谓“其送死，有棺椁金银衣裘，而无封树丧服；近幸臣妾从死者，多至数千百人”。

每年五月，单于会在龙城大会诸侯，举行大规模的祭祖活动。坟墓是祖先的住所，位置要严格保密，而且严禁任何人破坏。《后汉书·乌桓传》记载在汉昭帝时东胡的后裔乌桓曾挖掉了匈奴单于的坟墓，打扰了其祖先的清静。匈奴大怒，发兵东击乌桓。

匈奴人的精神世界原始简单，他们信奉以灵物与偶像崇拜为特点的萨满教。在万物有灵的信念支配下，匈奴人膜拜氏族或部落的祖灵，也膜拜日月星辰、风雨雷电、山川土地，乃至于苍狼白鹿等一切草原上的生灵。

匈奴的萨满教没有成文的经典，没有宗教组织，但每个部落都有巫师；没有寺庙，但有祭坛，没有统一、规范化的宗教仪礼，但有相似的祈祷和施法模式。

匈奴的萨满巫师被中原称为“胡巫”。胡巫最基本的功能是为人间沟通和联络神灵、祖灵、精灵、鬼灵诸界，以帮助人间解脱痛苦和灾难。而通灵这个神圣的使命是普通的氏族成员难以承担和胜任的，只有天赋异禀的人才有这种能力。这种能力就是做胡巫的基本素质。通灵能力和某些疾病相联系，如精神疾病的痊愈者、得了天花而不死者、重伤不死者等，据说他们的伤痛是由神灵加诸其身的，因此，往往是未来合格的萨满。

由于有了神灵代言人的身份，巫师的神权与匈奴贵族的世俗权力往往交织在一起，互相作用。除了替匈奴首领沟通上天和祖先之外，胡巫还经常参与现实政治斗争。每次匈奴对外出兵时，都要先由胡巫祷告和占卜，吉则出，凶则缓。

从当时历史记载中可以看到胡巫常常处于匈奴的司法审判体系中，当主持断案的官员无法判断时便要求助神灵指点，也就是全凭胡巫说了算。不少匈奴显贵也会被政敌串通胡巫陷害，不仅会失宠下台还可能丢掉性命。胡巫传到中原后与中原固有的鬼神观念结合，成为贵族官宦们打击政敌的工具，后来酿成了汉代的一场巨祸。

胡巫除了装神弄鬼之外，还肩负着生物战专家的职责。

在汉武帝反击匈奴连获大捷的情况下，单于命令胡巫在死去的牛羊身上施以法术，然后将其抛弃在汉军经过的地方和大漠草原上的水源地。《汉书·西域传》上说“匈奴使巫埋牛羊于所出诸道及水上以诅军”，汉军接触后大批感染疾疫。《资治通鉴》中记载“军中大疫，死者十之三四”。现代历史学家何新在《中国历史与国民意识》中认为这些牛羊是被巫师做过特殊毒化处理的“生物武器”。

汉武帝时的名将霍去病年仅二十四岁就病死了，《汉书》中说“骠骑将军登临翰海，取食于敌，卓行殊远而粮不绝”。也就是说霍去病的军队全靠俘获匈奴的补给来维持军需，所以历代学者大都认为他是匈奴散布瘟疫的受害者。至于到底是什么引起了瘟疫，历代学者众说纷纭。不过可以肯定不是胡巫跳大神的结果，大体上有炭疽、天花和鼠疫等几种猜测。以发病时的症状和日后蒙古军队的类似做法来看，似乎以鼠疫最为可能。

无论如何，被汉人称为“伤寒”的瘟疫由匈奴传入中原，酿成了延续数百年的可怕灾难，连汉朝的灭亡也与瘟疫有直接的关系——东汉末年的黄巾军起义正是依靠送符水治瘟疫的办法串联组织起来的。

3. 头领与英雄 与汉民族“老吾老以及人之老，幼吾幼以及人之幼”的观念不同，匈奴则是“壮者食肥美，老者食其余。贵壮健，贱老弱”。

这是游牧民族的生活方式决定的冷酷风俗，按照投降匈奴的汉人中行说的说法，匈奴人上马战斗是生活的重要组成部分，年老体弱的人没有战斗力，将自己质优味美的食品给强壮的人吃，也是为了自己能得到他们的保护，这样双方都能获得长久的安全。

当然，所谓“贱老”的风俗对于那些位居部落和氏族领袖位置的人来说是不适用的，年纪大的族长贵族等自然有优先享用美食好酒的权利。

不过“父父子子，君君臣臣”思想从来不是草原文化的主流，游牧民族没有什么孝顺和尊君的观念，那么要如何才能让那些出身于不同种族的彪悍游牧者甘心聚集在匈奴的名号之下呢？只能靠首领的英雄名声和草原民族独特的头领和英雄观念。

《左传・僖公三十三年》中说“狄人归其元”，《荀子・王制》中说“元恶不待教而诛”，其中的“元”就是首领的意思。北方的蛮族胡人习惯于服从部落酋长的指挥，就如同脑袋指挥身子一样的绝对服从。这种服从的基础是部落首领的领导能力受到部众肯定，也就是所谓的英雄身份被人们承认。

匈奴人的军事训练从小便在狩猎中启蒙：蒙古高原野兽种类众多，既有可供食用的黄羊，也有危害牧业生产的狼群。所以，匈奴人的狩猎既出于补充食物、手工业原料不足的目的，也有保护牧业生产的考虑。

草原上的野兽大多成群行动，靠个人是无法对付狼群和抓捕黄羊的，匈奴的狩猎一般由集体组织进行，大的部落首领甚至会组织上万骑参与围猎活动。

狩猎同时也是大规模的军事演习，匈奴人喜欢以分散的骑兵队形在草原上拉网似的搜索，驱赶猎物进入包围圈，随即大队人马汇拢合围目标，一声呼哨后乱箭齐发，他们惯于焚林而田、竭泽而渔，对视野中的猎物无论大小一个不留全数杀尽。

在这种危险的大规模围猎中，如果没有必要的技术和纪律，轻则放走猎物，重则被自家人的弓箭射成刺猬。于是，部落领袖便会履行自己的职责，组织全族参与围猎，指挥部众排兵布阵，每一个未来的匈奴士兵也都在狩猎活动中锻炼箭术、培养纪律意识。

在这个过程中，部落首领的领导地位便不断得到巩固，进而获得至高无上的权威。这样的生活方式，使部落进入原始社会晚期的军事酋长制阶段后，不是继续向前发展，而是不断地强化酋长的作用和地位，使之向绝对独裁者方向发展，进而形成草原民族特有的英雄观念。

尊敬英雄、服从英雄、争做英雄成为草原文化的一个鲜明特点，甚至到了无原则的地步。只要你是强者，你就是英雄。而作为英雄的部落首领也反过来要求甚至是强迫部众对自己无条件服从，成为驯服的工具。

匈奴人服从自己最大的英雄——单于，这种特有的草原民族精神将来源纷杂的匈奴凝成了一股可怕的力量。单于的意志就是匈奴的意志，单于的喜怒哀乐就决定了每一个匈奴人和匈奴邻国的生死命运。

这就是草原之子，这就是游牧民族。

当匈奴兴起之后，中原王朝立刻遭遇到无比强劲的危机。胡儿的呼哨和胡马的嘶鸣，将要搅乱那一片大好河山。

第三节 胡马度阴山

1. 胡马度阴山 《史记·匈奴列传》中如此描述匈奴："其俗，宽则随畜，因射猎禽兽为生业，急则人习战攻以侵伐，其天性也。"由此可见，匈奴实在不是一个好邻居。

习惯于草原残酷的弱肉强食法则的匈奴人对中原百姓毫不客气，他们的每一次侵扰都会造成中原诸侯国生命财产的巨大损失，每当秋高马肥之时，南下的匈奴便如候鸟般给中原带来浩劫。

西汉时期刘向的《说苑·卷一·君道》中记载，在公元前 312 年燕昭襄王姬职问政于郭隗时，有"匈奴驱驰于楼烦之下"的语句。

这里的楼烦是古部落名，活动范围在燕、赵、秦的边境地区。由此可见，当时的匈奴已经征服了楼烦，继而严重骚扰中原诸侯国的边防，以至于引起燕昭王的重视。

从战国中期开始，匈奴和东胡等北方少数民族开始频繁入侵中原，首当其冲的就是燕、赵、秦三国。

当时中原的军事力量主要由步兵和战车组成，青铜兵器还是装备的主流。中原士兵们穿着衣袖宽大的服装，行动不便，最快的日行军速度也不到五十里。要对抗来去如风的入侵者实在是力不从心，连及时赶到"欢送"都做不到。

匈奴骑兵普遍使用铁质兵器并拥有优秀的复合"反背弓"，这种弓由弹性优良的木头和金属复合制成，弓的两端和中部另外用兽骨或毛皮加固，有效射程超过一百米。

匈奴的箭种类繁多，有用来猎杀鹿、羊的骨箭，有专门用来传令的响箭，更有射杀大型猎物的铁箭。匈奴军队对于战争用弓箭的制作工艺要求更高，《汉书》中记载阴山出产的上好木材被匈奴专门用来制作弓："冒顿单于依阻其中，制作弓矢"，而对箭矢的制作也不是随便凑合的：必须用位于张掖的一块林地生长的树木才行，"生奇材木，箭竿就羽"。

匈奴专供作战的铁箭头呈三棱状穿透力大得惊人。匈奴骑兵一般随身带上极多支箭，足够一次大战使用。即使用完了也不用担心，因为负责制造弓箭的能工巧匠就在军中，随用随造。

草原民族生性爱杀戮，但对工匠很重视，如此也就不难理解为什么后来的蒙古军队无数次屠城时只饶恕工匠了。至于匈奴打造的径路刀更是天下闻名，此刀削铁如泥，在中原也被视为珍宝。

除了武器之外，匈奴骑兵还有完善的防护装备，《汉书》中说匈奴普遍装备着"革笥""木荐"，前者是皮质的铠甲，后者是木质盾牌，这些装备对于轻骑兵来说非常适合。而中原的军队就相形见绌，更何况在战法上差距甚大，所以中原诸侯国基本上是单方面的挨打。每当匈奴入寇，燕、赵、秦还在调兵遣将准备迎击时，人家早已经将掳掠的人口和财物打包装车运走了。

总这样被折腾，家底再厚也受不了，更何况诸侯国之间还在进行着你死我活的兼并战争。于是为了应付匈奴的威胁，诸侯国们被迫开始修建"边境隔离墙"来保卫国家安全。这种隔离墙除了防御之外还兼有屯兵和报警、瞭望的功能，中国人自豪地称之为长城。

其实长城的雏形早在公元前 656 年就已经出现在楚国，据《左传》记载这是楚成王芈頵为了防备齐军入侵而修建的，被称为"方城"，现在河南省方城县还留存有遗址。

楚国的先进经验被焦头烂额的燕、赵、秦等国采用，可是这是个治标不治本的办法。因为人力物力的限制使得长城总有不连续的地方，而匈奴人的智商不算低，他们总能绕过长城入侵。

就在这无休止的掳掠之中，匈奴的财富逐渐增加。原始氏族公社制度也随着战利品分配不公而导致的贫富分化遭到破坏，到了战国末期，私有财产已经被匈奴社会承认，随着阶级分化程度的加深，匈奴开始脱离原始社会，出现了奴隶制国家的雏形。

2. 中原的反击战 要说中原诸侯国老老实实不还手也是不对的，战国时期反击匈奴最成功的要算是赵国。赵武灵王赵雍一直羡慕北方游牧民族的骑兵来如飞鸟，去如绝弦，他痛感中原模式的军队已经跟不上时代的潮流，为了实现自己吞并天下的雄心，必须学习胡人的做法。

据《战国策・赵策二》记载，公元前 307 年，赵雍宣布“今吾将胡服骑射以教百姓”，随即又聘请胡人教赵人养马驯马和骑射的本领，不久后中国第一支骑兵部队便诞生于赵国。这一万人的骑兵很快便在诸侯国争霸中显示出无比的威力，从此战车开始逐步退出战争历史舞台。

胡人教会了赵人骑射，很快赵人便对侵犯自己的胡人还以颜色。

公元前 306 年，赵军击败了匈奴别种林胡，另一支匈奴别种楼烦也表示臣服。赵雍把林胡、楼烦两国上千里的土地并入赵国版图，设置中中、雁门、代三郡治之。除此还修筑了从今河北宣化沿阴山山脉西行，直达今河套五原以北狼山缺口止的长城，以之来达到巩固土地、防御北胡的目的。这样就形成了内外两道长城，赵国与匈奴本部隔着外长城对峙。

在修长城之外，赵雍还大量招募了匈奴等胡人进入自己的军队，出身楼烦的楼缓和出身于匈奴的仇液都是赵雍的重臣，由此也开始了中原与匈奴之间的大规模文化交流。

赵国忽然变成了难啃的硬骨头，匈奴首领们纷纷表示自己的生产生活受到了严重影响。他们一方面率领不明真相的匈奴群众去其余诸侯国境内掳掠，另一方面也反复尝试攻击赵国的边防线。

这种频繁的骚扰持续了数十年之久，直到一位名叫李牧的赵国人出现为止。

李牧在《史记》中出现的时候已经是一位有名的武将了，赵惠文王赵何委派他镇守雁北边防线。此时的匈奴已经从赵雍时代的畏惧中恢复过来，他们反复跨越长城攻击赵国边地，造成赵国的重大损失，而昔日降服于赵的林胡和楼烦也都随着匈奴本部的进犯而背叛了赵国。

为了抵御匈奴，赵何把边地的官员委任权和税赋收入全部划归李牧掌管。而李牧也不负众望地整修烽火台、训练精锐士兵，还增派大量间谍渗透到匈奴境内刺探底细。

李牧很懂得一顿好饭顶半个指导员这个道理，为了提高部队战斗力，密切官兵关系，他大力改善伙食，全体赵军战士感激涕零士气高昂，人人奋勇争先，表示愿为国家出力效劳。

此刻李牧又再度表现出珍惜子弟兵生命的慈爱风范，下令“匈奴即入盗，急入收保，有敢捕虏者斩”，所以每当匈奴入侵边境，烽火台一报警，李牧即下令士兵立即收拾物资退入城堡固守，匈奴也无从掳掠。

这样过了几年，李牧没有人员伤亡也没有损失过物资。

时间一长，李牧那缩头乌龟的外号竟然从匈奴那边一直传到赵国首都邯郸。赵何风闻李牧只顾得把军队养得又白又胖竟然从不与匈奴交战，立刻感到自己找错了人，这分明是把一位炊事员送到了前线。

赵王一拍脑袋走马换将，新将军到前线后立刻动员军队积极备战。每当匈奴入侵时，便挥军而出奋勇迎击——结果是连战皆负，大败亏输。赵何傻了眼，连忙请李牧再度出山。李牧这时候却摆起谱来，宣布如果不按他的既定方针办一切免谈。赵何无奈只有答应，于是缩头乌龟老李再度赶赴前线。

匈奴闻讯大为耻笑，不过老李来了也真麻烦——每次都躲到乌龟壳里，兄弟们抢不到东西啊！又是几年过去，赵何来不及看到边防改善就晏驾归西去了。

公元前 265 年赵孝成王赵丹即位，而此时李牧也终于对匈奴露出了獠牙。在这些年中李牧已经严格挑选出战车一千三百辆，又挑选出精壮的战马一万三千匹，勇敢善战的士兵五万人，优秀射手十万人，然后把挑选出来的车、马、战士通通严格编队，进行多兵种联合作战演习训练。

一切准备就绪之后，李牧让百姓满山遍野去放牧牲畜，引诱匈奴入侵。

匈奴很快如鲨鱼闻到血腥一般赶来，一小股匈奴先锋部队抵达赵国边境，轻易击败了赵军，一举俘获几千名百姓和大批牛羊。试探成功后，匈奴各部首领大为振奋——这么多年了，可算是抢到东西了！

于是各部匈奴联合起来倾巢而出直扑赵境，准备抄底大捞一票。当蜂拥而入的匈奴骑兵进入赵军伏击圈后才发觉情况不大对头，慢腾腾的赵军战车结阵挡住了他们的去路。当匈奴骑兵徒劳地发起冲锋时，赵军那数量惊人的弓箭手将密集队形的匈奴骑兵连人带马都射成了刺猬。

感觉大事不妙的匈奴却无法顺利撤退，因为赵军的精锐骑兵已经从两翼包抄过来。于是一场大屠杀般的追歼战开始了，匈奴遭遇了崛起以来的第一次大败。

据李牧的报告，倒在大地上的匈奴尸首超过十万具！这份战报有多少水分已不可考证，但是匈奴遭到毁灭性的打击却是实实在在的，《史记·李牧传》记载：“其后十余岁，匈奴不敢近赵边城。”

李牧大败匈奴之后，又乘胜灭襜褴，破东胡，收降林胡，迫使匈奴本部远遁。可是这位身为战国四大名将之一的大功臣却下场凄惨：由于在其后的岁月中李牧连续大破秦军，所以秦国使出反间计。昏庸的赵幽缪王赵迁派人秘密捕杀了李牧，一代将星就此陨落。不久后赵国即被秦军所灭。

正是在游牧民族侵扰的压力之下，赵国开始了“胡服骑射”的军事改革。

而此刻匈奴也正经历着一场蜕变，这个草原民族的原始氏族公社体系在经历战争创伤后土崩瓦解，由氏族首领们转化而成的匈奴贵族把持了军政大权。不久后匈奴诞生了第一位总揽大权的头曼单于，虽然他的权力距离独裁统治者还差一步，不过在匈奴历史上已经具有划时代的意义。“单于”的意思是广大，与后世游牧民族的可汗相仿，这个尊号的出现代表着匈奴的国家雏形已经诞生。当匈奴骑士驻马眺望南方的中原时，那里的旗号已经换成了统一的“秦”字。战国时代结束了，秦始皇嬴政成为兼并战争的最终胜利者。新的考验摆在头曼面前，这位国家领袖又将会带领着新生的匈奴国家走向何处呢？

第二章 苍狼的帝国

CANGLANGDE DIGUO

○蛰伏的草原帝国

○鸣镝飞射的草原苍狼

○单于们的黄金时代

○出塞曲

○西域风云

○双面人生

千年匈奴史

第一节 蛰伏的草原帝国

1. 第一个单于 匈奴的部落联盟政治架构由来已久，但参与联盟的部落分合无常，造成匈奴时大时小、骤强骤衰。但正如第一章所讲的，在战国后期的匈奴已进入铁器时代，生产工具的进步使得生产力有了极大的发展，脱离部落公有的个体游牧家庭私有生产品随之出现。

此外，草原牲畜过冬等现实问题也促使部落公有的大畜群向相对容易照顾的个体小畜群转化。人性总是贪婪的，小畜群饲养便于个体游牧家庭占有并分割、交换牲畜。

游牧民族掳掠其他部落和种族的习性也带来战利品的分配问题，随着私有财产概念的诞生，部落首领多占战利品和牲畜的现象造成氏族成员内部的贫富分化，私有财产标志着原始社会制度已名存实亡，阶级社会随之诞生。

大致上来说，在这一时期的牧场和游牧领地依然属于氏族公有，但牲畜则成为个体家庭的私有财产。

公元 2 世纪至 3 世纪时期的匈奴墓葬中已经充分反映出这种阶级分化的现象，例如在伊沃尔加城遗址的墓葬群中已经可以看出同一部落成员的墓坑深浅和随葬品多寡具有显著区别，反映出贫富分化的程度较深。

德烈斯图伊匈奴墓葬群更能说明问题：整个墓区分为七块，相距数十米。每个部分都由筑有石块围墙的大墓和围绕其周的小墓组成。大墓中的棺椁基本为双层，陪葬品丰富；而小墓棺椁基本为单层或根本没有棺椁，陪葬品极少或没有。

这说明在氏族内部已经产生了严格的等级制度和贫富差异，大墓的主人应该是氏族中的贵族成员。但是贵族与普通氏族成员混葬在一起又说明了此阶段的匈奴贵族还没有完全凌驾于整个部落之上，他们不分高低贵贱通通埋葬于氏族公共墓地，说明原始社会残留的组织架构还具有一定约束力。

此外呼尼河、诺音乌拉苏珠克图山谷、伊里莫瓦山谷等处的匈奴墓葬也都反映出一致的信息，那就是私有制和世袭贵族头衔已经完全改变了匈奴人的社会结构。但是漫长的原始社会残留的痕迹仍然影响着匈奴人的观念，此时的匈奴是一个带有浓厚氏族组织残余传统的原始奴隶制国家。

原始社会的部落联盟首领是各部落共同选举产生的，因此头曼的上台也经过了这一步骤。他出身于匈奴中最强有力的贵族家族挛鞮氏，是匈奴新兴贵族势力的总代表。虽然此时的他形式上还是部落联盟首领，但是头曼的单于头衔已经说明他是整个匈奴的代表，匈奴国家的权力已经大致聚集在他一人手中。刚经过惨败的匈奴急需要强有力的领袖来维系部落联盟不解体，而服从首领的民族习性使得匈奴人更加容易接受新诞生的独裁者。

头曼在危机中维系了匈奴各部的稳定，没有让自己的民族陷入失败后大解体的毁灭性结局。他率部继续盘踞在北方草原上，一方面与东胡和月氏人对峙，另一方面也在等待着南下掳掠的机会。虽然匈奴不敢再侵犯赵国边境，可是草原与中原之间的联系却更为紧密，不断有中原居民为了逃避战祸和苛政逃入草原，到了秦时为数更多，匈奴由此将中原人称之为“秦人”，直到汉时仍如此称呼。

除了“偷渡”的百姓之外，中原诸侯国中也有暗中勾结匈奴以自保的，这种利用胡人骚扰争霸对手的伎俩由来已久，《史记》中记载在公元前 318 年韩、赵、魏、燕、齐五国攻秦时就曾联合匈奴一同出兵。虽然这条仅见于《史记·秦本纪》的记载一直有争议，不过勾结匈奴对抗强敌（主要是秦国）这种手段已经是中原诸侯国的共识了，同样与匈奴接壤的燕国就是最热衷于此项外交事业的国家。

公元前 233 年，秦将樊於期叛逃至燕国后，太子丹的师傅鞠武害怕秦国以此借口攻燕，便策划送樊於期到头曼那里，利用熟悉秦国虚实的樊於期联合匈奴攻秦。

鞠武的长远计划是联合关东六国与匈奴结盟，一同对抗战国末期的超级大

战国末期，希望借助匈奴力量的中原诸侯国为数不少

荆轲刺秦画像拓片

国秦国，如果不是燕国高层与头曼往来频繁且默契的话，鞠武哪敢出此建议，因为一旦事泄便会引来秦国的猛烈报复。可惜性急的太子丹等不得这种长远之计奏效，他决定派出荆轲刺杀自己的童年好友嬴政，为了能够解除嬴政的戒备，荆轲提出要携带两样礼物：樊於期的人头和燕国督亢地图（割地求和）。《史记》中记载樊於期在得知后毅然自刎，不过也可能是传说中的“被”自杀……

总之头曼是没有等到自己的这位中原客人，而嬴政在逃过刺杀威胁后更以迅雷不及掩耳之势统一了六国。在某种意义上来说，李牧也是秦国的大功臣。正是由于他打败匈奴使其元气大伤，才导致秦国也同样没有了后顾之忧得以全力进攻关东六国。公元前221年，天下已经全换成了秦的旗帜。中原的政治格局发生了数百年未有的巨变，摆在北方游牧民族眼前的是一个统一的大国家。这个庞然大物般的新中原，匈奴又该做何抉择呢？头曼的办法很简单：接着去打，去抢！在漫长的时间里匈奴对中原一直保持着进攻姿态，他们唯一的惨败也不过是深入敌境遭遇埋伏而已，这是一种巨大的心理优势，足以促使头曼率领他的匈奴骑兵一再跨越边境南下掳掠。

2.“依法治国”的秦始皇和“安全第一”的头曼 头曼错误估计了形势，他不了解秦的独特体制。这是一个完完全全的“法治”国家，韩非子的法家思想被发扬光大到了极致。根据1975年12月发掘于云梦县睡虎地11号秦墓的秦人喜随葬秦简记载，在这个国家里乱倒垃圾是要判刑的，养母牛不生犊子是要坐牢的。

秦始皇是第一位敢于大举反击匈奴并取胜的中原君主

秦强调的是用极端的惩罚措施来维护秩序，而匈奴对于秦的侵犯本就有数百年的旧恨，这下又增添了大笔新仇，以嬴政的性格岂能坐视不理？再加上匈奴占据河套地区，直接威胁国都咸阳，即使头曼能规规矩矩，嬴政的卧榻之旁又岂能容他人酣睡？

公元前215年，嬴政北巡上郡时有人向他献上一道谶语：“亡秦者胡也。”于是这句不着边际的话成为战争的导火索，嬴政不顾丞相李斯的劝阻，派大将蒙恬率大军三十万北上攻击匈奴。

秦朝尊崇“五德始终说”，认为金木水火土五行相克，周朝为土德，秦克周，故得水德。水的代表颜色是黑，所以秦朝的军服、军旗都是黑色。这是中原民族数百年来第一次大举出击匈奴，身着黑衣的秦军如乌云般笼罩草原，这是刚以无比气魄夷灭六国一统山河的军团，他们渴求军功，喜爱战争。

匈奴第一次在自己占据的地盘上被打得找不到北，雷霆般的打击将措手不及的草原部众赶得狼奔豕突。秦军首战告捷一举夺回“河南地”，次年又夺取了匈奴控制的高阙、阳山等地。头曼单于此时终于暴露出外强中干的本色，他见势不妙拔腿就溜，匈奴本部北撤了七百余里，黄河以北直到阴山全都被秦占据。虽然匈奴作战时向来“利则进，不利则退，不羞遁走”，可是眼见着肥美的河套牧场就此失去，是对他们极大的折磨。更糟的是头曼彻底失去了与秦争锋的勇气，竟然在自己的领地内仿造了内地的烽火台警报系统，正所谓“置烽燧，然后敢牧马”。

于是匈奴人在哀愁中惶恐度日，“胡人不敢南下而牧马，士不敢弯弓而报怨”。

公元前 212 年，为巩固战果，充实占据的地盘，秦朝在河套地区设置了九原郡和四十四个县，从内地迁徙三万多家到这里屯垦。到边疆安家实在是辛苦又危险，所以移民有优厚的国家补贴：“各赐爵一级。”让蒙恬窝心的是信奉安全第一的头曼先生一直避免与蒙恬进行主力决战，所以匈奴军队实力尚存。这导致秦军也无法回撤，只能长期驻扎在河套地区防御。不过光靠守备部队和移民守边是不够的，所以在大规模移民的前一年，嬴政就开始修筑“边境隔离墙”的 2.0 版本——万里长城。新长城把以前秦、赵、燕三国的北边长城连接起来，再加以修补和扩充，西起陇西郡临洮，沿着黄河、阴山，蜿蜒曲折，直达辽东郡的碣石。蒙恬既是军队的指挥官也是工程总负责人，他指挥从内地征发来的五十余万劳工开始了这项艰苦卓绝的工程。气势恢宏的万里长城对于抵御匈奴骚扰究竟发挥了多大作用一直是后世争议的论题，但在蒙恬驻守的十余年中头曼的确从未敢于尝试挑战秦朝。但修筑长城动用的人力、物力过于庞大，远远超越了秦王朝承受力的极限。《汉书·严朱吾丘主父徐严终王贾传》中说：“秦祸北构于胡，南挂于越，宿兵于无用之地，进而不得退。行十余年，丁男被甲，丁女转输，苦不聊生，自经于道树，死者相望。”据统计，被征发的民夫有接近百分之六十的死亡率！在这种征发即被“蒸发”的处境下，绝望的百姓唯有揭竿而起。

公元前 210 年嬴政驾崩，劳苦功高的蒙恬被使用不正当手段上台的秦二世胡亥处死。次年，陈胜、吴广在大泽乡揭竿而起，秦王朝土崩瓦解。原来戍守在边境的士兵、移民逃散一空。“北徙十有余年”的头曼单于终于等来了翻身的机会，他率部“凯旋”，重新渡过黄河，进入河套地区。可惜他的南下之旅仅仅停留在河套而已，因为匈奴的邻居东胡与月氏早已抢先瓜分了秦朝留在塞外的地盘。肥美的河西走廊现在是月氏部落的牧场，他们不仅骚扰匈奴的地盘，还公然索要质子。东胡傲慢地逐步挤占匈奴的生存空间，北边的丁零部落也不时南下到匈奴的地盘掳掠，惯于欺凌他人的匈奴人赫然发现自己竟成为新时代的“受气包”。可头曼却没有任何振作起来的样子，他只顾抱着自己的新阏氏得过且过。殊不知他崇尚的安全第一已经无法满足匈奴国家的期望，他统治下的人民渴望强有力的领袖出现来改变局面。走到命运拐点的匈奴即将迎来新的英雄，他的出现就像蛰伏已久的春雷般轰然炸响，将整个世界劈得天翻地覆。

第二节 鸣镝飞射的草原苍狼

1. 容易被人误读的男人 不少人可能会读错挛鞮冒顿这个名字。以我本人为例，直到上初中后才弄清楚冒顿这两个字的正确发音。这也是没办法的事情，这首先要怪起名的栾提头曼缺乏汉语知识，其次是汉朝翻译人员不够聪明。

匈奴民族没有发展出成熟的文字，所以无论多伟大的领袖往往都是不识字的大老粗，冒顿的老爹头曼就是文盲之一。不识字并不妨碍头曼成为匈奴帝国的第一代单于，同样有个容易被友邦人士读错的名字也不影响挛鞮冒顿身为栾提家族长子的身份。长子这个身份在东西方历史上有着极为特殊的意义，它往往意味着王位或家族领袖地位的继承权。当然，这种情况并不是绝对的必然，例如在深受儒家宗法思想影响的汉族继承方式中，不但强调长子优先，而且更强调嫡子的地位，只有嫡长子才是“根正苗红”的合法继承者。但是对于匈奴这样的游牧民族而言，有长子就已经够了。

当然，并不是说匈奴帝国只有长子继承这一种方式。事实上除了长子继承外还有兄终弟及这种方式，如果单于家族实在不幸竟成为绝户，还可以由各部“贵人”们推举出单于宗族中的贤者为王。由于匈奴民族的游牧特性使得他们的帝国始终处于危机四伏的状态之中，帝国的领袖不仅要抵御外敌征伐四方，还要指挥部众抗灾救难——匈奴立国于塞外苦寒之地，旱灾雪灾等各种自然灾害可以说是“家常便饭”，必须有一位强有力的单于才能指挥帝国度过危局，所以在匈奴的不成文的继承法则中约定单于的继承人应当是成年的有经验的贵族，也就是说继承人应当是成年人（大约十四到十五岁），否则就有“不能治国”的危险。

虽然如此，单于一般还是会选择自己的儿子为继承人，那么是不是只要是长子就一定能上位呢？事实上也未必：与汉家以正妻之后为嫡出的传统不同，匈奴的法则是“子以母贵”。

阏氏是秦汉时匈奴人对妻或妾的称号，这个浪漫的称呼源于胭脂花，即红花。匈奴人以女人美丽可爱如胭脂，因而得名阏氏。匈奴人称妻、妾为阏氏，称母亲则为“母阏氏”。匈奴单于多妻妾，“颛渠阏氏”有正宫皇后的含义，“大阏氏”为大皇后，但就像匈奴的单于并不是肯定在同一时期只有一个一样，大阏氏等封号也并非一定是对应皇后。总之，单于不可能只有一位阏氏，更不可能搞计划生育，所以在多妻多子的情况下，立最受宠爱的阏氏所生儿子为继承人，也就是中原所称的“太子”。

综上所述，看起来冒顿是个合格的匈奴太子。

出生于秦始皇时期的他性格坚毅，有武略雄谋，按照匈奴的习俗，“儿能骑羊，引弓射鸟鼠；少长则射狐兔，肉食……”这样一路成长起来，就等着亲爱的头曼老爹撒手归西后继承这个欣欣向荣的帝国。可是天有不测风云，人有七情六欲。亲爱的头曼老爹后来竟然起了变卦的念头，祸根正是这“子以母贵”的习俗：老单于有了新爱人，积极策划让新阏氏的儿子即位。可问题是此时的冒顿已经是“士

国内出土的匈奴铜刀

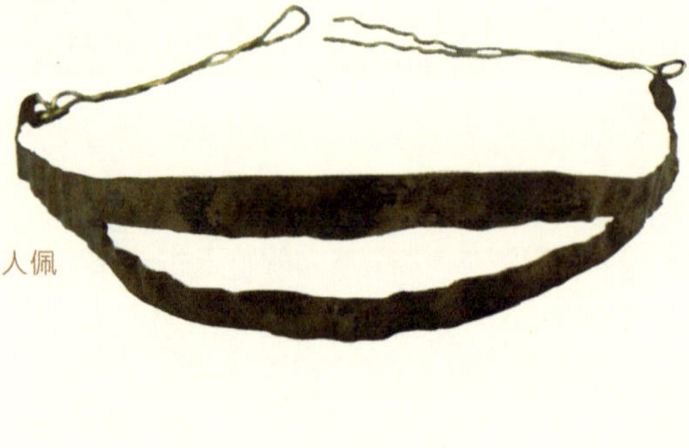

匈奴部落贵人佩戴的金冠

力能弯弓，尽为甲骑”的成年人了，匈奴民族没有百善孝为先的观念，他们信奉的是实力。头曼要想拍着冒顿的肩膀说：“好小子，好好干。以后你弟弟即位后好好辅佐他！”恐怕是没法成功的。

知子莫如父，头曼深知冒顿不会甘心送出太子的地位，所以干脆打算做掉儿子以除后患。不过俗话说：虎毒不食子，头曼如果直接出手谋杀儿子难免令天下人耻笑，并且当时的匈奴还延续着氏族公社部落联盟的传统，单于要做大事前须征得各部落贵族的同意，贸然杀掉无罪的儿子难免会让头曼民心尽失、众叛亲离。不愿失去道德制高点的老单于想出一条妙计：派遣冒顿出使友好邻邦月氏部落，其实是让儿子去做人质。

头曼时代的月氏是个实力强劲的对手，它与另一支游牧民族东胡从东西两面威胁着匈奴帝国。眼见得匈奴派遣太子做人质自然令月氏王大喜过望，以为匈奴对和平定有诚意。

冒顿刚到没几天，头曼就把自己的“诚意”大大表现了一番——率军猛击月氏，损失惨重的月氏王立刻决定宰了冒顿报仇。不过冒顿也不是白出来混的，这位消息灵通的匈奴太子时刻留意着时局变化。他见势不妙便夺了一匹月氏“善马（良马）”跑路。凭着这么多年练就的骑射本领，竟然安然无恙地逃回匈奴。

2. 鸣镝飞射的草原苍狼 虽然逃离了月氏的报复，可是冒顿还得继续防备亲爹的毒手。幸而匈奴人敬重英雄，又颇为迷信。头曼眼见得儿子逃命回来，在赞叹他行为“勇壮”之余也暗中怀疑冒顿有上天相助，于是便令冒顿统领一万骑兵，准备参与同月氏的战争。这时的冒顿已经对头曼恨之入骨，可是他不敢轻易发难，毕竟自己手下都是新配属的，一旦走漏风声的话后果不堪设想。于是匈奴历史上著名的“鸣镝飞射”阴谋便拉开了序幕：冒顿打造了一种名叫“鸣镝”的响箭，然后把自己的部属拉出去训练。

冒顿宣布鸣镝就是匈奴骑兵的信号弹，它射向哪里匈奴兵的箭就要跟着射到哪里。随后又宣布胆敢不这么做的人都是叛徒，通通处死！

纪律宣布完毕后，匈奴骑兵开始大规模的实弹射击训练——狩猎。

对于匈奴这种游牧民族而言，狩猎不仅能解决衣食问题，更是大规模军事训练的好帮手。通过作战般的排兵布阵将猎物驱逐进包围圈，随后以匈奴的看家本领骑射逐一射杀。习惯于这种狩猎的匈奴骑兵在作战时也会以同样的方法攻击敌人，不过这次他们要练的却是冒顿独辟蹊径开发的鸣镝射箭法。

冒顿率众追赶猎物，率先将鸣镝射向某一只猎物，于是有些匈奴兵也跟着射过去，有些则自作主张朝其他猎物射箭。冒顿二话不说，立刻将没有跟着鸣镝射箭的倒霉蛋砍头示众。这样一来军心悚然，果然是鸣镝到哪箭到哪。

这样几次三番下来，冒顿感到需要进行进阶训练了，几天后他召集部属后忽然将鸣镝射向自己的爱马。

匈奴人爱马如命，何况是救过冒顿性命的月氏善马。颇有些人不敢射或不愿射，结果立刻被杀。这下匈奴战士脑子里的弦被冒顿上得紧绷绷的，生怕跟不上领导的步伐而掉了脑袋。在这种情况下，冒顿老师决定对自己的学员进行一次毕业测试，题目便是自己的爱妻——他忽然将鸣镝射向自己的阏氏！这时候冒顿手下极少数还留有自我意识的士兵暴露了，他们不敢射杀主子的老婆。于是这极少数不及格的学员也立刻被老师毫不留情地打发上路，陪同“太子妃”一起魂归天国。

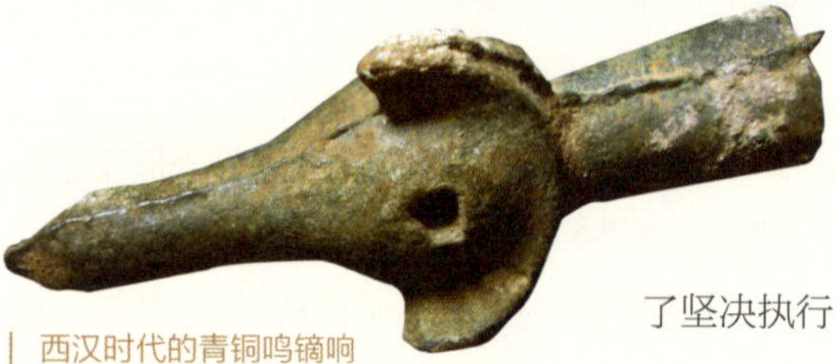
西汉时代的青铜鸣镝响箭出土实物

虽然冒顿肯定没有读过巴甫洛夫的有关著作，但这种“条件反射式”的训练方法却的确把他的士兵训练成了坚决执行自己命令的“机器人”。看来时机成熟了，不过冒顿决定先进行一次火力侦察再说。

在不久后的一次狩猎中，冒顿忽然将鸣镝射向头曼单于的善马，于是一阵箭雨随之而去将单于的宝马变成了刺猬。冒顿对此非常满意，而蒙在鼓里的头曼还以为只是一起意外事件。没过多久，冒顿与头曼连同各部酋长贵族一同围猎。就在大家纵马奔驰之际，冒顿终于将鸣镝瞄准了最终的目标。随着一声凄厉的呼啸，数不清的飞箭朝老单于射去，头曼在稀里糊涂之中连人带马一起被射死。

头曼单于既死，冒顿便毫不客气地自立为王。

这种残暴的行径即使是在匈奴民族中也是难以服众的，不过冒顿自有妙计——杀光一切反对者！首先被屠杀的是头曼单于的后妻阏氏及其幼子，其次是反对冒顿弑父自立行径的各部贵族。

一番刀光剑影之后，冒顿踏着亲族重臣的鲜血登上了单于宝座。匈奴传统上经部落联盟会议推选首领的做法被完全破坏，冒顿的上台标志着匈奴开始从原始氏族社会向奴隶制社会的转变。

匈奴人爱马如命，这是陕北出土的战国匈奴鹰袭双马牌饰

这一年是公元前 209 年，就在冒顿的身边还盘踞着月氏和东胡的势力，中原那位曾经将匈奴和头曼单于远远驱逐的伟大皇帝秦始皇刚刚死去，昏庸无能的秦二世也正是在这一年依靠诡计残杀手足后登基上台。

匈奴的邻居们风闻冒顿做掉老爹上台，纷纷琢磨着这下匈奴国内一定内乱不止，何不趁此良机大捞一把？第一个做出试探的是东胡王。

东胡是一个古老的阿尔泰语系通古斯语族的游牧民族，自商代初年到西汉初期一共存在了大约一千三百年。“东胡”一名最早见于先秦的《逸周书》，《逸周书·王会篇》提到“东胡黄罴，山戎戎菽”。东胡在商王朝的北方活动，在老哈河与西拉木伦河流域都曾挖掘出东胡人墓葬。《晋书》中记载，“其先有熊氏之苗裔，世居北夷，号曰东胡”。也就是说东胡源自黄帝部落，也是华夏族的后代。

内蒙古锡林郭勒出土的匈奴鹰袭马牌饰

春秋时期，东胡居住在燕国北部，《史记·匈奴列传》记载“燕北有东胡、山戎”。战国时期，东胡居住在燕国和赵国北部，这个时期东胡最为强盛，号称“控弦之士二十万”，曾多次南下侵入

中原。后被燕将秦开击败。

到了秦汉之际，东胡逐渐衰落。虽然家境败落，东胡王依旧出手不凡，他派了使者上门告诉冒顿说：我们大王看上令尊遗产中的一匹千里马，万望单于割爱。

按照匈奴风俗，父亲死后儿子可以继承包括兵器牛羊和老婆在内的一切东西，千里马此刻算是冒顿的财产，但冒顿二话没说便召集匈奴各部贵族商讨此事。

这顶单于金冠只有雄主才能戴得长久

自从他上台之后，部落联盟会议已形同虚设，冒顿对于军政大事只是象征性地征求贵族大臣们的意见，最后往往还是自己独断专行。对于东胡王的要求，部落联盟会议的决议是坚决拒绝这种侮辱性的要求。但是冒顿却表示不能因为一匹马影响两国睦邻邦交和深厚友谊——给就给吧。于是千里马就送到东胡王那里去了。

东胡王见冒顿如此软弱，大喜过望，决定再度试探。他派使者去告诉冒顿：我们大王看上了您的阏氏，万望单于割爱。冒顿听后还是召集贵族大臣商议此事，大伙儿都说这种事情岂能答应，单于你还算是男人吗？冒顿依旧表示不能因为一个女人影响两国睦邻邦交和深厚友谊——给就给吧。于是单于阏氏也送到东胡王那里去了。

冒顿以暴力上台，匈奴的刀山箭雨即将压向身边的邻居

东胡王两次得手后自信心爆棚，不但率部逐步西侵匈奴领土，还于公元前 206 年派遣使者向冒顿索要匈奴和东胡领地之间方圆千余里的“瓯脱外弃地”，也就是两族领地之间的缓冲地带。这次冒顿还是召集部落联盟会议商讨对策，有了前两次的经验，不少贵族纷纷表示不能因为一块领土影响两国睦邻邦交和深厚友

谊，给就给吧——反正你连老婆都能给人家，还有什么不能给的？也有一些滑头的家伙主张“此弃地，予之亦可，勿予亦可”。

冒顿先是不表态，等到大伙儿都不发言了，他开始表演了：单于声色俱厉地呵斥道：“地者，国之本也，奈何予之？”这句话的意思是：领土是国家的根本，哪能送人？冒顿训斥一番后喝令将主张割让领土的卖国贼全部拉出去砍头，包括那几个倒霉的骑墙派。接着冒顿代表感情受到极大伤害、尊严遭到无端侮辱的匈奴帝国向东胡宣战，并勒令各部落首领倾巢而出随同作战，“令国中有后者斩”。

在这场外交战中，冒顿表现得像是个忍辱负重的伟大英雄，在国家领土遭受侵略之际，他挺身而出用感人的爱国主义口号号召全民族的觉醒……

历史上会喊口号的领袖成千上万，能做出实际行动的却少之又少——冒顿属于后者。他是个自尊心极强的独裁者，之所以向实力不如自己的东胡示弱，纯粹是由于刚刚篡位上台还未能平定内部的缘故。在送出千里马和阏氏后，他马不停蹄地整顿内部，在四年的时间里，不仅将单于的一切权力收拢到挛鞮家族也就是他自己手中，还与匈奴内部的其他强力家族达成了政治分赃协议，其他王、侯、大将、大都尉、大当户等显要职位也都由呼延氏、兰氏、丘林氏和须卜氏等贵族家族世袭把持。

冒顿时代的主要显贵有左、右贤王，左、右谷蠡王，左、右日逐王，左、右温禺鞮王，左、右渐将王等，这些王位都由单于的子弟占据，而他们依官阶次序在理论上都有担任单于的资格。

正是由于这种世袭权力的确立，才使得匈奴部落联盟会议形同虚设，完全成为空架子。而冒顿对于各部落首领拥有的生杀予夺之权也完全超越了以往旧时代匈奴领袖的范畴，由头曼开创又经冒顿确立的单于独裁制度已经初步完善，一个真正意义上的奴隶制匈奴帝国出现了。

虽然帝国已经成型，可是冒顿还急切需要一场胜利来奠定自己的领袖威望。愚蠢而又贪婪的东胡王实在是雪中送炭的“好邻居”，他的欺凌使得匈奴全族得以将一切矛盾都转移到东胡入侵上来，而冒顿要做的就是获得这场战争的胜利。在这场战争中他一点都不孤单，因为那些和他一起篡夺了匈奴族传统权力的贵族们也一样需要以胜利来证明自己。

公元前206年，漫不经心的东胡迎来了铺天盖地般的匈奴铁骑，这是倾巢而来的可怕敌人，是古代历史上最凶残的游牧军队。

按照匈奴人的习俗，作战时斩敌首级者赠一卮酒，所有抢掠所得都归战士自有，而战士捕获的人口也成为他个人的奴隶。能够运送战友尸体返乡者也可获得死者全部财产。所以匈奴战士在作战时极为勇猛疯狂，因为他们是为了自己的个人财产而战斗。在这种情况下，私欲激发了极其强劲的战斗力，也带来了疯狂的屠杀和毁灭性的破坏。

匈奴铁蹄抵达之处无不是尸山血海、烈焰冲天。这是一股纯粹意义上的毁灭铁流，所过之处犹如蝗虫过境，给大地带来一片片触目惊心的疮疤。马前悬人头、马后载妇女的匈奴士兵成为各被征服民族共有的惨痛记忆。

冒顿的军队获得空前的胜利，措手不及的东胡王被杀，绵延一千三百多年的东胡民族自此灭亡，东胡这个名字也从历史上消失。在这场战争中幸存的东胡残部分别聚居于乌桓山和鲜卑山，从而形成后来的乌桓族与鲜卑族。乌桓和鲜卑臣服于匈奴，成为匈奴帝国的一部分。冒顿将迁入匈奴直辖领地的居民毫不客气地全部掳掠一空，对于乌桓以及后来征服的西域各国则又采用了一种非常独特的处理方式：对于这类不方便强制迁徙的被征服民族允许保留其原有政治架构和领地，同时又设置匈奴官员进行管理，采取类似于有少量自治权的殖民地这种剥削方式进行统治。例如乌桓首领依旧可以保留自己的王位和称号，仍旧可以使用乌桓族的法律和习俗来统治自己的部众。但是乌桓要向匈奴缴纳数额巨大的贡赋，并且在发生大规模战争时负责出人出力当炮灰。在《后汉书·乌桓传》中记载着："乌桓自为冒顿所破，觽遂孤弱，常臣伏匈奴，岁输牛马羊皮，过时不具，辄没其妻子。"也就是说乌桓等被匈奴征服的民族并没有完全变为奴隶，却也没有成为匈奴统治阶层的权利。

被征服民族的首领对内仍保持绝对的权力，但相对于匈奴帝国而言却又如农奴、牧奴般毫无尊严和人身权利。如果不能如数缴纳贡品，匈奴使者和官吏

东胡是一个历史悠久的草原民族，从这把青铜错金削刀能看出其文化程度远强于匈奴

可随时没收乌桓王的妻儿成为奴隶。

正如历史上关于匈奴帝国是否是奴隶制国家的争论一样，匈奴帝国有它的特殊性。这种允许被征服地区半独立的政策有助于匈奴帝国快速消化自己的胜利果实，但这种狼吞虎咽的方式却也造成了消化不良。半独立的被征服民族一旦寻找到匈奴帝国衰弱的时机便会立即试图脱离，后来匈奴帝国的分崩离析与此有莫大的关系。

冒顿首战告捷后胜利返乡，还没等他的邻居们做出反应，洪水般的匈奴大军再度出击，越过月氏的边境。公元前 205 年，匈奴军队猛击强盛的月氏。月氏人擅长使用刀剑，战斗力极为强悍。可是在冒顿时代，还处于原始民族状态的月氏民族难以抵挡已形成国家合力的匈奴。经过残酷至极的血战后月氏战败，被迫放弃水草丰美的河套地区向西迁徙。

获胜后的冒顿马不停蹄地向东南进军，攻破北狄的分支楼烦和白羊部落，将两族首领河南王俘获。白羊是匈奴分支，此战可以算是匈奴内部的兼并战争。接着冒顿北上降伏了浑

东胡青铜牌饰

庾、屈射、丁零、鬲昆、薪犁等族，继而又兵锋南指侵犯中原的燕、代两郡，把秦始皇从匈奴手中夺走的故土全部收复，进而又占领了长城以北的全部地区，与汉军隔着长城等要塞对峙。

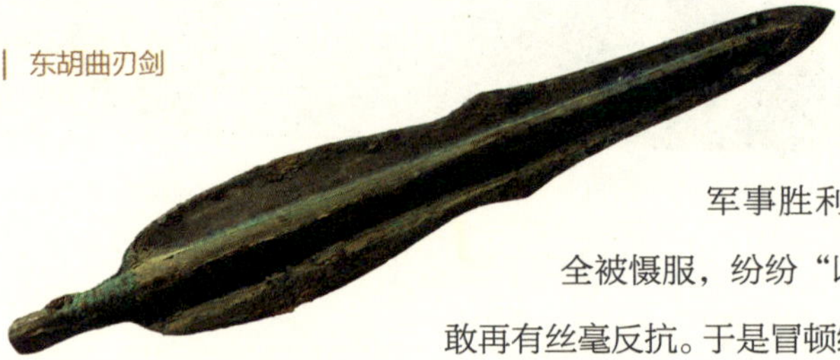

东胡曲刃剑

在一连串耀眼的军事胜利面前，匈奴各部贵族全被慑服，纷纷“以冒顿单于为贤”，不敢再有丝毫反抗。于是冒顿继续扩张自己的帝国。

随着各个被征服地区的贡纳和被掳掠奴隶的迅速增长，匈奴各部落的财富大为增加，对单于的称颂和拥戴也深入人心。趁此良机，冒顿借助自己的巨大威望开始完善自己的帝国。此刻的匈奴帝国政权分为三部分：首脑部分是单于庭，单于庭相当于游牧民族的移动首都，统治区域是单于直辖管理的匈奴中部地域，大致方位是中原的代郡和云中郡以北。左贤王庭管辖匈奴东部地域，大致方位是中原的上谷郡以北，东面连接浍貉。右贤王庭管辖匈奴西部，大致方位是中原的上郡以北，西与月氏和氐、羌相接。

月氏有翼天人像

匈奴帝国的首脑自然由冒顿一人充当，他的尊号是“撑犁孤涂单于”，匈奴语中的“撑犁”意为“天”，“孤涂”意为“子”，“单于”意为“广大”，意思是像天子那样广大的领袖，至此冒顿彻底成为一个至高无上的帝王。

单于总揽军政及对外一切大权，在他的周围追随着一批以左、右骨都侯为首的辅政官僚。骨都侯由匈奴贵族呼延氏、兰氏和须卜氏担任。呼衍氏居左位，兰氏、须卜氏居右位，主断狱讼。裁决了的案件，口头报告单于，因为没有文字，所以也没有文簿、记录之类。

左、右贤王分别治理自己的统辖区域，是地方上的最高长官。匈奴人尚左，单于以下，即以左贤王为最尊贵，因而权力和地位也较右贤王为高，并且常常是单于的“储副”，日后匈奴常以太子担任左贤王。左、右贤王以下，还有左、右谷蠡王，左、右日逐王等号。在王爵贵族中只有左、右贤王和左、右谷蠡王四人有权力在自己的辖区设立统治中心，称之为“建庭”。王爵以下则是左、右大将、左、右大都尉，左、右大当户等高官。诸左方王将官僚全在东方左贤王辖区，而右方王将官僚全在西方右贤王辖区。

匈奴帝国是一个彻底的军事化游牧民族国家，所有的匈奴男子，平常游牧于部落，战时即按部落编为军队。各地方官僚平时是民政官，战时是军事官，除了单于自己统领军队、亲临战阵以外，自左、右贤王以下，直至大当户，也都分别统军，指挥作战，大者统领万骑，小者统领数千骑。统领万骑的军事首领共有二十四个，被称为“万骑”（万骑长）——当初冒顿正是以这个职务篡位起家的。各个万骑长亦各自置千长（千骑长）、百长（百骑长）、什长（十骑长）、裨小王、相封、都尉、当户、且渠等官。都尉、当户、且渠等都是中下级的带兵官，各以部众多少为区别权力大小及地位高下的标准。

单于庭和左、右贤王庭各有划定的游牧地区，各自在自己的辖区内组织军队，实行统治。所有及龄壮丁编为骑兵，氏族首领则被任命为什长、百长或千长，显贵氏族或家庭垄断和世袭万骑长或王、侯等高官要职。这种军事组织关系充分利用了匈奴社会中残留的原始氏族管理体系，迫使各部落的战士毫无反抗余地地投入到战争当中。

3.白登之围与和亲密谋 冒顿是个幸运儿，因为在他四处征伐之际，匈奴最强大的敌人中原王朝正处于内乱之中。空前强大的秦王朝以空前迅猛的速度完蛋，地痞流氓出身的前乡镇干部亭长刘邦忙着与没落贵族后代项羽争霸，中原自身处于混战之中，哪里还顾得上塞外的风云变幻？

秦朝的边防军随着王朝崩溃而逃散一空，等到刘邦坐稳了江山之后才发现北方的威胁已经到了火烧眉毛的地步：匈奴屡破边境，四处抢掠的马队时常在临近首都长安的朝那、肤施等地活跃。尤其是每到秋高马肥之时正是匈奴大举南下抢掠的时机，这帮残暴的“候鸟”害得首都长安一夕数惊，刘邦本人也不得不时刻戒备，准备避难。

以刘邦的性格而言，长期忍受是不可能做到的。只是他的汉帝国是在长期混战的废墟上建立的，当时的中原经济残破，百业凋零，人口损失巨大，劳动力严重不足。连刘邦出巡都找不到四匹毛色一致的马匹拉车，大臣和将军们只能乘坐牛车上朝，至于民间几乎到了连隔夜粮都没有的地步，根本无法支撑长期战争。更何况刘邦还在与自己分封的异姓诸王们钩心斗角，内战的阴云笼罩不散，所以对于匈奴外患只有打落门牙肚里咽了。

虽然刘邦一再忍让，可是骄横的冒顿却毫不领情地连出重拳。

公元前201年，匈奴大军围攻马邑，汉将韩王信抵挡不住便向冒顿求和。没想到消息走漏了，他这边议和没成呢，那边刘邦谴责的使者便到了。韩王信见援兵不来呵斥来，在又惊又怒之下干脆一咬牙一跺脚投降了匈奴。于是匈奴更长驱直入南逾句注山进犯太原郡，来到晋阳城下。眼见得匈奴要把自己的牙齿悉数击落，刘邦寻思这回自己不是疼死也是撑死，干脆拼了！他尽全力拼凑了一支三十二万人的援军去抵御冒顿，当汉军抵达晋阳后，心中忐忑不安的刘邦派遣数批使者去匈奴营地窥探。

出身蛮族的冒顿对于诡计并不陌生，他将精壮的牲畜和战士都隐蔽起来，然后命令一些老弱病残的士兵骑着羸弱不堪的战马摆出仪仗迎接汉使。汉使一看这架势，心想好家伙，一不留神进了匈奴养老院啊。于是纷纷回去禀报皇帝说匈奴其实不堪一击。刘邦将信将疑之际，派遣自己的重要谋士刘敬作为使臣再度前去侦察。刘敬本名娄敬，因为劝说刘邦建都关中立功，故赐姓刘，拜为郎中，号奉春君。刘敬在匈奴营中逛了一圈回来说：匈奴果然没多少人马，而且马瘦兵弱，不堪一击。

刘邦大喜，正要下令进军，刘敬又来了一句：不过这定是匈奴诡计，他们一定是故意示弱，冒顿的精兵肯定埋伏在后方打算伏击陛下。刘敬的分析很有理性，毕竟以冒顿展示的那点兵力根本不足以迫降韩王信，更别说深入汉地侵掠。不过刘邦心中的激情已经被不实的情报点燃，他非但不听刘敬的分析，反而破口大骂这个败坏士气的乌鸦嘴。

骂够了以后，汉朝“初代目”下令立即逮捕刘乌鸦嘴，暂且将其监禁在广武，等凯旋后再修理他。

公元前 200 年的冬天，奇寒无比，来自中原的汉军在行军时恰逢大风雪，很多人冻死冻伤。据统计，冻掉手指的士兵就超过五分之一。不过匈奴表现得的确如纸糊的一般，与汉军刚一接触就大溃败走。

大喜过望的刘邦冒着严寒催促进军，他率领先锋脱离主力抵达平城前线巡视。冒顿一直在等待的机会出现了，转眼间四十万匈奴精骑如暴风雪般狂飙而出直扑汉军！刘邦率军拼命杀出一条血路，退到平城东面的白登山上固守待援。

刘邦在山上向下一望，吓得差点尿裤子——四十万精锐的蛮族战士将自己围得水泄不通。这些以十万骑为单位编组的匈奴战马毛色一致，西方全系白马，东方皆为青马，北方一概黑马，南方遍地黄马。刘邦再转脸看看自己那四匹毛色不一的拉车御马，就如同自驾游的五菱车主遇见了奔驰车队般感慨万千……

这就是西汉历史上著名的白登之围，幸而有白登山天险为屏障才使得刘邦和他的先锋部队没有全变成匈奴马蹄下的冰冷僵尸。由于身陷绝境，又有皇帝督战，汉军拼死抵抗将匈奴挡在山下。那些鬼怪般彪悍的匈奴士兵猛攻几轮后暂时停止攻击，让满地的尸首和冰冻的鲜血在风雪中渐渐变成无声的白色雕塑。这是一种无言的死亡威胁，因为双方都清楚断粮的被围者根本无力突围，在冰天雪地中一天天耗下去的结果只有毁灭。

在司马迁的《史记·匈奴列传》中将老滑头刘邦的脱险经历描述得像是传奇小说一般：经过漫长的七昼夜围困后，天才陈平献上妙计：刘邦派使者潜下山来，一路贿赂匈奴将士终于抵达冒顿阏氏的营帐。使者献上厚礼取悦阏氏，并使出撒手锏：一幅中原美人图。阏氏微微含酸问此女何人？使者说此乃中原选美大赛冠军，汉朝小姐是也，“欲进与单于”。只要单于肯放我主一条生路，汉家财宝都归阏氏，汉家美人全属单于……贪财的阏氏既受重贿，又不愿来自中原的“好丽美女”与自己争宠，于是便对冒顿说：“两主不应相困。现在即使得到了汉朝土地，单于您也终究不能住在那里。况且汉王自有神灵保佑，请单于您仔细考虑。”

冒顿原与韩王信的大将王黄、赵利相约共灭汉王，可王黄、赵利的军队未到，冒顿怀疑他们可能和汉军有“反正”的密谋，就听取了阏氏的建议，与刘邦约定以秦朝故塞为界保持停火。随即匈奴军队放开包围圈一角，刘邦下令所有士兵都拉满弓外向警戒，从匈奴解开的一角直冲而出，终于和援军会合。冒顿这时已引兵离去，刘邦也领兵撤退。刘邦回家后第一件事就是砍了所有声称匈奴不堪一击的使者脑袋，接着为乌鸦嘴刘敬平反昭雪摆酒压惊。

此战之后冒顿勾结汉朝叛将屡次引兵侵扰汉朝边地，使得刘邦深感忧虑，可惜他也没有率军迎击的勇气和能力了。

公元前 199 年，老谋深算的刘敬再度出马向刘邦建议和亲，他主张把汉朝公主嫁给单于，理由是汉朝正十分疲惫，不能跟匈奴汗国作战。冒顿单于是一个弑父凶手，除了武力，什么都不认识。唯一降伏他的办法是把您的闺女嫁给他，嫁妆一定要丰厚，他既然用不着抢掠就可得到这么多金银财宝，而又成为老刘你的女婿，女婿自不能跟岳父作对。将来公主生的儿子继任单于，就是我大汉的外甥、外孙，汉朝天子是他的舅父、外祖父，外甥、外孙更不能跟舅父、外祖父作对不是？

刘邦闻言大喜，派遣刘敬前去缔结联姻和约。刘敬跑到冒顿面前允诺献上美貌公主和黄金千两，外加每年奉送丝绵、绸绢和酒米食物若干作为保护费，汉匈结为兄弟之国永不相侵。

冒顿听说还有此等不用打仗就能得享财宝美人的好事，自然满口答应，于是刘邦立刻下令他的亲生女儿鲁元公主远嫁。此事因皇后吕雉哭闹不休地阻挠而搁浅，但刘邦仍选了一位皇族的女孩封为公主送到冒顿那里，由此开东方外交史上和亲政策的先河。

如此汉匈和合的美事流传千古，却又有些许破绽暴露出来：首先是在白登之围时，刘邦命悬一线之际都没有想出让亲生女儿离婚和亲，却在安全返回后为了平息匈奴骚扰边境而愿意把亲闺女搭进去？其次是冒顿为一代雄主，智勇双全，既然提倾国之兵而来，又预谋许久才设计将刘邦包围，竟然会因为阏氏一番轻描淡写的劝说和少量汉朝叛军未至就轻易撤退，放走已经奄奄一息的猎物？以他消灭东胡、驱逐月氏的作风来看，既然发动战争就一定要击败对手才罢休，如果刘邦没有做出相当程度的降服表示估计绝难幸免。

按照《史记·陈丞相世家》所记载，白登之围时陈平献计情况如下："……高帝既出，其计秘，世莫得闻。"也就是说《匈奴列传》所记载的大致上是宣传用的烟幕弹，而当时在白登山下刘邦分明允诺了冒顿某种难以明说的撤兵条件，以至于外界不得而知其真实情形。再联系到和亲达成之后，冒顿忽然转性安分了一个时期，似乎不难推断出当时刘邦就答应送公主给冒顿，后来感觉实在太没面子想赖账，但在匈奴咄咄逼人的攻势下只好由刘敬提出和亲作为下台阶的办法。这样一来在对内宣传上求饶的礼物立刻成为和平使者，档次一下子提上去不止一个台阶。

刘邦由出卖女儿求生的无耻混球变成忍辱负重送女和亲的悲情老爹，只要北望草原心酸地干号一声"儿啊"便可博得天下同情，实在是在国力不济无可奈何下又可避免被骂缩头乌龟的绝妙方法。

和亲政策只是汉匈外交的一个组成部分，刘邦与冒顿密议的其余部分直到百余年后才由班固的《后汉书》予以详细披露：

一、汉与匈奴以"秦故塞"为边界，汉朝的军事力量撤到秦故塞以南。双方军队不得随意闯入对方辖区。正所谓"长城以北引弓之国"则"受令"单于；"长城以内冠带之室"由汉帝"制之"。这项条约被遵守了一半：西汉初期的汉军始终不敢越雷池一步，而匈奴则常来常往地抢掠。于是后来反复上演匈奴入塞抢掠，汉军匆忙迎击。匈奴满载而归，汉军只能"欢送"到秦故塞为止——这真是"我送你离开千里之外……我无声感慨"……这种情况直到汉武帝时才得到改变，后世汉军出击匈奴被称为"出塞"也来源于此约定。

二、两国之间开放边境贸易，具体表现在汉朝设立"关市"。匈奴商队可以在关市与汉朝商人进行易货贸易。通过这种方式匈奴获得了急需的中原货物和金属制品——尤其是铜制品。关市的设立是对匈奴不再侵犯的一种补偿，毕竟公主

邹城博物馆胡汉战争画像石拓片

和嫁妆都只能由冒顿独自享用，其他的匈奴阶层不能干看着没好处。

三、汉匈两国永为兄弟之国，双方永不侵犯、和平共处。这都是面子上的话，如果不是奉献公主并加上每年缴纳的大笔贡赋的话，匈奴才不会停止对汉朝的大规模入侵。即使是在汉朝做出这么多让步之后，匈奴对汉朝的侵扰也没有终止过，

西域汉逐匈奴绘画，匈奴人被画成当时蒙古人的模样

只不过不再轻易深入内地罢了。

通过这些条款和上面介绍过的冒顿对被征服民族和地区的统治策略，我们可以看出在匈奴眼中汉朝不过是一个有着特殊性质的被征服国家。由于汉朝实力强劲，所以冒顿给刘邦留下了相对更多的“自治权”，这种态度从冒顿日后对汉朝皇室的蛮横无理和匈奴贵族对和平誓约的轻视践踏可见一斑。

无论如何，冒顿与刘邦的全面较量落下了帷幕，而远嫁草原的汉朝公主的命运也极少有人关心。这些习惯了锦衣玉食的汉朝公主们在草原上日夜悲叹：“穹庐为室兮毡为墙，以肉为食兮酪为浆。”

汉朝公主在匈奴长寿的不多，往往由于饮食不惯、水土不服而年少夭折。和亲政策规定公主死后要立即派出替补队员，于是又一位宗室少女踏上命运的不归路。在冒顿时期，先后嫁给他的汉朝公主多达五位，可见塞外世界的苍茫草原对汉家女子是何等的残酷！

4. 塞外情书 公元前 195 年，刘邦与世长辞，他那不安分的妻子吕雉很快便通过夺权开始了短暂的高后时代。三年后，远在塞外草原的冒顿却寄来一封情意浓浓的求爱信，这封情书被汉朝视为奇耻大辱，信上说：“孤偾之君，生於沮泽之中，长於平野牛马之域，数至边境，原游中国。陛下独立，孤偾独居，两主不乐，无以自娱，原以所有，易其所无。”

内容大意是你没了老公，我少了老婆，既然咱俩孤单寂寞，何不凑在一起过？对于这封信，有些学者视为冒顿不熟悉中原礼仪之故，因为他与刘邦曾结为兄弟，所以按照匈奴风俗提出“收继”吕雉的请求。连当时的汉朝政府也做如此解释，否则实在是难以下台。

其实，吕雉深知冒顿的“求婚”不过是趁着刘邦驾崩之际进行的又一次威胁勒索罢了。匈奴民族的收继婚姻制度旨在保持家族内部的血统纯正、寡妇孤儿赡养和财产继承，绝不会将其制度沿用到外族义兄弟（还身兼名义上的岳父）身上。

冒顿不是单纯的粗陋无知的野蛮人，他很清楚不同民族之间风俗习惯的差异，否则也不会在开创帝国之初便允许被征服各族保持自己的风俗习惯，为何此刻却忽然要求按照匈奴风俗迎娶“大嫂”吕雉？

更何况冒顿的老婆绝不只有一个，所谓的“孤偾之君”不过指的是和亲的公主去世罢了，言下之意还是你们还不赶紧再送一位过来？自然丰厚的嫁妆也是要再来一份的。

说白了就是看看汉朝的新当权者是否延续刘邦的政策，如果吕雉真比她老公骨头硬的话冒顿也不怕，那句“数至边境，原游中国”就是赤裸裸的战争威胁了。

吕雉不愧是女中豪杰，看了这封情书后勃然大怒，立即召见丞相陈平和将军樊哙、季布等大臣商议对策。吕雉先把自己的意见摆出来：立即砍了匈奴求婚使者的鸟头，然后发倾国之兵出塞邀击匈奴！

一看这位热血沸腾的老太太，大将樊哙也激动了，他拍着胸脯大声说：“臣愿得十万众，横行匈奴中！”一时间朝堂之上爱国主义情绪汹涌澎湃，几乎所有的大臣都趁机高呼口号大拍吕雉马屁，似乎从一张张口沫四溅的嘴中真能奔出踏破匈奴的千军万马来一样。

只有一位理性派人士没有跟着附和，他就是中郎将季布。

季布几句话就让满朝文武和吕雉冷静了下来：“樊哙可斩也！夫以高帝兵三十余万，困于平城，哙时亦在其中。今哙奈何以十万众横行匈奴中，面谩！且秦以事胡，陈胜等起。今疮痍未瘳，哙又面谀，欲摇动天下。”

这句文绉绉的话大意如下：请太后先砍了大忽悠樊哙的鸟头！大家想想当年高祖白登之围的时候，樊哙率军三十万都不能救先帝脱险，这时候只率领十万人就能横行匈奴了？当初战败造成的影响还未消除就又要发动没有获胜把握的战争，秦朝就是因为对胡人穷兵黩武才导致陈胜、吴广起义灭亡的，现在大伙儿打算重蹈覆辙吗？

陕西历史博物馆馆藏吕后玉玺

这一番话一出，所有的武将都意识到高喊口号的直接后果是他们又要同可怕的冒顿作战，于是又纷纷表示：“以高帝贤武，然尚困於平城。”

剩下的话也就不用说了，吕雉长叹一声说：“那还是继续和亲吧……”

从这件事上可以看出刘邦的白登之败对汉朝造成的影响，这种畏惧情绪还将持续数十年，直到刘邦的一个孙子掌权后才得以转变。吕雉采纳季布的主张，写了一封卑躬屈膝甚至可以说是厚颜无耻的投降信给冒顿，内容大意是：我已年老体衰，发齿也堕落了，步行也不方便，实在是没法伺候大单于您了。

即使是吕后这般女中豪杰，也不得不对冒顿保持卑躬屈膝的姿态

冒顿要的就是这个效果，他看着吕雉送来的豪华跑车（御车二乘，马二驷）和美貌公主不由得心花怒放，甚至对自己的过分逼迫有些不好意思起来。于是派了使者带着马匹等礼物回赠吕雉，并致歉说：“未尝闻中国礼仪，陛下幸而赦之。”既然面子互相都给了，所以汉匈得以继续维持这种微妙的友好邦交。

顺便提一句，匈奴对每次和亲都是有回礼的，可惜只有象征性的一丁点儿。而冒顿每次允诺过的和平共处也是象征性的，在这段时期内匈奴对汉朝边境的较大进犯有：公元前 198 年勾结韩王信屡次进犯代、雁门和云中各地；公元前 196 年再度勾结韩王信联合入侵参合，韩王信被汉将柴武击杀；公元前 195 年勾结汉朝叛将卢绾侵犯上谷以东；公元前 182 年和公元前 181 年连续进犯狄道和阿阳，杀戮甚多，掳走百姓两千余人。

公元前 180 年，汉文帝刘恒即位。在这一年新继位的皇帝再度送公主给冒顿和亲，但两年后右贤王在夏季突袭河南地，侵犯上郡，大肆屠杀百姓。刘恒命丞相灌婴率领车骑八万五千迎击匈奴，右贤王饱掠后出塞。就在同一年，出使匈奴谴责右贤王破坏和亲政策的汉朝使者在单于庭拜见冒顿时遭到无礼对待，汉使不屈大骂冒顿后遇害。如此一来汉匈关系断绝，第二年汉将张说便开始尝试出塞攻击匈奴。与此同时，日渐苍老的冒顿仍如同贪得无厌的草原苍狼般吞噬邻国开疆扩土。他再度击败月氏，将其驱逐到准噶尔盆地，又征服了楼兰、呼孙、呼揭等西域各国。

此时匈奴帝国的版图，东尽辽河，南达长城，西越葱岭，北抵贝加尔湖，冒顿完成了北方游牧民族的第一次大统一，手下拥有铁骑三十余万。月氏经过休养生息后拥有十余万控弦之士，可他们还是无法抗衡冒顿的匈奴铁骑，月氏进入准噶尔盆地后击败并驱逐了当地的原住民塞迦族人，占据了当地的牧场。这种游牧民族间的连环驱逐和迁徙在日后还会在欧亚大陆上反复上演，并最终造成世界历史格局的巨变。

公元前174年，冒顿致汉文帝刘恒书中说前番背盟并不是他的本意，而是右贤王擅自行动的缘故，右贤王擅自行动则是受了汉朝官吏侮辱和受到手下官吏挑唆的缘故。作为惩罚措施，冒顿“故罚右贤王，使至西方求月氏击之。以天之福，吏卒良，马力强，以夷灭月氏，尽斩杀降下定之。楼兰、乌孙、呼揭及其旁二十六国皆已为匈奴，诸引弓之民并为一家，北州以定”。

冒顿的表态名义上看起来是致歉，实质上还是威胁。既然北州已定，冒顿再度将目光投向中原，他在阴山设立了制作弓箭的场所，准备作为侵犯汉朝的基地使用。而此时的刘恒一边整军防备，一边派使者表示愿意恢复和匈奴的友好邦交，并再度送出公主和亲。

在草原上纵横一生的冒顿南望着中原的大好河山，这里是他的世界中唯一没有被征服的土地。他已建立了从未有过的强大游牧帝国，难道那道浅浅的长城真能阻挡他的步伐吗?

前进，征服……在这位狼一般的男人身上没有什么是不能逾越的界限，他的虎狼之师在草原上来去如风，匈奴战士们挥刀成林射箭如雨，马蹄踏处大地崩裂山河变色。只有一件事他无法逾越，那就是死亡。

就在刘恒再度送出和亲公主的时候，匈奴帝国的统治者已在自己的草原上停止了呼吸。他的心中还有无数的狂野欲望和无尽的征服野心，只是岁月不肯再给他机会。

冒顿早已远去，但那鸣镝飞射的身影将永恒地刻在历史的天空中。

第三节 单于们的黄金时代

1. 草原上的收继婚姻 公元前174年，本名稽粥的老上单于登上了匈奴帝国的王座。这位根正苗红的新任统治者是冒顿的长子，他的老爹非常善于总结他的祖父犯下的错误，没有在继承人问题上闹出什么纠纷来。

老上单于一上台，汉文帝刘恒连忙知趣地送上和亲公主和大笔嫁妆。于是草原上的婚庆典礼又再度上演，不过这位新郎已经结过不少次婚，冒顿的老婆们都已被他的儿子收编了。

匈奴的收继婚姻制度一直被中国古代历史学家们诟病，视为“禽兽行也”。毕竟以儒家观念来看后妈也是妈，暗中流口水可以，公然将其变成自己老婆的就是禽兽了。在中国历史上娶了后妈的皇帝有一些，没有一个不被视为昏君、色鬼的。最有名的是隋炀帝杨广，其次还有唐高宗李治，在南北朝和五代十国的统治者中也有这样不畏世俗眼光追寻真爱的性情中人。有趣的是，他们几乎都有游牧民族的血统。

在中国古代史籍中将收继婚称之为转房、逆缘婚、挽亲、续婚和烝母报嫂等等，不仅在游牧民族中广泛存在，在上古时期的中原王朝中也曾有过如此风俗。随着宗法伦理观念的出现，这种风俗在中原逐渐湮灭。不过在匈奴民族中，收继婚却也是另一种迥然不同的婚姻、宗法、继承和赡养制度。

匈奴施行族外婚，也就是氏族部落内成员是不得通婚的。一夫一妻和一夫多妻制度并行，不能将匈奴的一夫多妻与汉族的一夫一妻多妾相混淆，两者毫无共同之处。收继婚只是匈奴婚姻形式中的一种，并不是说匈奴的婚姻都是收继婚。

《汉书·匈奴传》说匈奴的收继婚是“父死，妻其后母；兄弟死，尽取其妻妻之”，但对于有很多儿子的该如何分配这些后母与死者有兄弟和儿子时又该如何分配并没有详尽的解释。但至少可以肯定一点，那就是收继婚只能在家族内部实施，绝不可能让外人来“收继”本家族的寡妇。

匈奴人的性观念与中原不同，他们不禁止未婚女子的婚前性行为，同时对已婚妇女与夫家内部成员的偷情也比较宽容。与外人不得收继本族寡妇一样，这种观念也表现出匈奴人重视种姓与宗族血缘的“纯净”，外族人不得染指，本族却可宽容，正所谓“恶种姓之失也，故匈奴虽乱，必立宗种”。这种观念延伸之后，也可以理解匈奴人对于挛鞮家族成员争夺单于王位毫不在乎了，毕竟是肥水不流外人田，上台的单于总是挛鞮的后代。

对于中国人而言，王昭君和呼韩邪单于是最著名的一对有关匈奴话题的夫妻了

不过匈奴虽然对未婚和婚外性行为宽容，他们的另一项风俗却令人发指：杀首子。

《汉书·元后传》中说“羌胡尚杀首子以荡正世”，也就是说匈奴对于出嫁到本家族的女子所生的第一个孩子，在不能确定其生父是否是本家族成员的情况下，一般的处理方式是杀掉以免后患。

毫无疑问，这也是他们维护种姓纯洁的一种手段。

收继婚的另一项功能就是解决财产继承和寡妇赡养问题，但是并不是一切寡妇都可以被收继，在匈奴的习惯法中有如下几项被严格遵守的戒律：

一、生母不得收继。以单于为例，亲生母亲被称为母阏氏，不但不得收继，也不得被他人收继。母阏氏随同单于生活，由儿子负责赡养。而被单于收继的前单于阏氏及其未成年子女也都由现任单于负责赡养。

二、是否收继死者的其余妻子，由年龄而定。年龄老者一般不被收继，而是由其成年儿子赡养，年龄小者则一般被收继。

三、身份显贵的贵族母阏氏，如匈奴诸王的生母一般不被收继，匈奴诸王的母亲一般随其子生活，得到赡养。

四、不被收继的前单于阏氏并没有类似中原那样的皇太后或太皇太后之类的尊号。

五、单于收继婚与一般匈奴家庭收继婚不同，由前任单于的政治继承人而不是长子或长弟按照辈分和年龄顺位收继。

六、被收继寡妇的未成年子女也一同被收继，其未成年儿子自动失去父亲财产的继承权和对后母的收继权。

刚才说到老上单于收继了老爹冒顿的若干老婆，那么是不是整个匈奴帝国也都归其所有了呢？其实匈奴的继承制度并没有如此简单，收继后妈进行赡养是一回事，收继冒顿的那些财产部众则是另一回事。《汉书》中记载，单于的儿子们在成年之后都要离开父亲的营地被分配到各地居住，他们可以拥有划分给自己的牧场和部众，一般是一万骑。从这里我们也可以看出为何头曼当初会给冒顿这个隐患那么多的军马，实在是迫于习俗情非得已。除了匈奴之外，当时的西域游牧民族如乌孙等也有此风俗。

当所有的成年儿子都分配到财产之后，单于最终所余财产都归幼子所有。这个习俗在后世的蒙古帝国也可以看到，例如铁木真去世前吩咐将自己财产和军队的绝大部分都按“幼子守灶”的习俗留给了小儿子拖雷。

需要指出的是，匈奴的妇女们是没有继承权的，而只能被人所“继承”，因为她们没有独立的法律人格，被视为家长的附属品。即使贵为单于的“居次（公主）”，也没有资格继承父亲的财产。

2. 背叛者中行说公公 话说回来，汉朝送到匈奴的公主自然是按照正常的政治婚姻嫁过去的。截至目前，汉朝和亲的公主都是宗室的公主，没有一个是皇帝的亲生女儿。虽然如此，必要的排场礼仪可是一点都没有缩水。每次随着公主去匈奴的宫女和宦官也有不少，总不能让公主一个人嫁过去受罪，总有一批垫背的奴婢也跟着去草原。因草原之艰苦，连公主都往往少年夭折，这些奴婢的命运更是可想而知。历史上反抗这种命运的人并不是没有，其中最有名的一个便出现在初次前往老上单于那里和亲的队伍中。此人是一位宦官，准确地说是一位受过教育的有一定地位的宦官，他的名字是中行说。

在公主出发前，上级领导找他谈话：中行啊，组织上打算派你伴送和亲公主出塞，你要珍惜这次境外工作的机会，好好表现不负重托。没想到中行说当下就表示自己不愿干，这也可以理解，一般来说被送到匈奴差不多也相当于判了死缓一样。

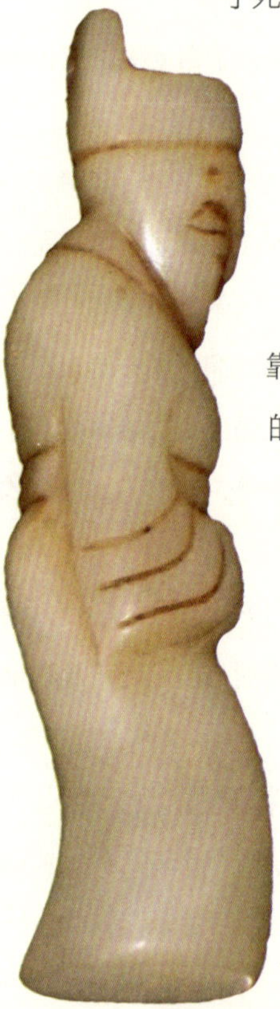

汉代汉白玉宦官俑，谁能想到一个小小的宦官，竟给大汉朝带来如此大的麻烦

对于汉朝来说，中行说不过是个鼻屎大的小宦官，他的个人意见自然不会影响组织上的既定安排，于是中行说临行前恨恨地说：“必我行也，为汉患者。”

狠话是放了，可是有关方面置若罔闻，权当是临上“刑场”的中行说在胡言乱语。没想到此人出塞之后，果然投靠了老上单于，他以自己过人的阴险狡诈彻底出卖了自己的祖国，成为汉朝的心腹大患。

在遍地文盲大老粗的匈奴中忽然多出一个有文化的汉人奴才，自然是令人瞩目的。老上对中行说非常重视，《史记》中记载“单于甚亲幸之”。而中行说的确不是光会“放嘴炮”，他以自己对汉朝宫廷政治与经济军事形式的透彻了解，为老上改革匈奴帝国起到了举足轻重的智囊作用，被老上尊称为“国师”。

中行说在匈奴数十年，辅佐三任单于孜孜不倦地同自己的祖国做斗争，真是悲剧啊……

由于经济文化都极端落后于汉朝，所以匈奴帝国的高层人士是相当“哈汉”的。他们穿着汉朝进贡来的锦衣，吃着中原风味的美酒美食，颇以生在塞外为恨，一心向往中土的风尚。

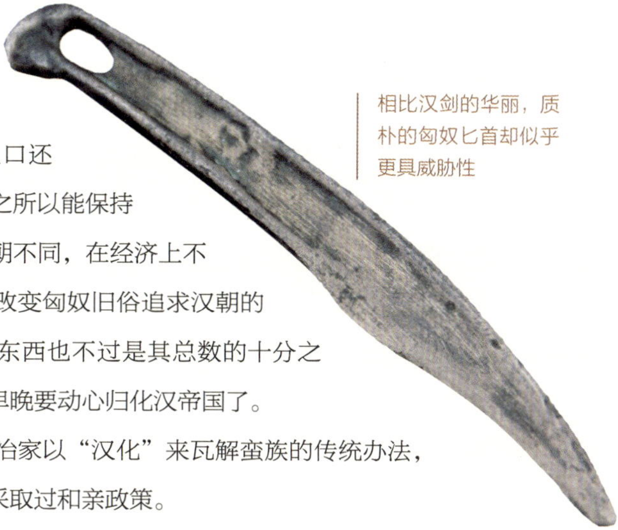

相比汉剑的华丽，质朴的匈奴匕首却似乎更具威胁性

中行说针对这种情况对老上谏言：匈奴的人口还没有汉朝的一个大郡多，之所以能保持强大就在于服装饮食与汉朝不同，在经济上不必依赖汉帝国，如今单于改变匈奴旧俗追求汉朝的服装饮食，而汉朝所给的东西也不过是其总数的十分之一二，长此以往则匈奴人早晚要动心归化汉帝国了。

中行说很了解汉人政治家以“汉化”来瓦解蛮族的传统办法，例如春秋时晋国也对戎狄采取过和亲政策。

公元前 569 年，晋悼公姬周在魏庄子的建议下决定“和戎”。他用中原的美酒佳肴和女乐换取对方的马匹、毛皮，又互相通婚建立统治者之间的亲戚关系。这样，蛮族部落不但不再是晋国的边患，还心甘情愿地出人出力替晋国打仗卖命。

后来魏国的手段更是高明，他们用互市的办法拉拢北狄，用锦衣玉食换取大量的牛马、毛皮、弓箭等战略物资。大臣子顺说宽袍大袖的服装并不适合马上穿着，美酒佳肴吃完就没了，这些对蛮族其实都没什么大作用。相反，蛮族日渐沉迷于中原的锦衣玉食后，会逐渐丧失自己的优势，到时候可以一举歼之。

汉代礼仪用玉珏铁剑——汉化是中原王朝对付蛮夷的一项强有力武器，但中行说的作梗阻碍了这一进程

老上对于这些历史故事极为上心，他按照中行说的建议让士兵穿着汉朝衣服在荆棘丛中策马奔驰，结果衣服当然变成了破布条，于是向匈奴人证明汉朝衣服不及匈奴的服装坚固完美；又将汉朝的食物悉数扔掉，以证明匈奴的饮食更加方便美味。这样一来，匈奴的汉化过程被中行说硬生生地阻止了，汉朝政府持续多年的“和平演变”策略便一下子落了空，匈奴人仍将保持其可怕的军事实力。

虽然在风俗上制止了汉化，但中行说在外交斗争中却用“以汉制汉”的手段向汉朝发难。以往汉帝国在致匈奴帝国的国书的开头都要写上一句："皇帝敬问匈奴大单于无恙"，而中行说则要求匈奴致汉帝国的国书都要比汉朝的长一寸，所用的封印悉数加大，国书的开头语更是傲慢地写道："天地所生、日月所置的匈奴大单于敬问汉朝皇帝无恙。"

这样一来使得匈奴人的自尊心大为满足，也使得他们的民族认同感进一步增强。针对匈奴人不善于言辞的特点，中行说亲自上阵与汉使辩论，为匈奴的风俗习惯乃至于国家政策辩护。

这样的辩论会实在是艰苦，外加他还戴着一顶"汉奸"的帽子容易被人抓住小辫子痛击，所以中行说干脆不准汉使多说话，只让其遵照要求将匈奴所要的东西一律保质保量地准备好就行，否则就以军事打击作为报复。

中行说的军事打击并不是一句空言，他竭尽全力帮助老上富国强兵。

每年秋高马肥，单于与各部酋长大会蹛林，核查各氏族部落一年户口增减和牲畜繁殖情况，以便核实军队数目和征收赋税。这时候反对汉化的中行说却又毫不犹豫地采用了汉朝先进的税赋计算和管理征收知识——"疏记"，也就是将中原先进的数学知识教给匈奴官吏。他还帮助匈奴完善司法体系，树立单于威严。匈奴法律极其简单，《史记》记载："其法，拔刃尺者死，坐盗者没入其家；有罪小者轧，大者死。狱久者不过十日，一国之囚不过数人。"在每年的龙城大会中，各路官吏都要向单于禀报这一年来自己辖区的各项事宜，包括各位贵族是否有越轨谋叛事宜。

中行说以自己在汉朝宫廷中的经验伺候老上，又建议加强对匈奴贵族的约束进一步加强王权，使得老上的威望和权势更加膨胀。当一切准备停当之后，匈奴帝国的新一轮征战也就揭开了序幕。

老上不是个遵守和亲盟约的人，终其一生他始终对汉朝保持高压政策。匈奴的骑兵入寇频繁，而中行说的刁难欺凌竟然曾使得汉朝派去谴责的使者宋忠不敢见单于。就在公元前169年，时任太子家令的晁错上书评论匈奴战事，提出了两大意见：一、武装投降的匈奴人，给予汉军的装备对抗匈奴；二、招募贫苦的百姓到边地屯戍抵抗匈奴入侵。晁错的建议对于应付匈奴人不间断的小骚扰还是很有效果的，尤其是武装忠于汉朝的匈奴人这一条意见在后来发挥了巨大的作用。

为了支援逐渐增加的屯边者，汉朝在第二年还规定招募民众输送粮食到边境者可以拜爵。

可惜这两招并不足以应付老上和中行说早已酝酿的“大手笔”进攻：公元前166年，老上单于率领十四万骑大举入塞进攻朝那、萧关，杀死北地都尉孙卬，不但掠走财物无数，还出奇兵焚毁了刘恒的回中宫。匈奴的斥候骑兵到达了雍州、甘泉，迫近长安。刘恒大惊之下连忙以中郎周舍、郎中令张武为将军，率车骑十万人守护长安，又任命昌侯卢卿为上郡将军，宁侯魏遬为北地将军，隆虑侯周灶为陇西将军，东阳侯张相如为大将军，成侯董赤为前将军，派出大军抵御匈奴。

当听说宫殿被焚后，刘恒龙颜大怒，准备亲征匈奴，后来经群臣、太后苦劝才冷静下来，避免了白登之围再现的危险。老上在汉地逗留了一个多月，见汉朝大军迫近才撤退出塞。汉军依旧是“送君送到关塞口，君的仇恨永不忘……”

在这一次战争中，飞将军李广以良家子的身份初上战场，斩杀匈奴人颇多，被任命为汉中郎。此后数年之间，匈奴连年入侵，云中、辽东二郡每年被杀掠人口万人以上，而汉朝又无力还击匈奴，只得向老上示好，许以和亲和“岁贡”。老上也接受了汉朝讲和的请求。两国相约以长城边塞为界，互不侵扰。

老上对汉朝的侵扰实质上只是一种牵制性措施，因为他的主要目标并不是汉朝而是老冤家月氏。公元前177年匈奴右贤王背盟进攻汉朝控制下的河南地时，势力有所恢复的月氏趁着匈奴兵力东移之际出兵西攻乌孙，杀死乌孙昆莫（王）难兜靡后夺占其地。

乌孙本是西域小国，当冒顿征服西域时降服匈奴，所以月氏攻乌孙既是为了抢夺生存空间也是为了打击匈奴势力。乌孙被攻灭后部众离散，难兜靡的继承者猎骄靡年仅一岁，由忠诚的大臣傅父布就翎侯抱着逃往匈奴境内，被冒顿单于收留。这位傅父布就翎侯的本名是布就，傅父是保护人的意思，翎侯则是他的官位。猎骄靡的到来后来被匈奴人以大众喜闻乐见的方式描述如下：躲过月氏追杀的布就把猎骄靡藏在草丛中离开寻找食物，等他返回时赫然发现有母狼给这孤儿喂奶，另外还有乌鸦叼着肉在一旁飞翔。布就认为这是上天的神迹，恨不得像二当家的一样大呼：“月氏、乌孙你们别打了，快来看上帝！”

得知这神奇的表现后，冒顿也大为怜惜猎骄靡，于是养育他长大，后来还将收罗到的乌孙部众都交给猎骄靡统率。当猎骄靡长大成人后就任新的乌孙昆莫，率领部众配合匈奴讨伐月氏。

公元前161年，十七岁的猎骄靡随同老上单于的大军踏碎月氏国度。匈奴军队斩杀月氏王后，老上将其头盖骨制成了恐怖的骷髅酒杯。

从此后猎骄靡成为匈奴经营西域的代理人，他率军帮助匈奴平定西域，俨然就是匈奴的忠仆。这个匈奴版本的“赵氏孤儿”故事，三十余年后由被匈奴俘虏又逃回的伟大外交家、旅行家和大间谍张骞传递给汉武帝刘彻，由此坚定了刘彻联合西域以图匈奴的宏伟战略构思。

对于匈奴而言，孤儿猎骄靡后来的所作所为变得有些不地道：就在手捧“月氏酒杯”后没多久，老上单于便追随自己的苍狼父亲魂归天国了。新任的匈奴领袖是军臣单于，但他一上台便得到意外的惊喜——猎骄靡占据了月氏人留下的伊犁河流域牧场宣布独立了！

军臣大怒，派遣奇兵偷袭却遭惨败，再加上猎骄靡那传奇般的身世，使得匈奴不敢再对这位上天眷顾的英雄兴起刀兵。

3. 真假公主之谜 让我们将猎骄靡的故事暂时先放下，先来看看新一代匈奴领袖军臣的状况。

老上留给军臣的是一个稳固而强大的匈奴帝国，其疆域已扩张到超过汉朝领土面积的四倍之多。除此之外，还有那位忠诚又狡诈的国师中行说在竭力辅佐他。当然，还有一大堆后妈等着军臣收继，在这一点上中行说先生是一点儿忙都帮不上了……

军臣单于是个性情中人，具体表现在公元前160年刚娶了和亲公主收了大笔嫁妆，公元前158年冬天就宣布断绝和亲大举率军入塞。如此做法实在令人寒心，汉朝嫁一个公主过去——虽然是宗室的公主，却连两年的平安都保证不了！

中行说先生在其中倒了多少“坏水”虽不得而知，不过很有可能是他挑唆军臣以攻汉来立威。此次匈奴分兵两路各三万骑攻入上郡和云中，汉朝百姓被杀掠者甚重，匈奴兵锋横扫汉境直至长安。经过一个月左右的蹂躏后，汉文帝终于从各地调来援兵，匈奴军队照例拍马便走，汉军照例至边塞止步，只有无数双愤怒的目光射向那些远去的胡儿背影。

公元前 156 年，四十八岁的汉文帝刘恒驾崩。这位皇帝性情坚忍，虽然踏着吕雉亲属后代的尸体上台，可是在对匈奴的政策上依旧延续了汉初以来的和亲安抚政策。没办法，没有实力就只能做缩头乌龟，逞能的下场唯有国破家亡。他面对的是匈奴帝国上升时期的三位单于，所能做的就是在严加防御的前提下不断从内地向边境充实人口实施屯垦，并大力鼓励养马。

这一时代一个重要成就就是官马制度的确立，汉为了对抗匈奴发展骑兵，专门建立了饲马制度。国家颁行“马复令”，用免役的办法鼓励民间养马，并在中央和地方设立专门的马政机构。中央任命太仆(就是齐天大圣当过的弼马温)管理，在地方设有马丞负责。这些官员负责马匹的饲养以备军用。

刘恒在个人生活方面非常俭朴并提倡薄葬，轻徭役与民休息，废除肉刑，并尝试解决尾大不掉的诸侯国问题。由他开始的“文景之治”为汉帝国默默积累力量，他的国家和人民在痛苦中默默忍耐成长。

在公元前 162 年向老上单于送出和亲公主的时候，刘恒布告天下说：“我不英明，不能施恩德于远方，因而使境外有些国家时常侵扰生事。边远地区的人民不能安定地生活，内地的百姓辛勤劳动也不得歇息，这两方面的过失，皆源自于我德行不够而不能使边远地区的问题得以缓解最近连续几年匈奴都来为害边境，杀我许多官吏和百姓，边境的官员和将领又不明白我的心意，以致加重我的无德。这样长久结下怨仇，兵祸不断，中外各国怎么能安宁呢？现在我早起晚睡，操劳国事，为万民忧虑，惶惶不安，未曾有一天心里不想着这些事情，所以我派出一批又一批的使者，在路上礼帽车盖前后相望，车子的辙迹道道相连，为的就是让他们向单于说明我的意愿。现在单于已经回到从前友好相处的道路上来了，考虑国家的安定，为了万民的利益，亲自跟我相约完全抛弃细小的过失，一起走和平的大道，结为兄弟之好，以保全天下善良的百姓。和亲的协议已经确定，从今年就开始。”

刘恒一直到死都在忍耐，但是军臣不想忍耐，他在刘恒驾崩前一个月再度大举入塞。垂危中的刘恒派御史大夫翟青到匈奴军中求和，军臣傲慢地答应和亲。公元前 155 年秋，新即位的汉景帝刘启将又一位宗室的女儿送上了通往塞外的漫漫不归路……

要说匈奴对汉朝休养生息积蓄实力的后果毫无预见是不公平的，因为一个帝国在它的上升期需要如树木伸展枝叶一般地拓展影响力，而两个强大帝国之间毫无缓冲区域的结果就只有不断碰撞，最后决出胜负。

汉与匈奴互为天敌，和亲换来的是喘息时间，只要力量的天平还没有大幅倾斜到一方压倒另一方，和平就绝不会到来。

可是匈奴并没有彻底毁灭汉朝的实力，从冒顿时期开始反复入侵其实也是一种主动出击削弱对手的手段。匈奴要想以不足汉一大郡的人口保持对汉的优势，唯有依靠不断的掠夺和杀戮来打击敌人、壮大自己。

在这种思路支配下，出现的情况就是“汉文、景之世，匈奴军臣单于最为强盛，肆行侵掠，候骑至雍，火照甘泉”。军臣和中行说从没有放弃过对中原的监视，他们在等待机会，一个能够彻底压倒汉朝的机会。他们其实并不需要等待多久，因为汉帝国内部正酝酿着一场超级风暴。

公元前 154 年，匈奴帝国最大的机会来临了：“七国之乱”爆发。

虽然“七国之乱”的爆发有诸多起因，不过说到底还是因为一个：大伙儿都姓刘，都是老祖宗刘邦的嫡系子孙（刘濞是刘邦的亲侄子），凭啥唯独你小子能做皇帝？刘启开始幻想能够通过杀尽晁错九族的下作手段争取和平，但是叛军公开打出给汉帝国换新老板的口号彻底让他绝望了。

就在中原大打出手的同时，一份来自赵王刘遂的邀请摆在军臣的眼前。这种天赐良机军臣自然不会放过，他率军赶到汉朝边境准备实现当年冒顿“原游中国”的夙愿。可惜造反的刘家王爷们实在是不争气，只三个月就完全失败。造反的七个诸侯王六个自杀一个被杀，汉军再度赶到边境严阵以待。看着千载难逢的机遇就此拉倒，军臣气得恨不得给刘遂改名为刘未遂。

对于军臣的意图刘启自然心知肚明，傻瓜才会相信匈奴使者所说的“单于特来协助皇帝平叛”。贼心不死的军臣此后又开始频繁入塞劫掠，为此刘启不得不在公元前 152 年连送两位公主和亲，其中有一位是他自己的亲生女儿。

从送亲生女儿和亲这一点可以看出匈奴对汉朝威逼至极，以至于刘启连自己的亲生女儿都得牺牲了。此外由于有那位“挨千刀”的中行说存在，宗室女冒充皇帝女的戏码就此宣告结束了。

这一年先送去的照例还是宗室女，军臣收下新娘和嫁妆后立刻大婚，一度完蜜月就派遣使者去跟刘启说：刘先生，我们之间的感情破裂了。

刘启纳闷说：这是怎么搞的，刚送去新娘你们单于就变卦啊？

使者宣布经过权威专家中行说公公的鉴定，你们送来的是赝品！并且经过追查后发现此前的每一位新娘都是赝品！合着我天地所生、日月所置的匈奴大单于这么多年都是做你们诸侯王的女婿啊，你们汉朝皇帝从刘邦那老东西开始就做了我们匈奴这许多年的便宜老丈人，这个账要怎么算才好？

其实汉朝送宗室女和亲早已是公开的秘密，每一位宗室女都在行前接受过册封，在法律意义上的确是公主身份。前两代的单于之所以不计较是因为公主是否皇帝亲生并不重要，冒顿和老上看重的是和亲这种汉朝带有臣服意味的外交表态。

中行说出塞几十年见过多位和亲公主，为何直到这时才忽然“恍然大悟”提醒了军臣呢？其实这是匈奴对于丧失了消灭汉朝的最后机会感到焦虑的表现，他们对于“文景之治”的长远效果心知肚明，但又无法予以有效干扰，所以只能以这种无赖的外交逼迫和威胁来维持自己的强者姿态。

当然，对刘启而言他还没有与军臣翻脸决裂的把握。匈奴依旧处于最强大的时期，汉朝只得继续保持守势。该牺牲就得牺牲，哪怕是皇帝的亲生女儿！

于是在郑重道歉之后，刘启十五岁的女儿南宫公主在泪眼婆娑中泣别长安，踏上了不归之旅。

以上记载见于宋代的《册府元龟》，而在《史记》和《汉书》则没有详细的记载。不过在《史记·外戚世家》中还说，在汉武帝刘彻为母亲找回失落在民间的女儿时，皇太后还召平阳公主、南宫公主、隆虑公主“俱来谒见姊”。

此外据《史记·高祖功臣侯者年表》所载：“元朔六年（公元前 123 年），侯申坐尚南宫公主，不敬，国除。”后有人据此认为南宫公主是因为嫁给南宫侯张坐才得名南宫的，这样看来似乎刘启再度忽悠了军臣一次？

不管怎样，这一年的确是连送出两位和亲公主。为了平息军臣的怒火，并拉拢匈奴各阶层人士，除了送上公主之外，汉与匈奴又再度开通关市做起了生意，一时之间和平共处似乎又成为两国关系的主流，军臣在志得意满中暂时放下了屠刀。

时光荏苒，岁月蹉跎。

到了公元前 148 年春季，汉朝燕地边境居民再度听到了睽违十六年之久的胡骑呼哨！对于这次匈奴背盟入侵汉朝是有心理准备的——已经被背盟了那么多次，倒是这次和平能持续这么长时间才是怪事一桩呢。

刘启在这一时期已经初步抚平了内战创痕，他继续招募徙民充实边地，并大力扩展养马业。至此汉朝的军马生产已经颇具规模，属于官府的马匹发展到了四十万匹。这就为以后的大反击做好了充分的准备——没有强大的骑兵是不可能战胜匈奴的。

汉军骑兵已取代战车成为军队的主力军种，并且有了轻骑兵和重骑兵之分。轻骑兵基本无甲，武器以弓箭为主，骑乘较矮小灵活的战马；重骑兵着甲，武器为戟、矛和环首刀等近战武器，骑乘高大健壮的战马用于冲锋陷阵。

随着汉代冶炼技术的提高出现了更适于马上作战的环首，这种武器刀脊厚，刃锋利，适于劈砍，成为骑兵的重要武器。

一般来说汉代的骑兵主要武器有矛、刀、戟、弓、弩（臂张弩）等。这一时期骑兵作为机动兵力的战术也得以发展，汉军在与匈奴作战中就大量采用了长距离奔袭迂回包抄战术，这也是汉军在实战中“师从”匈奴的结果。

除此以外，汉军中还提拔了李广、程不识和郢都等一批卓越的将领守御边境。其中雁门太守郢都被匈奴畏惧如神，直到他去世为止，匈奴不敢进犯雁门，平时只好在草原上用树枝扎起郢都的人像然后乱箭飞射泄愤。

程不识用兵严谨，进退有据，与匈奴作战鲜有败绩。而李广则更留下“飞将军”的千古美名：匈奴入侵上郡时，李广率百余骑与匈奴数千骑相遇。汉军士兵想掉转马头往回奔，李广急忙说：“吾去大军数十里，今如此以百骑走，匈奴追射我立尽。今我留，匈奴必以我为大军之诱，必不敢击我。”于是李广率军不退反进，一直走到离匈奴不到二里的地方才停下来。

匈奴军队看见这一小股汉军竟敢跑到自己面前下马解鞍躺在草地上休息，实在是摸不着头脑。匈奴人比较淳朴，一般没有自杀的风俗，所以也认定面前这些汉军不会是来寻短见的，此外汉军也没有将精神病或脑瘫患者集中编队的习惯，所以只有一个合理的解释了：此为诱饵，后有伏兵！

看着匈奴骑兵果真不敢进攻，李广心里更是有底。忽见一名骑白马的匈奴将领出阵瞭望，李广飞身上马冲上前去射杀匈奴将领，接着回到队伍中继续休息。这时天色已晚，匈奴军队始终不敢前来攻击。毕竟他们身在汉境，害怕在夜间中伏受袭，于是大伙儿商量出一条妙计来——第二天早上李广起来一看，匈奴已经趁夜跑路了……由此李广更是威名远扬，以至于军臣专门下令：遇到李广一定要捉活口，他要亲眼见见这位传奇英雄："令军中，得李广，必生致之。"

虽然汉朝国力大增，可是刘启还是谨慎地保持守势，因为他面对的实在是一个庞然大物。对于匈奴而言，在军臣时期的确已经膨胀到帝国的巅峰。但是巅峰也即意味着下降即将来临，从他对背叛的猎骄靡奈何不得已经可以看出，匈奴的国力达到了临界点，再也无力扩张一步了。虽然军臣试图以反复无常的故技对汉朝予以控制，可是他始终没能阻止敌人积蓄力量的过程，充其量只能减慢速度而已。就在这次背盟之后，刘启第一次没有派使者恳请和亲，而是整军备战。就在第二年，史无前例的事情出现了：不满军臣统治的匈奴徐卢、于军、赐、陆疆、仆黯、范代和邯郸等小王和部落首领率众来降，这是匈奴贵族第一次大规模归降汉朝，他们都被封为列侯。在此之后，匈奴贵族和官僚投奔中原的趋势有增无减，

西汉诸侯王陪葬之兵马俑已经不输秦人风骨，经过"文景之治"的积蓄国力，汉朝开始在军事实力上超越自己的宿敌匈奴

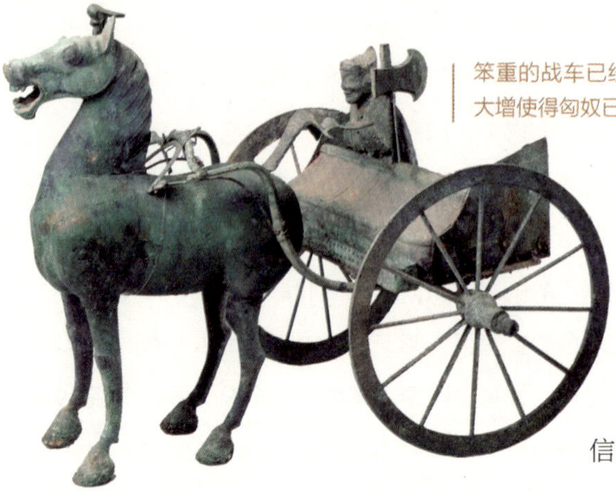

笨重的战车已经逐渐被轻骑兵取代，战马数量大增使得匈奴已经逐步丧失了最具优势的地方

公元前145年，匈奴东胡王卢它之归降汉朝，也被封为亚谷侯。这一系列的高层背叛是匈奴帝国由盛转衰的危险信号，从冒顿时代开始的优势已经转移到汉朝方面了。

军臣意识到汉朝积蓄国力已达到危险的程度，尤其是汉朝骑兵力量的迅猛发展使他不寒而栗。此时中原已经是“庶众街巷有马，阡陌之间成群”，汉军又改良了马甲和马鞍，使战马能得到护甲保护并便于骑乘。

由于马匹众多，自然带动了民间的兴趣。汉朝社会崇尚骑射作乐，从皇家上林苑伴驾至民间聚会，汉家子弟都以驱骏马竞风头为荣，骑着母马出门都不好意思跟人打招呼，要是骑着怀孕的母马赴宴的话会被视为看不起主人而被扫地出门。

就在公元前146年，御史大夫卫绾奏禁马高五尺九寸以上、十岁以下的成年马出关，也就是说此刻汉朝的马匹数量已不亚于匈奴，甚至有向草原倒流的现象。

军臣不肯坐以待毙，他决定将敌人扼死在襁褓中。公元前144年，匈奴大举进攻上郡的汉军养马场夺取战

马王堆墓出土的汉代地图，就在汉帝国广袤的国土上，反击的酝酿已经接近尾声

马，此战中汉朝官吏和士卒抵抗到底，牺牲两千余人。

公元前 142 年，匈奴攻入雁门，太守冯敬战死，匈奴屠城而归。

这一系列较量说明匈奴的实力尚在，虽然它已经开始摇摇欲坠；而汉朝已不是毫无抵抗能力的婴儿，匈奴难以再度深入汉境骚扰。

公元前 141 年，怀着无法降伏匈奴的遗憾，四十八岁的刘启含恨而终。他为自己的帝国奋斗了一生，牺牲了老师、好友，甚至是爱女。他将皇位留给了十六岁的儿子刘彻，怀着无限的担忧和希望离开了人世。

刘启远去了，在他身后是他和他父亲历经两代励精图治后积累起来的丰厚家底，在新任皇帝刘彻手中即将发生震撼世界改变命运的大事件。

第四节 出塞曲

1. 短暂的蜜月期 公元前140年，新即位的汉武帝刘彻派时年六十岁的博士公孙弘出使匈奴。军臣知道刘彻年龄幼小，对于未来的汉朝会对匈奴采取什么政策也没有把握。公孙弘见到军臣后照例问好，然后重申了刘彻延续和亲政策继续和平共处的意向。迎接他的照例是军臣的傲慢和中行说的刁难，可是刘彻的低姿态却也的确获得了匈奴上下的欢心。刘彻递过来的橄榄枝上果实累累，因为皇帝实在太年轻，没法送能结婚的公主过来，所以除了继续和亲之外还有其他诱人条件。例如刘彻提出恢复因军臣背盟而撤销的关市，恢复每年赠送匈奴大批金帛、丝絮等贵重礼物，并加倍给予——“饶给之”。

这下军臣“龙颜大悦”，他已步入老年，昔日里的暴戾之气也减少了许多，于是“匈奴自单于以下皆亲汉，往来长城下”。汉与匈奴的新蜜月再度上演，军臣时常派人带着几匹骏马来到长城要塞下，由胡巫祈祷祝福后送进关内转交刘彻，这也是他善意的表现。需要指出的是匈奴在这段蜜月期内也是不老实的，虽然不再有大规模入侵，可是小动作却不断。

公孙弘虽然带着军臣恢复和平的答复返回，可是他在匈奴所受的无理待遇和他软弱退缩的表现却让刘彻愤怒。年轻的皇帝大怒，认为公孙弘丢了汉家脸面，于是倒霉的公孙弘只好提出辞职。

刘彻从此便下定决心要讨伐匈奴，他让自己的好友韩嫣学习胡人的兵器和阵法。韩嫣是韩王信的曾孙，年少漂亮聪明伶俐，他常与刘彻同起居，出入宫禁。

刘彻希望自己的宠臣能建功立业，可是韩嫣却先在宫中与妃子们折腾出了奸情。皇太后王娡得知后大怒，立即下令命韩嫣自杀，少年刘彻的“首席大将”就这样“香消玉殒”了……

虽然失去了好友，不过刘彻却没有停止学习匈奴战法的脚步，他任用归降的匈奴人训练汉军骑兵，一支强大的汉军在他的手中飞快地成长壮大起来。

汉代的“西域”主要是指敦煌、祁连山以西，葱岭以东和天山南北的地区，大致上就是现在的新疆。

西域分为两路，天山北路是天然的优良牧场，当时已为匈奴所有，属匈奴右部，归右贤王和右将军管辖。天山南路气候干燥，可耕种地区狭小且难以放牧，在汉初形成三十六国，多以农业为生，兼营牧畜，有城郭庐舍，故称“城郭诸国”。

三十六国从其地理分布来看，由甘肃出玉门、阳关南行，傍昆仑山北麓向西，经且末、于阗至莎车为南道诸国。出玉门、阳关后北行，由姑师沿天山南麓向西，经焉耆、轮台、龟兹至疏勒为北道诸国。在南北道之间，就是一望无际的塔里木大漠。西域的居民主要有氐、羌、突厥、匈奴、月氏和塞人等各族，人口总计约三十余万。在刘彻上台之前，天山南路诸国也都被匈奴征服，归属常驻焉耆的匈奴僮仆都尉管辖，向往来诸国征收粮食、羊马，成为匈奴帝国的重要补给线。而葱岭以西的大宛、乌孙、大月氏、康居、大夏诸国由于距匈奴较远，尚未直接沦为匈奴的属国。

公元前 138 年，刘彻接到一份奏报：有从匈奴叛逃到汉朝的人士提供了当年老上单于击破月氏，将月氏王的头盖骨做酒杯，而月氏人立志报仇却苦于没有盟友相助的消息。这份迟到二十三年之久的新闻立即激起了刘彻无比的想象力：派使者找到月氏与其结盟共击匈奴，切断匈奴的西域这只右臂！

不过要想寻找到传说中的月氏人，必须穿越匈奴帝国才能到达。这是一项极其危险的任务，所以刘彻采用海选的办法来招募志愿者，汉中人张骞最后获得了冠军头衔。张骞获胜的优势在于他有一位忠诚的匈奴翻译甘父——这位甘父是他的奴隶。

于是张骞率领由一百名随从人员组成的使团从长安向着河西走廊进发，结果在匈奴境内被匈奴右贤王的巡逻骑兵抓获。右贤王将俘虏们送到军臣那里。军臣了解到张骞是出使月氏的使者后愤愤地说："月氏在我的北边，汉朝人怎么能往那儿出使呢？我如果想派人出使南越，汉朝肯任凭我们的人经过吗？"

张骞还是走运的，虽然那时候还没有外交豁免权，不过由于仍处于政治蜜月期，军臣不想杀害汉使破坏邦交。当然他也没有傻到放任张骞西去寻找自己的老冤家月氏，于是张骞一行人开始了长达十多年的软禁生活。

说起来军臣还是很人性化的一位单于，他给张骞送去了匈奴女子为妻，张骞也坦然接受并生了儿子。不过军臣的感化政策并没有取得相应的攻心效果，张骞心中始终没有忘记自己的使命，在茫茫草原上他等待着报答君命的时机。

公元前135年，老迈的军臣单于派来使者求和亲，目标是二十二岁汉朝皇帝刘彻的亲生公主。对于这种老牛吃嫩草的要求刘彻很是烦恼，因为他已下决心最后是要同匈奴翻脸的，但现在是否到了翻脸的最佳时机了呢？

汉朝的国力此刻已经是相当强盛了，《汉书·食货志》中说："京师之钱累百巨万，贯朽而不可校。太仓之粟陈陈相因，充溢露积于外，至腐败不可食。"边境地区的粮食储备和戍边屯田人员也已经相当充实，军队一直在严格训练，战马足有数十万匹，这些都足够支撑相当程度的战争消耗。

可是数十年来汉朝被匈奴压迫骚扰形成的巨大畏惧感却不是可以轻易消除的，此外刘邦的那场失败也是前车之鉴，更何况此刻的匈奴比冒顿时代更为强大。

山东博物馆汉代画像石拓片。经过"文景之治"的积蓄国力，汉帝国的国力已经达到相当强盛的水平

于是刘彻的大臣们便分成了主战与主和两派，双方的领袖人物分别是大行王恢与御史大夫韩安国。

王恢平日里负责接待匈奴等各国使者，受尽了窝囊气。他劝刘彻与匈奴决裂，不必再送公主去塞外受苦。因为以匈奴人的人品而言实在是毫无信义可言，这么多年来他们总是在和亲后背盟，而汉朝为了求和又得加倍给予礼物，这样反反复复不仅消耗了国力，而且让匈奴的胃口越发贪得无厌。总有一天他们的要求会超过我们所能承受的极限，那时候照样还是得决裂开战。匈奴人口不过数十万，抵不上汉朝一大郡，如果下决心一战，是可以获胜的。

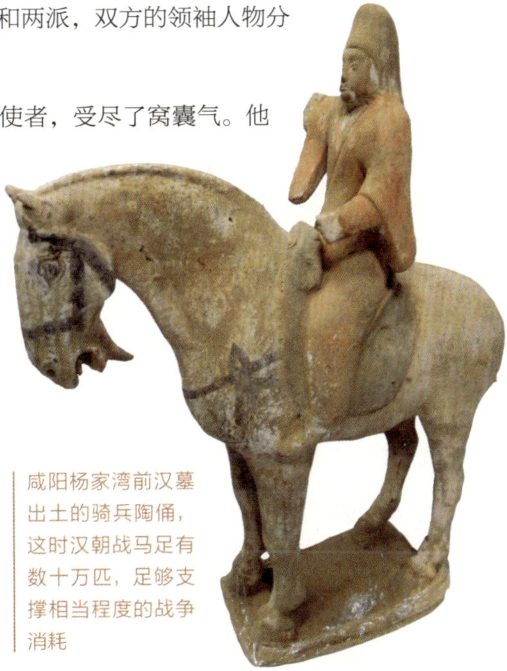

咸阳杨家湾前汉墓出土的骑兵陶俑，这时汉朝战马足有数十万匹，足够支撑相当程度的战争消耗

相对于理想派人士王恢的慷慨激昂，韩安国则继承了当年理性派人士季布的衣钵。他提出两个现实性问题：

第一，汉朝从来没有打赢过与匈奴的大规模战争，不能因为取得了一些边境上的小规模战术性胜利就认为必然可以获得战略性的胜利。毕竟身经百战的刘邦和他手下那些经验丰富的大将们都奈何不得冒顿，更何况久违战争的我们与今日之匈奴？

第二，匈奴人口是少，而且居住分散，与汉朝人口根本不成比例。但是他们是游牧的蛮族，毫无居住地可言。汉军出塞不容易捕捉到匈奴主力决战，而匈奴则随时可以集结大军入塞报复，汉人是定居的农耕民族，人民被土地拴着做不到坚壁清野，如此一来谁的损失更大还用说吗？

由于韩安国的从军经验比王恢丰富，所以绝大部分大臣都认可他的意见，刘彻只得暂时按捺住自己的雄心，向草原送出了自己的公主——虽然照例宣称是亲生女儿，可是以南宫公主的例子来看似乎同样颇为可疑。再加上此时刘彻自己也年轻，所以还是宗室女的可能性更大。

公元前 134 年，王恢在朝廷上痛诉军臣傲慢无礼，和亲公主受尽欺凌的惨状，激起了满朝文武的无比愤慨。恰逢上一年冬天曾有匈奴入寇的警讯传来，李广和程不识率军在云中和雁门戒备了整整半年。

这下刘彻终于下定决心和军臣翻脸，这一老一少两位统治者之间的对决地点就发生在马邑。

2. 马邑阴谋和变色龙 雁门郡的马邑城地处汉匈边境地区，历来是军事重镇,同时也是走私者的天堂。由于汉匈关系时断时续,所以关市交易也是时有时无。这样就导致特产品和奢侈品的供应难以满足双方上层人士的需求，更加上汉匈双方对于战略物资一直采取封锁禁运的措施，于是中原的铁器、铜器、食盐和丝绸布匹与塞外的良马、珍珠都成为紧俏物资。

既然紧俏自然会身价倍涨，而出于对暴利的追求自然会催生出大胆的不法之徒来。马邑的汉朝官吏早就发现过有些汉人走私者通过不法手段走私违禁品大发其财，不过这些人手眼通天还真不好予以法办。

走私者的领袖是聂壹，他知道自己的钱来路不正，所以早就开始贿赂朝廷高官来寻求庇护，受贿者名单中就有理想派人士王恢大人。要说王恢一心贪赃枉法也有些冤枉他，因为聂壹在送上钱的同时也提供了关于匈奴的若干情报。他表示自己忠于祖国大汉，之所以接触匈奴纯粹是志愿为国家刺探敌国情报——业余爱好是顺带搞点儿走私。

在王恢的鼓励下聂壹献计说匈奴因为刚和亲不久所以对汉朝警惕心不高，而且又信任汉朝边民（尤其是他这一类的），所以可以设计引诱军臣率部前来劫掠，汉军预先设伏，便可一举擒之！

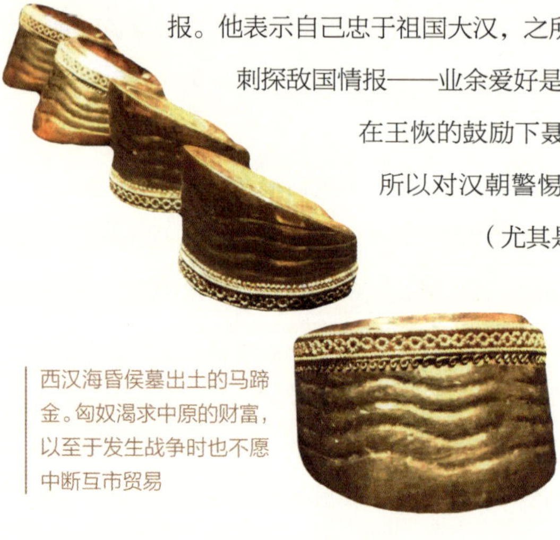

西汉海昏侯墓出土的马蹄金。匈奴渴求中原的财富，以至于发生战争时也不愿中断互市贸易

刘彻激动了——这是天上掉下个林妹妹，不，

是聂老汉来赐给大汉的呀！自己对于无法一举击溃匈奴这个问题苦恼多年，竟然被一个走私贩给解决了！

刘彻立即同意采纳聂壹的计策，他下令调集五位将军分率三十万精锐部队秘密进入马邑周边的预设伏击战场。这五位将军是卫尉骁骑将军李广、太仆轻车将军公孙贺、大行将屯将军王恢、太中大夫材官将军李息和御史大夫护军将军韩安国。全军总指挥是韩安国，约定在军臣单于进入马邑时纵兵出击合围匈奴。其中王恢、李息和李广三部从代郡出兵，主要攻击匈奴的后勤部队。

一切策划停当之后，聂壹再度潜入匈奴境内，由于他在走私这一行已经是声名卓著了，所以顺利见到了军臣单于。

聂壹对军臣说大单于啊，小人这次来卖的不是一般的货物。军臣问你卖的是什么？聂壹说我特地前来卖马邑城。接着他痛诉革命家史，说马邑官吏严重地妨碍他的经营活动，伤害了他的感情，所以他打算干掉马邑县令献城投降匈奴。只要大单于率军前往接收，满城的子女财宝便都归单于所有了。

军臣听完后连连摆手说老聂啊，你把我看成什么人了？我军臣现在是小丈人刘彻的老女婿，咋能干这缺德带冒烟的不义之事呢？这么着吧——你准备啥时候动手？

聂壹跟军臣商量好后又返回马邑，他这人行事果断，到第二天就按照约定的暗号把几颗血淋淋的“汉官”人头挂到城墙上了——全是城里的死囚，算是提前行刑了。军臣的探子见到信号后立即回报，于是军臣不顾年事已高亲率十万骑突入武州塞进入汉境。

军臣此行果然一帆风顺，丝毫没有遇到抵抗，当他来到距离马邑百里之外时，只见牛羊遍地却不见一个汉人存在。匈奴士兵们大喜，四处抢掠牛羊，他们的首领却驻马不前起了疑心——这情况让人不能不怀疑，以往抢掠就算汉军不敢抵抗，至少汉民也知道奔逃躲避，可如今一个人都没有，还牛羊遍地，也实在太奇怪了——聂壹杀掉汉朝官吏可信，但要说他杀光了全部驻防汉军外带边民则绝无可能。

从这一点来说，汉军的设伏计划实在是玩得太过火，抢劫也是有技术含量的，让惯犯忽然发现银行里空无一人遍地现金的话，他肯定也会考虑是不是警方下的套不是？军臣立刻攻打附近的汉军卫所，捉到武州尉史（匈奴传说是雁门尉史）。这位尉史纯属软骨头，他把汉军的伏击计划和盘托出。

军臣一听连忙撤退，在走出边境的时候他对尉史说："我得到尉史，是天意，天让你向我报告。"于是封尉史为"天王"，匈奴全身而退。王恢听说军臣跑了，想想自己带兵不过三万人，万一匈奴合兵一处肯定抵挡不了，干脆就没去执行攻打匈奴辎重部队的任务。

刘彻寄予厚望的这场大规模伏击就这样窝窝囊囊地结束了，双方都白跑一趟，唯一的牺牲就是那几个死囚。

刘彻决定惩罚令自己失望的人，主要就是王恢。他痛恨王恢这种高谈阔论，轮到自己行动时又变成明哲保身的理想派变色龙。

龙颜震怒的结果是王恢被迫自杀，而聂壹也赶紧改名换姓带着全家逃出雁门。他的后代改姓张，其中最有名的一个就是三国时代的名将张辽。

军臣返回匈奴后又气又恨，没想到自己被刘彻这个嫩娃娃给耍了。于是汉匈磕磕绊绊持续了七十余年的和亲政策再度断绝，不过这次是第一次由匈奴宣布断绝的。

从此后战火四起，匈奴骑兵像疯狂的狼群般在汉朝边境线上四处进攻，关于匈奴入侵的警报数不胜数。但奇怪的是关市贸易却依旧正常进行：因为匈奴舍不得放弃汉朝财物，而汉朝也故意保留这个交流渠道，以作为将来和谈的管道。

汉朝与匈奴的战争正式揭开了序幕，和亲和纳贡被完全放弃，只有刀兵才能决出胜负。

谁也没有想到的是，这场战争竟然持续了四十三年之久。

3. 出塞曲 由于长期处于战略进攻态势，所以在宣战初期还是匈奴占了上风。胡骑在呼啸中汹涌而来又狂飙远去，给汉军留下大片的废墟和满地的尸首。在这期间受害最重的是渔阳、上谷两郡，匈奴每次来动辄杀伤汉朝官吏军民上万人，他们焚烧城镇和庄稼田野，大有将汉朝边地变成撒哈拉大沙漠的气概。一时间汉朝上下满是恐慌，不少人暗自埋怨刘彻一味蛮干破坏邦交招致恶果。而也有些人开始浑水摸鱼——公元前 130 年江都易王刘非上书自己的同父异母哥哥刘彻，表示愿意率军出击匈奴。此时他哥哥正琢磨用颁布“推恩令”的办法进一步削藩呢，自然不会再给各诸侯接触兵权的机会。不过这件事倒是启发了刘彻，他下诏立法：“雍阏求奋击匈奴者雷被等，格明诏，当弃市。”也就是说谁敢压制属下出击匈奴者，格杀勿论。

用这个办法，他进一步从已变成大号地主的各路诸侯手底下拉拢人才。

在匈奴这边，军臣先生是非常悲愤的。他没想到世世代代毁约背盟欺负别人的匈奴竟然遭到了无耻暗算，这对于大单于的自尊心和威望都构成了巨大打击。

军臣清楚自己的才能比不上冒顿和老上，所以他在自己的统治后期基本上采取了休养生息的政策。尤其是在七国之乱的机会丧失之后，他没有再大动过干戈。无奈匈奴的人口基数太少，游牧的生活方式也使得他无法像汉朝那样用数十年时间就能将人口和国力翻上几番，在漫长的生存竞争中匈奴已经不再具有优势，而他们彪悍的民族特性使他们从单于到一般牧民都难以意识到这一点，他们只愿做进攻的强者。

中行说先生一直都是清醒的，可是他在军臣时代的影响力已经不能同老上时代相媲美。军臣与刘彻竟然能够出现蜜月期就说明了中行说的政治影响力已经大不如前，不过在战争重启之后他再度得到重用，可是国力的差距已经不是个人所能挽救的了。习惯了与汉和平所带来的优裕生活的匈奴上层贵族对于重开战端有不同的见解，分裂的种子在匈奴帝国内部萌芽，而这种情况随着军臣的身体状况日益虚弱而愈发明显。

公元前 129 年，匈奴再度侵入上谷，杀戮大量军民。刘彻令四位将军各领万骑出塞反击，汉车骑将军卫青同他的义渠人朋友公孙敖、匈奴后裔公孙贺和老将李广一起出塞邀击匈奴。

这是汉军在武帝时代的第一次出击，让战火在敌人土地上燃烧！

战斗结局如下：世家出身的公孙贺入敌境后没有撞见敌人，无功而返；禁卫军出身的公孙敖遭遇敌军后大败，折损七千人后逃回；而声名最高、资历最深的李广远远超越了大败的境界，他被打得全军覆灭自己被俘，如果不是军臣早有活捉他的嘱咐，李广这条老命也就直接交代在草原上了。

李广和公孙敖的悲惨结局与马邑之战后王恢被杀有直接联系，因为知道刘彻痛恨畏缩不前的将领，所以这两位明知不敌也只能硬拼到底。李广被俘时身负重伤，匈奴人将他放在两匹马之间的一张皮革上带往后方。李广趁匈奴士兵放松戒备之际忽然跳上其中一人的马背，夺其弓箭后一路狂奔得脱。

只有初出茅庐、出身低贱、名气最小的卫青运气最好，他长途奔袭匈奴圣地龙城，一路没有遇到匈奴军队。抵达龙城后杀了匈奴一个措手不及，歼敌七百后凯旋，从此一战成名。

按照战损比例来看，这一战实际上是汉军被匈奴“燃烧”了。不过由于卫青袭击龙城得手，使得匈奴在心理上大受影响，而刘彻也得以将此战宣扬为振奋人心的胜利——当然代价是有点大了。

卫青是奴隶出身的青年将领，少年时的最大愿望是不挨打挨骂吃饱饭。他改变命运的契机源自于姐姐卫子夫得宠于刘彻，而他飞黄腾达的动力则是对匈奴作战中的卓越表现。刘彻一向喜欢重用自己的亲信之人，不论是昔日的韩嫣还是今天的卫青都是如此。卫青没有令自己的姐夫失望，他在接下来的战争中建立了名垂青史的丰功伟业。不过在公元前 129 年的这一战中，他的胜利也实属侥幸。

在自己的龙城被偷袭后，军臣很快做出回应。就在秋高马肥之际，彪悍的精锐匈奴骑兵频繁进入渔阳大肆杀戮。刘彻不得不将韩安国派遣到那里驻防，实力未损的匈奴仍然是悬在汉帝国头顶的达摩克利斯之剑，刘彻和他的将军们要做的就是趁这把剑还没有落下来时，事先斩断匈奴的双臂。

与汉帝国紧张而又有序的筹措不同，匈奴帝国则在纷乱和迷茫中挣扎。虚弱的军臣时日无多，对于由谁在老单于身后“收继”这个帝国，不同的人有不同的想法。上层的动荡导致整个社会结构的紊乱，以至于匈奴在这最关键的时刻掉了链子，始终没有组织起对汉朝的致命打击。

就在这风雨欲来的时候，一小股偷渡者跨越边境脱离了匈奴帝国的控制区域。他们是张骞及其妻儿、随从等人，当然还有那位忠诚的甘父。这个落魄的大汉使团经过艰苦跋涉终于抵达了目的地月氏，但是迎接张骞的却是一张张冷漠的面孔。原来月氏在国王被匈奴“行为艺术家”老上砍头并做成酒杯后，立原来的王后为王逃至咸海附近的妫水地区，他们征服了原住民的国家大夏，在新的土地上另建家园。对于远道而来的张骞一行人，月氏贵族们冰冷地表示我们已经忘记了仇恨，你们吃完饭就回去吧。

因为这块远离匈奴的新家园土地肥沃物产丰富，再加上他们不相信远在千里之外的汉朝可以支援自己，所以月氏人已经不想返乡复仇，只想太平地生活下去。

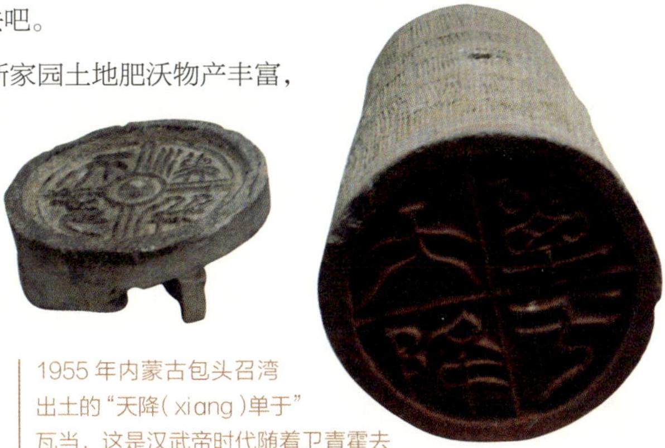

1955 年内蒙古包头召湾出土的“天降(xiang)单于”瓦当，这是汉武帝时代随着卫青霍去病出击匈奴节节获胜，而在汉代颂扬国威的产物

他们的态度完全出乎张骞的预料，回想着出塞十余年来的日日夜夜，回想着葬身在刀兵、饥渴和疾病中的同伴，回想着穿越遍地火焰般的戈壁滩和翻越葱岭冰天雪地的苦旅……

他该怎么办?

是瘫倒在地像杀猪一样地惨叫还是扑过去抱着对方的腿流泪恳求? 抑或是破口大骂你们这帮没种的龟孙然后愤然离去? 以上选项都不是，张骞留在月氏整整一年，他以汉朝使者应有的尊严和耐心与月氏上层沟通，反复以利诱之，以情劝导。虽然最后月氏还是不愿与大汉结盟，但是张骞在返乡的时候却已是胸有成竹。

因为在一路的跋涉中他已经拉拢了西域国家大宛、康居，甚至包括被月氏驱逐的大夏，同时四处打探摸清西域诸国的天文地理和民族人文等详尽情报，一个新的目标在他心中逐渐清晰起来，那就是西域新兴的强国乌孙。

张骞是个开拓者和宣传家，他的足迹将西域和汉朝联结起来，被匈奴奴役的民族和国家通过他看到了未来的希望，汉帝国新一轮的外交战也由此拉开了序幕。张骞的旅程是开天辟地般的历险记，后人正是沿着他的足迹踏出了丝绸之路的伟大传奇。不过现实总是残酷的，张骞等人为了躲避匈奴专门从羌人地盘返汉，不承想这时候羌人已经归顺了军臣。

于是张骞这些送上门来的俘虏立刻被逮捕，由匈奴骑兵部队移送龙城法办。于是张骞又见到了自己的老朋友军臣单于阁下，这次军臣还是没有杀他，只是下令将他们关押起来，不过这次老红娘军臣可不愿意再给张骞送去一个匈奴老婆了。

军臣很烦恼，他希望能像自己的祖父和父亲一样把皇位传到自己的儿子手中。他有自己心爱的儿子於丹，并且早就册立为太子。可是他还有众多的兄弟存在，其中最野心勃勃的就是左谷蠡王伊稚斜。

但在大敌当前之下，军臣无法下决心除掉伊稚斜。

在这几年中不断有匈奴高层官员和贵族叛逃到刘彻那边，可是军臣却束手无策，昔日里汉朝叛逆者不断来投的景象早已是明日黄花，想起来令人唏嘘不已。

老迈的中行说依旧跟随军臣左右出谋划策，但是他的手段再也无法挽回匈奴和单于的颓势。就在卫青成功突袭龙城后几个月，刘彻派遣能言善辩谈吐幽默的枚皋出使匈奴拜见军臣。

这是汉朝放出的和平烟幕弹，毕竟在双方的战略决战前总是要互相忽悠一番的。军臣对此自然心知肚明，所以在送走枚皋后他立即着手筹划对汉朝的进攻计划。军臣盘算着自己的小生意经，他秉承列祖列宗的故技，幻想依靠小打小闹的做法迫使汉朝屈服。毕竟双方还有若干管道保持着沟通，以目前的态势而言依旧是匈奴保持着攻势，只要汉军不出塞主动权就永远在他的手里。

公元前128年秋季，匈奴两万骑突袭汉朝，攻杀辽西太守以下两千余人，进而围困韩安国于营垒中。接着他们又入渔阳和雁门，在两地各杀千数人。刘彻一边撤回屡吃败仗的老将韩安国，另派李广驻防右北平，另一边派遣卫青率三万骑出雁门击匈奴，李息将军也率军出代郡策应。卫青不负众望再度取得大捷，他一举击溃匈奴军队斩首数千级，大大振奋了汉朝的士气民心——原来在野战中也是可以击败匈奴的！于是大臣主父偃和严安都上书皇帝建议大举出塞打击匈奴，自此，绵延数十年的“恐匈症”在朝廷上下开始化解。

第二年刚立春的时候，匈奴再度攻入上谷和渔阳，杀死千余名汉朝军民，表示了一番“回敬”卫青的意思。这是军臣时代的最后一次入寇，匈奴骑兵刚退回草原向老单于报捷，河南地就传来了惊人的消息：卫青和李息率领大军从长安出发出征云中，围歼匈奴白羊王、楼烦王两部，俘虏匈奴数千、牛羊百万计，占据了河套地区！原来卫青和李息这次进军经榆谿旧塞北出云中向西北疾进，汉军沿着外长城直指高阙，然后向南折回架桥渡过北河，接着又沿黄河和贺兰山麓折回陇西。整条进军路线呈马蹄形状，将在这个巨大马蹄形内驻牧的匈奴部属楼烦王部和白羊王部一扫而空，汉军占领了河套地区，斩杀匈奴数千人，俘获牛羊百余万头。

河套地区又称河南地，是匈奴文化的发祥地。这里土地肥沃，水草丰美，历来是兵家必争的战略要地。除了蒙恬的大军曾短暂占领这里之外，河南地还是第一次被中原王朝占据。

自从公元前 177 年匈奴右贤王进驻河南地以来，这里历来都是匈奴主力集结南下的根据地。从河南地出发的匈奴铁骑可以直击上郡，更能长驱直入威胁长安。白羊和楼烦两部自从公元前 209 年被冒顿征服后便奉命迁徙至此，他们在右贤王的管辖下一直是监视汉朝动向和侵扰汉境的先锋。卫青之所以要采取马蹄形的行军路线就是为了截断驻扎在高阙以北的右贤王主力，使其不得援救白羊和楼烦两部。

河南地之战也被称为漠南之战，它是刘彻亲自部署的对匈奴三大战役的第一仗。此战解决了匈奴帝国对汉帝国首都长安的长期威胁，此后军臣的大军再也不能让刘彻的京城宵禁备战了。

河南地之战获胜后，刘彻采用主父偃的建议，在河朔地区移民屯田建立朔方郡。他先令汉将苏建征发十万民夫修筑朔方城并修复蒙恬遗留的要塞和防御工事，又在夏季从内地招募十余万口移民充实新边疆。朔方郡的建立宣告了河套地区正式成为汉帝国的一部分，刘彻以实用性的观点来处理领土问题：没有实力控制的时候一般默认对方的势力范围，一旦为我所占后便立即成为大汉神圣不可分割的一部分。想夺回去么，军臣？只要你能打得赢我刘彻！

占据河套地区可以为对匈奴作战建立牢固的根据地，不过前提是匈奴帝国肯咽得下这口恶气。如果军臣不做反应的话也就不用出来混了，所以匈奴的反扑立即上演。军臣先后派遣数万骑猛攻汉朝的代郡、雁门和定襄三地，实施疯狂的烧杀抢掠，虽然边境汉军已经严加戒备，可三地仍各有数千军民被杀戮。直接蒙受领地损失和巨大耻辱的右贤王更是“怨汉夺之河南地而筑朔方，数为寇，盗边，及入河南，侵扰朔方，杀略吏民甚重”。

除此之外，汉朝付出的经济代价也是相当惊人的。为了支持朔方的国防建设，太行山以东的所有郡县都被征发大批人力物力支援前线，国库耗费数千万钱，多年积蓄为之空虚。除此之外，面对军臣猛攻的刘彻不得不放弃了上谷地区的造阳地以收缩防御战线。

虽然代价不菲，可是整个汉帝国和汉民族的热血与激情都被占领河南地的伟大胜利激发出来了：匈奴无须畏惧，大汉天威远扬。多年来受尽匈奴压迫与欺凌的汉民族爆发出空前的战争狂热，无数的热血男儿辞别亲人出塞奋击匈奴。那绵延千里闪着金光的草原正是好男儿一展身手的战场，汉家儿郎觅封侯，踏破塞外胡儿头！

想扬名立万吗？出塞证明自己！

想杀敌报国吗？出塞杀尽匈奴！

想赚钱发财吗？出塞杀敌领赏！

想平步青云吗？出塞建立战功！

想做上门女婿吗？出塞先去打仗——刘彻为了扩充军队恢复了秦朝开创的惩罚犯罪官吏和商人从军的制度，并扩充为“七科谪”：犯罪的官吏、逃犯、上门女婿、商人、有市籍（经官府准许在特定市区内营业的商人的特殊户籍）者、父母有市籍者、祖父母有市籍者都要无条件从军打仗，当然这是后期兵员枯竭时的做法。

总之，汉帝国鼓励自己的人民参与战争和支援战争，一切目标都是出塞，出塞！不但广大热血青年踊跃入伍，内地的很多家庭也在重奖鼓励之下移民边疆，朔方由此成为尚武之地，一代又一代的朔方儿郎在尚武风潮中成长起来，成为天生的军人和无畏的战士。

直到唐代，中兴名将郭子仪也是靠着朔方军平定了“安史之乱”。

匈奴帝国此刻对于汉帝国的攻势却应对无方，除了分批次的骑兵突袭之外，再也没有其他招数可使。因为广阔的匈奴帝国分散了匈奴民族本来就不多的人口，单于与左、右贤王各领一地的统治方式也使得他们难以集中兵力进行战略决战，更别说军臣并没有冒顿那样的声望和统率力量，可以让匈奴倾国出动对汉作战。

当然，并不是说匈奴的反击就此失去了力量，从以后的记录来看匈奴的每一次反击都给汉朝造成了巨大的伤害。但是始终无法形成拳头给予敌人致命打击这个弱点却如魔咒般缠住了匈奴帝国，游牧民族后勤压力低移动速度快的优势也就失去了意义，匈奴帝国和军臣本人都无可避免地走向衰亡。

公元前 126 年冬季，草原上传递着悲哀的消息：大单于去世了！军臣在忧愁和愤懑中死去，匈奴帝国顿时失去了主心骨。太子於丹按照匈奴风俗割破自己脸颊以血泪哭别父亲后准备登基，却得到敌军逼近的惊人消息。这次来的不是汉军，而是他的叔父左谷蠡王伊稚斜率领的叛军！伊稚斜终于等到了下手的机会，在大哥蹬腿归西之前他就已经做好了政变的准备。

军臣刚死，伊稚斜便主动宣布自己成为新的单于。为了“劝慰”侄子於丹，伊稚斜率军突袭单于庭。於丹明显不是自己阴谋家叔叔的对手，经过一番混战后忠于太子的军队被击败，於丹在愤慨中选择投靠敌人——汉帝国。

刘彻痛快地接纳了於丹，并封他为涉安侯。倒霉鬼於丹在汉朝只活了几个月便死去，草原帝国无可挽回地属于篡位者伊稚斜所有。

趁着匈奴内乱之际，张骞等人也趁乱逃脱，返回汉朝怀抱，他带回来的丰富知识和经验将给汉帝国新的选择。

俗话说新官上任三把火，新单于上任也同样要展示自己的英雄形象和统率能力。伊稚斜的目标当然还是汉朝，匈奴数万骑在夏季汹涌攻入代郡，太守恭友以下千余人战死。秋季匈奴骑兵又攻入雁门，汉军再度阵亡千余人。刘彻面对这位凶悍的新对手不敢掉以轻心，他放弃了征服西南夷的计划，倾全国之力与匈奴较量，并且加紧赶工修筑朔方城。

在匈奴主演的“帝国反击战”中，出力最多、下手最狠、作战最坚决的就是右贤王。这也难怪，因为朔方郡本是他的领地。眼看着汉帝国竟然逐步建起了坚固的城池，缺乏攻城手段的匈奴军队更要束手无策，于是右贤王拼了老命豁出去血本连番攻击朔方，杀戮汉朝军民无数。

刘彻一看右贤王这老小子像疯狗一般猛打朕的地盘，如果放任右贤王这么打下去，朔方肯定支持不住，以后人心散了队伍不好带呀。于是在公元前 124 年，刘彻派遣卫青率六将军和十余万大军冒着初春的严寒出击高阙以北的右贤王大本营。右贤王先生此刻正在自己的大帐中饮酒作乐，毕竟干了一年烧烧杀杀的工作也该歇歇啦。

要说这匈奴人，果然是性格宽厚，右贤王就是其中的典范。他认为自己距离汉朝边境有七百里之遥，足以保证安全，而且此时气候不佳，根本不是用兵的时候。于是宅心仁厚的右贤王以己度人，安然醉卧帐中酣睡，直到半夜时被左右摇醒说：汉军已经包围了咱的王庭！

右贤王先是大惊失色，随即立刻便显出久经考验的草原战士本色。他在冷静思考了片刻后脱口而出：跑！右贤王携手自己的一名爱妾，亲率数百精锐骑兵上马勇猛冲锋——不是掩护主力撤退而是独自突围溜之大吉，于是右贤王庭中的匈奴老少爷们姑娘大婶什么的立刻也就变成没头苍蝇似的乱作一团。

卫青轻轻松松地收拢包围圈，一共捕获男女一万五千余人，其中还有右贤王下属的裨王（小王）十余人。至于财物兵器更是不可胜数，仅牛羊牲畜就达数百万之多！这下子右贤王彻底破了产，匈奴帝国的右翼从此一蹶不振，汉军的主帅卫青由此被提拔为汉帝国最高武官——大将军。

在辉煌的胜利背后，汉帝国的经济进一步趋于恶化。

汉朝的农业生产相当发达，但也难以支撑连续不断的战争消耗

在连年战争下，汉军虽然人员损失不是特别大，但是马匹装备消耗却很惊人。优秀的战马已经损失了十余万匹，而由内地转运到前线的兵甲、粮食等战略物资也花费甚巨。史书记载此刻的汉帝国已经是“府库空虚，经用枯竭”了，为了保持战斗能力，刘彻开始大刀阔斧地进行经济改革，简而言之一句话——搜刮钱财做军费。

在以后的岁月中，刘彻

汉武帝一次次出击匈奴的背后，将“文景之治”以来积攒的财富逐渐消耗一空。于是朝廷开始横征暴敛，连渔夫也难逃渔业税的负担

天才般地开辟了盐铁国家专营的生财之道；又改革币制，铸造不易假冒的新五铢钱；还改革税收进贡制度为将贡物运至售价高地区来回倒卖赚钱后，再采购中央所需物资运至京城的均输、平准制度；此外还有最狠的算缗、告缗制度，算缗是政府向工商业主征收的财产税，由于税收很重所以肯定有逃税的不法分子存在。刘彻又宣布凡隐瞒不报或报而不实者，一经查出处罚戍边一年，并没收全部财产。为了鼓励知情者检举揭发，规定凡揭发者，奖给所没收财产之一半，叫作“告缗”。这些制度在很大程度上延缓了汉帝国经济危机的爆发，使得其可以将战争支持得更久一些。

汉武帝时五铢钱实物。汉武帝在位时进行过六次币制改革，其中元狩五年（公元前 118 年）进行的第四次币制改革 “废三铢钱，改铸五铢钱”

在匈奴方面，右贤王的失败对于伊稚斜是很大的打击。为了挽回匈奴脸面，伊稚斜指挥万骑入代郡，杀都尉朱英以下千余人。都尉是仅次于将军的军官，属于两千石以上级别的高级官员。

不过这些进攻在汉帝国眼里已经属于小打小闹了，毕竟汉帝国承受的这点损失与匈奴帝国遭到的失败比起来根本不成比例。刘彻的进攻节奏根本不为伊稚斜所动，他在解决了朔方以北的右贤王威胁后立即将目光转向定襄前线，这里西近朔方，也属于必须“清扫”的区域。

公元前123年春二月，卫青率领上次出击的人马从定襄出塞。此次战果不大，仅杀匈奴数千人。于是卫青返回定襄休整两月后再度出击，这次获得较大胜利，杀、俘匈奴一万九千余人。

但是这次出击汉军也遭遇不小的损失，右将军苏建和前将军赵信率领的三千骑兵与伊稚斜亲率的匈奴主力数万骑兵遭遇。苏建和赵信率部拼死奋战一天后战士几乎伤亡殆尽，苏建只身逃脱，赵信则率手下的八百部众投降伊稚斜。这两人的不同选择是有原因的：苏建是汉人，赵信是匈奴人。

赵信本是匈奴小王，因为与军臣结仇故率领部众叛逃到汉朝，被封为翕侯。赵信是个实诚人，给单于打工的时候猛打汉军，给皇上打工的时候大杀胡虏，从来不偷懒耍滑。赵信在卫青军队中担任先锋官，充分发挥自己熟知匈奴虚实的特长，为汉军领路，替卫青陷阵，将汉帝国的铁骑洪流准确地引到自己的父老乡亲头上。就算他再度投降匈奴，也是在力战后不敌时才率部投降，对于这位匈奴版的“中行说”，还真是难以评价……

伊稚斜单于得到赵信后，并没有追究他的叛逃历史，而是立即待为上宾。前面已经讲过匈奴民族与汉民族有着截然不同的价值观和英雄观，伊稚斜认为赵信能在汉军中混到前将军的显赫位置，实在是一位了不起的英雄，往低里说至少也是一位了不起的二愣。此外，对于目前的匈奴帝国而言，迫切需要一位熟悉汉帝国政治、军事、经济形势的人才出谋划策。于是伊稚斜立即封赵信为“自次王”，又把自己的姐姐嫁给他，做了小舅子。实诚人赵信大为感动，于是立即与伊稚斜就目前的国际形势和斗争需要展开了深入的探讨：目前汉与匈奴攻守易位，光凭匈奴目前的力量是难以在决战中击败汉军的。伊稚斜应该避免与汉军进行主力决战，汉军正期望与匈奴速战速决。因为汉帝国难以长期支撑如此大规模的战争，刘彻已经将人头税提前到三岁就起征，以至于出现了穷人家生子就杀的悲剧。只要匈奴帝国保存实力与汉帝国耗下去，刘彻一定会重蹈秦朝灭亡的覆辙。

伊稚斜闻言大喜，立即率部离开阴山地区徙居漠北，以逸待劳等待时机。同时决定继续派遣少数精锐部队不时入塞，一方面抢掠补充自己，一方面疲惫消耗汉军。

就在两位匈奴战友加亲戚商量已定把酒言欢时，忽然传来噩耗：就在伊稚斜率部出征的时候，单于庭的老窝被端了！原来是卫青属下一名年仅十八岁的小将率领手下的八百精骑长驱直入匈奴后方数百里，一连斩杀匈奴战士两千零二十八人，捕获匈奴相国、当户等高官，顺带砍下了伊稚斜祖父行籍若侯产的脑袋，还顺便把伊稚斜的姑父罗姑比请到汉帝国的战俘营里去“喝茶”。汉军中从来不缺赵信这样的匈奴裔战士，他们带领汉军完成了这次深远奇袭。这位初次出阵便一鸣惊人的小将是卫青的外甥——骠姚校尉霍去病，他成为这场定襄出塞战的大赢家，刘彻以其“勇冠三军”的壮举封其为冠军侯。

此战后，卫青逐渐失宠，而霍去病则成为刘彻眼中的红人。

4. 浑邪与休屠 公元前 121 年，刘彻发动了“三大战役”的第二仗——河西之战。

河西指的是河西走廊到湟水流域的广大区域，其北居延泽是匈奴骑兵由漠北南下的要冲之地。匈奴浑邪王与休屠王率领部众驻牧于此，从朔方的西北和西南，以及陇西西北面包围骚扰汉帝国。

为了确保朔方和陇西安全，切断匈奴主力南下的通道，刘彻决定占领河西一带。

早春三月，骠骑将军霍去病率领万骑从陇西出发奋击匈奴。他用六天时间一连冲破匈奴五王辖区的防御，西过焉支山千余里，势如破竹。

汉军击溃匈奴的抵抗，杀折兰王、斩卢侯王，还俘获了浑邪王子及相国、都尉等官员贵族，一共斩首八千九百余级，并缴获了休屠王的祭天金人。虽然战果辉煌，霍去病部也损失惨重，班师时只余三千骑。

到了夏季，霍去病再度率数万骑出塞。他与公孙敖分兵合击匈奴，结果公孙敖在沙漠迷路误了与霍去病会合的时间。而与李广一同进击左贤王策应河西作战的张骞也沾染了老李的霉运：李广率四千骑先行被左贤王率领的主力四万骑围困损失惨重，而率步兵跟随在后的张骞也因为救应李广不及时而被论罪。

这样霍去病便成了一路孤军，而他毫不在意地勇往直前两千余里攻占祁连山。在这次作战中汉军斩首三万二百级，捕获匈奴大王五位，裨王七十余人，王母、单于阏氏、王子等王族成员五十九人，相国、将军、当户、都尉等高官六十三人，逼迫单桓王和酋涂王率两千五百人归降汉帝国。

在河西之战中汉帝国大获全胜，但是匈奴帝国的惨败却在战斗平息后继续延续：由于这两场大败仗都发生在浑邪王与休屠王承包的责任田里，所以村领导伊稚斜当然要追究失职承包人的责任。

秋季，单于的信使来到河西向惊魂未定的两位王爷传来口信：大单于召集两位到单于庭述职汇报工作，讲一讲你们是怎么“配合”汉军大获全胜的？听了这饱含杀机的宣召令之后，浑邪王与休屠王商量了一下得出共识：咱俩还是弃暗投明吧！于是两人联络汉军商讨率部投降事宜。

刘彻得知后自然表示大为欢迎，他特地派遣霍去病率部接应这两路匈奴“起义军”。

霍去病率领大军迎接浑邪王与休屠王，准备的车仗就有两万辆之多。这么隆重的规格不仅是显示汉帝国的重视程度，更是为了防备匈奴用诈降计忽悠刘彻。

结果当投降的匈奴队伍与迎接的汉军相遇时，霍去病属下的军队以排山倒海的气势迎了上来，准确地说是以接战准备的方式正面迎上来。汉军是有诚意受降的，不过他们有足够的理由保持警惕以免上当。匈奴也是有诚意投降的，不过他们有足够的理由认为自己上了当：没有锣鼓喧天，没有鞭炮齐鸣，没有红旗招展，只有人山人海——这些是刚扫荡过他们的故乡、杀戮过他们的同胞、摧毁过他们尊严和信心的敌军。

所有的匈奴人都在动摇，除了浑邪王之外。倒不是他是坚定的亲汉派，而是由于他刚杀掉反悔的休屠王，逼迫两族部众一同投降，实在是无路可退了。就在两军相接之前，很多浑邪部众崩溃逃走。

霍去病立刻率军驰入匈奴阵中高呼不动者免死，随即追杀反悔不降者八千余人。在干净利落地平息了匈奴降军骚动后，霍去病与浑邪王相见并立即护送他到长安。这次受降有惊无险地顺利完成，一共有四万余人归顺汉朝，当然汉朝的对外宣传部门颇加了些水分——十万匈奴胡人慕我天朝威名来降！

刘彻没有食言，他厚待这些投降的匈奴人。浑邪王被封为漯阴侯，其部下四裨王也都被封侯。当然，反悔不降又被杀掉的休屠王属下就很倒霉了。尤其是其家人都被送到皇宫中做奴隶，具体工种是在黄门养马，其中有个十四岁的少年未来成为显赫一时的人物。

就在长安城中热情招待弃暗投明的匈奴人时，不少精明的长安商人也闻风来推销自己的货品。于是一桩惨案由此而起：《汉律》规定吏民不得持兵器出关售予胡人，长安城中的商人不管这套，以为在关内自然不受限制，于是将大批违禁商品卖给浑邪王的属下。结果钱还没焐热呢人就被抓起来了：汉朝官员宣布在京城卖给匈奴人武器也属违法，转眼间整整五百余商人以“阑出财物于边关”的罪名人头落地！

从这件事可以看出汉帝国对于归顺的匈奴人的态度是很微妙的，属于典型的又拉拢又防备。汉帝国只信任那些“汉化”了的匈奴人，而以中原文化对草原文化的巨大优势，汉化只是个时间问题而已。

刘彻在河南地安置投降的匈奴人，将其分为五属国，分别拱卫汉朝边境五郡故塞。为了防止这些匈奴人背叛，刘彻又安插了不少忠于汉朝的匈奴人与汉人做五属国的国官监督。从此后金城河以西直到盐泽空无匈奴，伊稚斜的部下只能以斥候的形式偶尔渗透侦察，再也无力南下了。

那么这次投降的浑邪与休屠两部在匈奴帝国内部究竟占据多大分量呢？

刘彻在河南地安置投降的匈奴人，将其分为五属国，分别拱卫汉朝边境五郡故塞

首先看看他们的种属：浑邪部源自古代蛮族义渠，汉帝国的义渠裔将军公孙贺的父亲就叫作公孙义渠，在秦汉之际的汉化胡人中以部落或民族为名为姓的很多，公孙家族只是其中一例而已。而在臣服汉朝的义渠人中以浑邪为名者也有不少，这说明两者存在同源的关系。

义渠本是秦国北方的“西戎八国”之一，当义渠国被秦国消灭后，大部分义渠人融入秦国继而成为汉帝国的臣民。到了刘彻的时代，义渠人早已经历了数百年的汉化融合之旅，他们中产生了很多位高权重的大臣，与汉人一样受到朝廷信任。不过在他们身上仍保留着少数民族的鲜明痕迹，在汉代史籍中仍然以“出身胡种”来特别阐明义渠裔名人公孙贺、义渠安国等人的身份。

当年义渠国灭亡后有一部分不肯投降的义渠人向北迁徙，由半农耕半游牧民族退化为游牧民族，《汉书·晁错传》和《后汉书·西羌列传》都对义渠人转化为浑邪部落有过描述。当匈奴兴起后，浑邪部落也被征服。

匈奴民族有个较为独特的习惯，即战胜者以战败者的部落名为名号，以彰显自己的战功。例如匈奴兼并楼烦与白羊两部后，仍然保留楼烦王与白羊王的名号，只是身为王的已经是委派来管辖这两部的匈奴贵族了。浑邪王与休屠王也与之类似，虽然匈奴可能会以匈奴裔贵族取代原有的浑邪部酋长，不过这个民族的主体依旧是义渠后裔，他们充其量只是“匈奴别部”。

图为西汉官印。浑邪王被封为漯阴侯，其部下四裨王也都被封侯。汉武帝说到做到，正式封官授予印绶

休屠部也不是匈奴本部出身，在《后汉书·任延传》中说休屠是“杂种胡”，《后汉书·灵帝传》中也说休屠部曾与南匈奴相争，“杀其单于”。在汉武帝时期休屠王被浑邪王杀死后，其部众只有少部分被挟持归汉，大部分部众脱离匈奴管辖自成一体，仍保留休屠的名号，一直到南北朝时期仍有休屠部存在的记载。

有历史学家认为休屠就是被匈奴人征服和俘获的月氏人，因为上古“月”字读作“肉”音，发音与“休”相近；“氏”读作“支”，发音与“著（屠）”

相近，“休屠”与“月氏”为一音之转，实际上是同名异译，“月氏”是汉语的音译，“休屠”则是匈奴对月氏人的称呼，汉朝人又将匈奴语音用汉字加以转译。可见“休屠王”这一称号也如浑邪王一样，它是征服异族月氏，占据并统治其地后所取的。

为什么匈奴中的月氏人要自称“休屠”，而不自称“月氏”呢？这是因为：一、月氏人被匈奴征服后，很快同化于匈奴族，故用匈奴语称自己为“休屠”了；二、月氏人离散之后在西方有张骞拜访过的大月氏国，青海湖北有小月氏部落。匈奴化了的月氏人为将自己与小月氏和大月氏加以区别，这部分人也情愿与匈奴挂靠，称为其“别部”的“休屠”人了。这种现象在中国古代北方民族的发展史上，是司空见惯的常事。

在匈奴帝国松散的统治结构下，各民族之间没有多强的凝聚力，当匈奴不再拥有强势地位后，这些墙头草一般的别部首领就开始为自己的前途盘算了。除了浑邪王与休屠王之外，后来还有乌桓王也率部趁着左贤王被击败的契机脱离匈奴帝国归顺汉朝。于是汉帝国将乌桓安置在上谷、渔阳、右北平、辽西和辽东五郡之外，为汉侦察匈奴动向，并设置了乌桓校尉监督其不得再暗中联结匈奴。

“失我祁连山，使我六畜不蕃息，失我焉支山，使我妇女无颜色”。至此，多民族的匈奴帝国已经开始出现土崩瓦解的征兆了。

5. 封狼居胥·马踏匈奴

由于匈奴远遁漠北，刘彻下令将陇西、北地和上郡的戍卒减少一半，以缓解巨大的财政压力。同时，他又下令迁徙中原贫民七十余万口到河南地一带的新占领区域充实边防。

与此同时，伊稚斜也没有忘记宣示自己的存在，他于公元前 120 年分遣数万骑分别攻入右北平和定襄，杀死汉军千余人。

总的来说，迁徙到漠北之后的匈奴帝国试图开始休养生息的过程。伊稚斜的盘算是在这里躲避汉军打击，然后利用恢复起来的国力，举国南下再度与刘彻争雄。他和赵信日夜在漠北筹划反击步骤，并在阗颜山修筑了一座赵信城作为对自己姐夫的奖励。

到了第二年的夏季，探马飞报汉军再度出塞！

原来是刘彻下令卫青和霍去病各领五万骑兵，由东西两路向漠北进军。这两路汉军除了十万匹战马之外还有运载私人物品和装备的四万多匹私负从马跟随，在他们身后是数十万转运辎重粮草的汉军步兵。

怀着赌上整个国家的命运也要彻底消灭匈奴的决心，刘彻发起了“三大战役”中的最后一战——漠北之战！

赵信是很冷静的理性派人物，他对小舅子伊稚斜说汉军即使能够穿越大漠，其军马和人员损失也会极大，我们只要守株待兔等着抓俘虏就行了。而汉军以残酷的事实给了赵信一个大嘴巴子：卫青率部出塞一千余里度过大漠直击单于庭，当养精蓄锐的匈奴单于直属部队与汉军接战时，伊稚斜才绝望地发现“汉兵多而士马强”，经过充分准备的汉军根本没有被沙漠拖垮！

不过事已至此只能拼命了，伊稚斜率军倾巢而出猛扑汉军阵营。卫青拥有绝对先进的武器——武刚车，这种车长二丈、宽一丈四尺，车外侧绑长矛，内侧置大盾，平时运粮运兵，战时做既防骑兵冲突，又防弓箭射击的战斗掩体。

汉军用武刚车自环为营，然后以五千骑迎击匈奴。

那边伊稚斜亲率直属的一万骑兵正猛冲过来，就在两股铁骑洪流即将碰撞之时，忽然刮起了狂暴的大风，顿时天昏地暗沙砾击面，两军根本无法看见对方。卫青抓住机会下令变更阵型从左右翼环绕包围伊稚斜。

伊稚斜惊觉自己被包围后遂骑“六骡”宝马逃走，由精骑数百保护向西北突围而出。匈奴军队顿时大溃，汉军杀伤敌军甚众。

既然卫青历经千辛万苦而来，又岂能善罢甘休？审讯过俘虏后，卫青连夜追击伊稚斜。到天亮时已行二百余里，却再也找不到伊稚斜的踪迹。于是卫青率军占领并焚毁了赵信城的匈奴存粮后才凯旋，在他进击的路线上横七竖八躺着一万九千多具匈奴人的尸首。

另一方面，年轻的霍去病开始了他人生最辉煌的演出。

在此之前，他刚拒绝了刘彻赏赐自己豪宅的奖励，并留下了“匈奴未灭，何以家为”的千古名言。这位小将率军从代郡出发，行军两千多里，以他一贯的一往无前的姿态横扫匈奴，大败左贤王，杀敌七万余人，左贤王在全军覆没后只身逃走。

到了这次长途奔袭的终点，霍去病封狼居胥山以祭天，禅姑衍山以祭地，登临瀚海而班师。

此后匈奴远遁，漠南无王庭。长城内外一片和平景象，汉帝国似乎终于尝到了灭匈奴、享安乐的胜利果实。霍去病因此得封大司马骠骑将军，与舅舅卫青平起平坐。

此战中汉军伤亡数万人，损失战马十余万匹，国内的粮食、兵器等储备和全国人力物力都已枯竭，从此后汉帝国再也无法发起如此规模的进攻。汉帝国失去的不只是进攻能力，他们还损失了老将李广。这位悲情将军一生不如意，最后的漠北之战中由于在沙漠中迷路贻误军机，不愿受军法惩处的羞辱而自杀。

除了李广之外，传奇般的英雄霍去病在两年后因病去世，时年二十三岁。刘彻哀痛霍去病之死，他在自己的茂陵边上为这位爱将修筑了祁连山形状的陪葬墓。塞外各属国的匈奴将士们身穿黑色铠甲，从长安一直排列到茂陵为霍去病送葬。在霍去病的墓前供奉着那尊大名鼎鼎的“马踏匈奴”石像，封狼居胥终成汉家战无不胜出塞曲的绝唱……

漠北之战后十三年，大将军卫青平静地离开了人世。

第五节 西域风云

1. 伊稚斜的橄榄枝 漠北之战后，匈奴政权陷入极度混乱之中。趁着伊稚斜生死不明之际，右谷蠡王自立为单于。

没想到伊稚斜生命力顽强得很，竟然收拢残部再度出山。右谷蠡王见势不妙立即退位，再度老老实实做王去了。

赵信大难不死回到伊稚斜身边，其余匈奴各部也纷纷重聚在单于身边，但是声势已大不如前。于是赵信提出一个建议：向汉朝请求和亲！也就是向汉朝递出求和的橄榄枝。

伊稚斜这时也没有其他办法，只好有枣没枣都打一竿子碰运气了。

当刘彻接到匈奴使者的信息后，询问大臣们该如何对待。

平心而论，汉帝国并没有打算彻底征服匈奴帝国杀光匈奴人民。农耕民族性格中的残暴和野心永远也比不上游牧民族多，就算是征服欲最强烈的刘彻也只打算让匈奴降服不再骚扰边境而已。

“三大战役”之后刘彻没有继续策划大规模进攻作战的念头，因为广阔的草原并不适合农耕的汉人居住，即使征服也只是暂时的。“游牧之民，迁徙不定”，想将其彻底击败是不可能完成的任务。对于已经极度疲惫的汉帝国而言，匈奴的和亲请求似乎也是一个结束战争的好机会。

丞相长史任敞得意洋洋地发表意见：“匈奴新破困，宜可使之为外臣，朝请于边。”这番话说到刘彻心坎里去了，他立即派遣任敞出使匈奴，可当伊稚斜听到这番公然要求自己臣服的论调后却怒火攻心，立即逮捕了任敞并代表自由的匈奴人民宣布要与邪恶的汉帝国主义者战斗到底。匈奴人民的不屈呼声传回长安后刘彻也勃然大怒，只可惜手头没有现成的匈奴使者可以逮捕。

虽然伊稚斜的橄榄枝就此折断，但是汉帝国内部的争议却没有平息。

颇有些大臣认为国家已经精疲力竭，还是以和为贵再也别打了。其中博士狄山的发言最为慷慨激昂：

“武器是凶器，不应多次动用。高皇帝欲图征伐匈奴，在平城陷入困境，于是与匈奴和亲。孝惠帝、高皇后时，天下因此而得以安乐。及至孝文帝，要对匈奴采取军事行动，北部边境萧然而苦于战事。孝景帝时，吴、楚七国反叛，孝景帝往返于两宫之间，胆战心寒了几个月。吴、楚“七国之乱”被平定后，景帝一朝始终不谈军事，国家富裕充实。从陛下开始发兵攻击匈奴至今，我们国家空虚，边境地区的百姓极度贫穷困乏。由此看来，不如和亲。”

这一番高论将老刘家的老爹、爷爷和太爷爷的经验教训都搬出来教训不肖的刘彻，让皇帝有口难言。于是刘彻向宠臣张汤问道：狄山此番言论如何？

张汤回答说皇上别搭理这腐儒，他是没知识的废物一个，只会说空话罢了。

狄山当然不肯承认自己是腐儒，于是刘彻与他发生了如下对答：

敦煌的汉代长城遗址

西域大漠中的汉代大型烽火台遗址

“我让你担任一个郡的太守，能不能不使匈奴人入境抢掠搞恐怖袭击呢？”

“不能。”

“负责一个县呢？”

“不能。”

“守护一个烽火台呢？”

话都说到这份上了，狄山明白再说不能，不仅老脸丢尽更会被治罪，只好硬挺着来了句中国移动的著名广告语：“我能！”

于是武帝派狄山到边境负责一个险要处的烽火台。

汉代的大型烽火台高五丈二尺、宽一丈六尺，面积六百七十二平方尺，有两百余名士兵守备。警戒信号大致有六种，即：蓬、表、鼓、烟、苣火和积薪，白天举蓬、表、烟，夜间举火，积薪和鼓昼夜兼用。烽火数量以入侵的匈奴每千人为限，凡不满一千人只燔一积薪；超过一千人燔两积薪；若一千人以上围攻烽火台时，则燔三积薪。

严密的烽火警报制度保证了汉帝国边防部队可以迅速接警做出反应，可是烽火台也由此成为匈奴的首要袭击目标。

一个多月之后，匈奴人果真来搞恐怖袭击，他们打着呼哨攻破烽火台砍了狄山的头后离去。事实证明主和派连守护一个烽火台都不能，于是此后再也无人敢谈和亲之事。

而郁闷的伊稚斜也在极北苦寒之地始终不敢再度南下恢复故土，军臣时代曾四倍于汉帝国的广阔领土如今已经失去不少，而赵信的计策也无法再令这位多疑的单于信任。

就在这种与汉帝国的僵持之中，曾经野心勃勃的伊稚斜也难逃死神的召唤。公元前 114 年，这位篡位上台十三年之久的单于在漠北的遥远草原之上去世，他的儿子乌维接过了匈奴帝国的权柄。

2. 再向西域行

既然匈奴不肯屈服，那么汉帝国的边境安全依旧无法得到保证，于是这战争还得打下去。

在此之前的首要工作是巩固新地盘，公元前 118 年刘彻开始迁徙天下奸猾吏民充实边境。这条法令实在是太有才了，因为民众是否“奸猾”是由官府认定的，所以只要边境有需要那就可以源源不断地发现奸猾之徒立刻押赴边疆。

汉中郎将博望侯张骞铜像

光凭汉帝国自己移民充实边疆是不够的，最好能招揽一些忠于汉帝国，至少也是与汉友善的游牧民族填补匈奴右贤王所遗留的广大草原。所以就在前一年，刘彻再度召见了自己的旅行家张骞。

此刻的张骞已经是一个平头百姓，由于在河西之战的第二次出塞作战中救援李广不力，他失去了爵位和地位。

张骞家里比较有钱，他当初做官就是靠花钱买来的前程。

花钱出来做官为的是光宗耀祖扬名立万，而张骞在同时代的官员中，文没有司马相如和东方朔的才华，武没有卫青与霍去病的能力，他所长的是无与伦比的探索精神和灵活的头脑，这令他成为中国古代最伟大的使者，一个开路者。

张骞抓住这个难得机会对刘彻说：“可厚赂招（乌孙），令东居故地，妻以公主，与为昆弟，以制匈奴。”

刘彻将张骞削职为民是因为国法，此刻再度委以重任是缘于信任。

“去吧，找到你曾向朕提及的乌孙，联合西域诸国切断匈奴右臂！”

西域三十六国有大有小，大的人口有数十万，小的不过一千挂零而已。乌孙就是其中人口多军力强的国家之一，足可称之为影响西域政治动向的强国。

在西域没有所谓的超级大国存在，因为整个西域都是超级大国匈奴帝国的属国。西域并不能主宰自己的命运，他们只能在强者中选择一个结盟效忠。长期以来除了效忠匈奴帝国之外，西域没有第二个选择。现在汉中郎将张骞正率领着三百名随从，赶着数以万计的牛羊，驮着价值数千万钱的丝绸、漆器、玉器和铜器等贵重物品迤逦而来，这些都是用来收买西域各国上层人物的礼品。

张骞认定这些胡人们“贪汉物”，而在他们心中也“恋故地”，所以只要送上厚礼再劝说他们回到祁连山到敦煌间的故土，一定就可以为汉帝国招揽到靠得住的“外援”。

此时距离乌孙复国已经过去了四十二年的时间，昔日里的少年英雄猎骄靡已经是白发苍苍的老人了。孔子说“六十而耳顺，七十而从心所欲，不逾矩”，历经刀光剑影后的猎骄靡确实对自己的人生百感交集。

张骞的推测没有错，从猎骄靡到乌孙的平民百姓，见到汉帝国的礼物后无不两眼放光欣喜不已。可是当猎骄靡静静听完张骞的邀请后，却难以做出汉帝国使者殷切期盼的回应。

乌孙的老昆莫从来不是行事犹豫拖泥带水之人，他不明确表态的原因有两个：

其一是汉帝国对于西域人民而言只是一个遥远而又陌生的名字，他们不知道这到底是个怎样的国家，以至于可以背叛强大的匈奴与其结盟。猎骄靡不是冒顿那般强势的独裁者，可以强令部众追随，更何况他自己也对汉帝国的底细并不了解。

其二则是猎骄靡把家事弄得一团糟。他本来立长子为继承人，可惜长子早亡，留下一个长孙军须靡。猎骄靡有打算立长孙的时候，他的次子大禄不干了。游牧民族一般倾向于尊有实力者为王，不倾向于拥立年轻没经受过考验的统治者。所以匈奴的单于继承中会有父子和兄弟两种方式，乌孙也是一样。

按照传统应该是大禄即位，可问题是猎骄靡的长子在临终前恳请父亲让军须靡继位，猎骄靡“哀许之”。这下大禄恨透了父亲和军须靡，他拉拢了不少兄弟谋划叛乱。大禄虽然不敢把冒顿作为自己的光辉楷模，但是学学伊稚斜对侄子来个篡位还是绰绰有余的。

猎骄靡对于尾大不掉的次子实在是头疼，因为大禄已经领有万骑，所以只好让军须靡也领万骑，使他们实力相当来避免冲突。这样一来乌孙一分为三，要同一个分裂中的国家谈论结盟实在是难上加难。

张骞是一个头脑灵活的人，既然乌孙昆莫表示自己“年老国分，不能专制”，他就将自己的副手们分别派往其余的西域三十五国，为自己的祖国尽可能多的争取盟友。西域那些小国从没见过如此慷慨的礼物，从此后对遥远的汉帝国有了深刻的印象。其中大宛因为在张骞第一次出使西域的时候就有过接触，所以这次也表现得分外客气，他们派使者和宝马随同汉使一同前往长安。

猎骄靡也派了几十名使者带着宝马等礼物随张骞回访汉帝国，这些人先到长安，张骞带领他们参观帝国的府库和军队，这些乌孙使者对于大汉这个如此富庶和强盛的国家有了难以磨灭的印象。

自西域而来的乌孙马令刘彻称赞为“天马”，正为战马损失过大难以征伐匈奴而苦恼的他立即将获取西域良马列为自己的重要目标之一。不久后大宛使者送上的大宛马更是让刘彻惊喜不已，他便将“天马”的称号又授予大宛马，从此后络绎不绝的汉使前往大宛求购好马。

汉与西域之间的联络至此正式被张骞“凿空”，这位被梁启超赞为“坚忍磊落奇男子，世界史开幕第一人”的张骞被刘彻提拔为九卿之一的大行，终于实现了自己光宗耀祖扬名立万的梦想。

日后汉使前往西域时都自称为博望侯，张骞的爵位竟成为汉帝国外交使者的名称。

就在他从西域返回的第二年，也就是公元前114年，这位伟大的冒险家终于停止了生命的步伐。

3.乌维求婚记 身为匈奴帝国的掌门人，自然是值得自豪的。不过要是接受的是一家即将破产解散的烂摊子就不能说是幸运差事了。乌维是个非常谨慎的统治者，谨慎到他已经上台三年之久，竟然都没有对汉帝国发起过哪怕是一起骚扰性进攻。

匈奴难道就此逃到天边销声匿迹了吗？没有，乌维只是在等待时机。

公元前112年九月，就在两路汉军无功而返之后，西羌十万余众反汉。羌人的使者找到了躲在草原深处的匈奴单于，送去了联合攻汉的请求。

就等着这种机会呢！乌维立即召集人马东返。在汉军忙于应付羌人轰轰烈烈的进攻时，匈奴骑兵再度呼啸而来攻入五原郡，太守以下全军覆灭。

三十年河东，三十年河西，老子“乌汉三”又回来了！

匈奴帝国设立在西域的耳目不是吃白食的，乌维早就知道刘彻与西域诸国之间勾勾搭搭的事情，他之所以忍耐是因为刚上台时机未到而已。既然决定再度回来与汉较量，自然对西域也要加强控制。

匈奴帝国的统治者们很清楚西域诸国肚子里的鬼胎：国与国之间哪会有真挚的友谊？不过是利益交换罢了。

西域的统治者们贪婪地渴求着汉人送去的礼物，可是刘彻付出的大笔礼物并没有换来哪怕是一份盟友的效忠书，因为那些贪婪的胡人们害怕匈奴帝国雪亮的砍刀。

在乌维看来，西域政治版图重组的时候还远未到来，只要匈奴帝国稍微使点力气，就能掐死那些想折腾的西域三十六国。

自公元前111年起，匈奴军队不时以奇兵的方式伏击前往西域的汉朝使团。这是一笔稳赚不赔的买卖，因为汉朝使团多则二三百人，少则五六十人，又携带大笔财物，正是上好的“肥羊”。一时间通往西域之路杀机四伏，汉朝使者的鲜血浸透了漠漠黄沙。

刘彻当然不会对这种恐怖袭击的新动向无动于衷，《汉书·匈奴列传》记载这一年汉军出塞进击匈奴——当然规模与卫青霍去病的时代不能比——太仆公孙贺率一万五千骑出九原两千余里至浮苴井，从骠侯赵破奴率万余骑出令居数千里至匈奴河水，皆不见匈奴一人而还。

没办法，匈奴已经学乖了，充分发挥机动性强的特长，打了就跑，让汉军无从报复。因为乌孙等不愿来为汉朝守边，所以刘彻只好在武威和酒泉两地分别设立了张掖和敦煌郡，从内地迁移百姓来充实。更因为“乌汉三”又打回来的缘故，还得格外征发六十万戍卒到边境各地屯田守备。

刘彻对于匈奴的新战法非常反感，索性亲率十八万大军出巡边塞几千里，来了个震慑匈奴“恐怖主义分子”的武装大游行。乌维当然不敢出来接招，只是躲在草原上看热闹。没想到刘彻竟然干脆派遣一名使者来见他，乌维不知来者何意，就派大臣先向汉使问话。

大臣问：“阁下何人？”

汉使说：“在下郭吉。”

此时的汉与匈奴虽然战事不断，却再没上演过卫青霍去病时代的那种恢宏战役

大臣问："此来何意？"

郭吉谦逊地说自己奉命必须亲口告诉单于。于是大臣认为可能是刘彻打算和谈，便欢天喜地报告乌维。乌维自然也是大为高兴，就接见了郭吉先生。

郭吉笑眯眯地对乌维说："我们皇上说了，反抗大汉的南越王首级已经悬在我们的宫城北门之下，如今单于敢决战的话就前往边境一战，皇上正在那里等候；如果不敢打了，就向大汉称臣过太平日子。何必像现在一样龟缩在漠北苦寒无水草之地受苦呢？"

乌维听完气得差点吐血，立刻砍掉了先前询问郭吉的那位大臣的脑袋，而郭吉也被扣留并流放到北海监禁。不过乌维还是明白人，始终没有上套真去决战送死。他一面休养士马积蓄国力，一面又反复派使者用好言好语请求和亲。

匈奴帝国试图争取和平以便休养生息，汉帝国也同样不堪战争重负。刘彻对于乌维的和亲请求难下决断，这位单于不同于以往的先辈，脸皮非比一般的厚。这样的一方反复请求，一方犹抱琵琶半遮面地推脱犹豫的求婚拉锯战整整持续了三年，直到发生了一桩令人哭笑不得的外交事件。

《汉书·武帝纪》中记载了这样一段话："秋，以匈奴弱，可遂臣服，乃遣使说之。单于使来，死京师。匈奴寇边，遣拔胡将军郭昌屯朔方。"

整件事情的来龙去脉是这样的：公元前 107 年，刘彻派遣王乌做使者前往匈奴试探其求婚的虚实，同时也探寻郭吉的下落。王乌是北地人出身，熟悉匈奴帝国的礼节风俗。匈奴规定接待汉帝国使者时，如果对方不是高官贵族的话，要进入单于的穹庐就必须去掉代表身份的符节，并且用颜料把脸涂黑才行。

这种侮辱性的对待很可能出自于中行说公公的手笔，其目的在于如果使者是来做说客的儒生，则用这种方式"折其辞辩"；如果使者是怀着刺杀企图的少年人，则用这种方式"折其气"。王乌当然不是刺客，也不是说客，而是走惯江湖的老油条。他二话不说就把符节放在一旁，然后按照非洲兄弟的标准涂黑了脸进见大单于。乌维一看此人这么会来事也很"爱之"，遂与王乌把酒言欢，促膝长谈。最后乌维放出一句话来："我准备派太子到长安充当人质，作为与大汉和亲的条件。"

王乌回国后立刻向上级汇报这一重要表态——匈奴分明是要臣服大汉了！

刘彻对此当然十分满意，不过长期的斗争经验告诉他匈奴高层放出的话十有八九都是不算数的，所以又派出另一位使者杨信到匈奴商讨投降的具体事宜。

杨信这个人与王乌不一样，王乌八面玲珑，单于对他颇有好感，杨信则刚直倔强，原则性很强。因为自己的举止牵涉到国家尊严，所以杨信坚决不肯屈从匈奴风俗，手握节杖不放松，以墨涂脸更不可能。这下两厢僵持住了，乌维最后没办法只好走出自己的单于大帐在室外接见杨信。

杨信对乌维说："匈奴要与我国和亲，请先将太子入质于汉。"

虽然这个条件是乌维自己说的，但此时他却不认账了："杨先生说的不对吧？按照贵国高皇帝阿邦与我国伟大领袖冒顿单于所缔结的和亲协议，汉帝国遣公主入匈奴和亲，并有大量的绸缎、食物作为嫁妆，作为回报，匈奴与大汉和平相处，不侵扰汉之边境。现在你们想撕毁以前的协议，让我的太子入质于汉，分明是赤裸裸的霸权主义行径，我岂能同意！"

面对乌维的出尔反尔，杨信勃然大怒，骂着就回国了。他回去后跟刘彻一五一十地详细汇报一番，刘彻听了立刻召来王乌问："你说匈奴要臣服，现在这是什么情况？你小子是不是在忽悠朕？"

王乌吓了一跳，连忙说："臣愿意再出使匈奴，探个究竟。"于是王乌再度来到草原，乌维热情地接待远方来客，跟王乌追溯两国人民历史友谊又展望大好将来，总之是大灌迷魂汤尽拣拜年的话说。大单于以人格担保信誓旦旦地说："我打算到中原朝见汉朝天子，与汉天子约为兄弟，从此两国和睦相处。"

乌维这番话，又把王乌搞得晕晕乎乎的，他乐呵呵地回去报告刘彻说人家分明是真心臣服，都说要来看您啦！

刘彻感觉这次有谱了，他跟大臣们讨论接待匈奴单于的礼节。有大臣说，为了显示我国的诚意，应该修筑一座豪华的单于官邸。于是刘彻拍板同意：按五星级标准修！等到单于官邸落成了，刘彻派出使节前往匈奴，告知乌维可以动身了。

乌维哪里是真想去见刘彻，他不过是在给自己争取时间休养生息扩充军队以便与汉帝国再度争锋。之所以反复要求和亲，不过是希望能从刘彻手头多骗点财物罢了。不过此时再度翻脸也说不过去，于是他派遣一名匈奴"贵人"出使汉帝国拖延时间。

没想到这位匈奴贵族到了中原之后水土不服染上疾病，虽然刘彻命令名医尽一切努力抢救也没救过来，就这么两腿一蹬死了。刘彻派路充国运送匈奴贵族的灵柩回匈奴，并授予路充国二千石的印绶，此举是为了表明路充国是一位汉帝国“贵人”，以便于同乌维谈判。自然，还少不了大笔的财物作为吊唁之礼。

乌维本来就没有诚意，这下更是找到了口实：我的人分明是被你们害死的！他继而愤慨地表示幸亏自己没去长安，要不现在躺在棺材里的就是他本人了！最后乌维代表匈奴人民严正谴责汉帝国的阴谋，并且逮捕了路充国，送这位贵人和郭吉做伴去了。

事已至此，这场求婚闹剧也就再也演不下去了。

乌维立即派遣小部队为奇兵频繁偷袭汉之边境，一时间各地的烽火台再度狼烟滚滚。

刘彻这才打消了劝说匈奴降服的念头，他派遣郭昌和赵破奴领兵驻守朔方防备匈奴。眼见得汉与匈奴又要展开一场血战，没想到就在这时传来消息——匈奴人民的杰出领袖、忽悠表演艺术家乌维去世了……

公元前 105 年乌维去世，其子詹师庐继位。乌维死时大约三十岁出头，詹师庐继位时刚刚成年，只有十五岁。因为他年龄幼小，所以被称为“儿单于”。

刘彻闻讯后大为开心：乌维你小子尽使诈术活该短命！于是他怀着欣慰的心情派出两批吊唁使者前往匈奴——一批慰问儿单于，一批挑拨右贤王。刘彻认为儿单于年龄太小，所以右贤王等乌维的兄弟们一定对他上台不服气，这正是挑拨离间的好机会！可惜刘彻想得太美，匈奴上层人物在这时候还是很清醒的，知道分裂会导致匈奴被汉彻底消灭。所以汉朝使者们的活动都被报告给儿单于，儿单于盛怒之下将这两批汉帝国特务们悉数逮捕。

俗话说初生牛犊不怕虎，儿单于一上台就逮捕了汉帝国使团，同时“单于益西北徙”——看似不怕，其实心里想的还是躲远点好。与此同时，匈奴调整了战略部署，将军队做两翼配置，左翼防备云中郡，右翼防备敦煌郡。

刘彻知道自己的使团全部被捕后大怒，立即下令扣留所有的匈奴使者。这样双方不断对等报复扣留的对方使者，竟然达到十余批之多。

虽然这次汉帝国的离间计失败了，不过仅过了一年，匈奴人又主动找上门来要求合作了。

原来这位年少的儿单于是个十足的暴君，《汉书》中说他“好杀伐，国中多不安”。在他即位当年的冬季匈奴就遭受了罕见的大雨雪灾害，牲畜因为饥寒损失极大。

迷信的匈奴人普遍认为这是儿单于得罪了上天导致了灾难，于是叛变的阴谋弥漫草原，主谋人士就是左大都尉。左大都尉派心腹联络汉帝国表示：“我欲杀单于降汉，汉远，汉即来兵近我，我即发。”

真是天上掉下个馅饼来！

刘彻大喜之下，立即派公孙敖在塞外修筑了受降城以接应匈奴来降。

左大都尉认为受降城距离单于庭过远难以策应，所以迟迟不动手。刘彻只好派遣昔日霍去病手下最得力的悍将赵破奴率两万骑从朔方郡出塞，汉军行两千余里到浚稽山准备接应，同时派细作通知了左大都尉。

等到赵破奴逼近儿单于之时，左大都尉果然准备动手。可是他的阴谋拖得太久导致消息泄露，于是还没来得及动手就被儿单于杀死。儿单于这边砍了左大都尉的脑袋，那边就调集单于庭和左贤王两部共八万骑攻击赵破奴部。

由于敌我力量悬殊，赵破奴连忙扯呼，汉军跑到离汉军据守的受降城不到四百里的地方终于被追上包围。按照常理而言，自然应该发生一场血战后或者突围而出或者全军覆灭，可是其后的情况却以黑色幽默的方式急转直下：双方先是恶战一番，尔后赵破奴夜间亲自出来寻找水源，结果被匈奴军队伏击捕获。第二天赵破奴被儿单于押着到汉军阵前喊话：乡亲们，大伙儿横竖都不是外人，干脆别打啦……

《汉律》规定军队主帅有失，其余军吏都要治罪。再加上赵破奴的军队中有很多都是投降过来的匈奴战士，于是这支精锐的汉军部队干脆向儿单于投降了！

自汉帝国热血激昂的出塞曲奏响以来，还是第一次出现如此的挫折，不仅失去了最精锐的骑兵，而且是以如此窝囊的方式不战而降。儿单于忽然获得如此大捷自然心花怒放，他挥军长驱直入攻击受降城，但守城汉军毫不动摇地坚守城池。儿单于围攻不下，绕过受降城侵入汉边大肆劫掠一番后离去。

这次失败是对刘彻的沉重打击，这次大战表现出经过十余年的休养生息后匈奴实力大增，似乎又有再度反扑汉帝国的雄心。儿单于在获胜后更加狂妄，第二年夏季又亲率大军攻击受降城。结果未至而亡，年仅十八岁。

关于他是病死的还是被手下毒死的一直众说纷纭，不过从此匈奴人再也不愿接受一位少年单于，更何况儿单于的儿子年幼根本无法治国，于是乌维的弟弟呴犁湖被立为单于。

呴犁湖单于上台后基本只做了一件事，那就是大肆攻击汉的边境防线。

赵破奴的全军覆没令刘彻大为光火，在失去了精锐的机动兵团后他只好实施堡垒战术来保卫边境：光禄勋徐自为受命在五原以北数百里处开始修筑堡垒与哨所，一直修到浚稽山下，这条堡垒线长达数百里。游击将军韩说、长平侯卫伉驻守在漫长堡垒线附近；强弩都尉路博德率兵驻守在居延泽附近，保护堡垒线的左翼安全。

到了秋季呴犁湖发动全面进攻，匈奴大军分别攻击云中、定襄、五原、朔方四郡，杀死数千人。徐自为所筑的漫长堡垒线根本没有发挥作用，就被匈奴人一一拔掉。与此同时，匈奴右贤王部则侵掠敦煌和张掖，掳掠了大批的人口与牲畜。幸亏汉军任文部赶到与右贤王部展开激战，才击退右贤王夺回被掳掠的人口与财物。

卫青、霍去病的成功缘于在运动战中消灭匈奴的主力，因为匈奴人机动性非常强，来无影去无踪，只有不断地跟踪追击，迫使匈奴军队进行决战，在决战中凭借汉军武器的精良与训练有素才能大量杀伤匈奴的有生力量。但这样的战术对马匹的消耗巨大，使得汉帝国迅速耗尽了“文景之治”积存的马匹，更何况在卫青、霍去病之后汉军再也没有出现过如此杰出的运动战将领，所以刘彻的堡垒战术只能沦为孤立的靶子，成为匈奴人发挥机动性特长的绝好目标。

呴犁湖撤回漠北之后，打探到汉将李广利正在从西域班师回国的路上，呴犁湖立即准备截击李广利再捞一票，却又犹豫攻击士气高昂的得胜之师是否明智。其实李广利此行虽然获胜但也损失巨大，一路上尽是汉军的累累尸骨，到达玉门关时仅剩下一万多人。

这些事情是瞒不住匈奴间谍的，眼见得一场悲剧又要发生，但是黑色幽默剧再度上演：匈奴尚未做出出兵决定，呴犁湖便染病身亡，他在单于位上只干了一年。公允而言，他干得不错，可惜命太短。

公元前 101 年，呴犁湖的弟弟左大都尉且鞮侯立为单于，成为走马灯似的匈奴单于中新的一位。虽然此时汉帝国连遭匈奴打击，但凭借汉军诛杀大宛国王威震西域的本钱，刘彻还是下达了一份对匈奴态度极为强硬的诏书，内容大意是过去匈奴对汉帝国的侵辱，不会就这样算了，君子报仇一百年也不嫌晚。

看着刘彻这老头打算用愚公移山的精神把战争无限制地进行下去，刚即位的且鞮侯十分担心汉帝国又发动一次远征，因为此时匈奴国内政局动荡——两年内死了两位单于，如果不动荡那才怪呢！再说且鞮侯是以左大都尉的身份继位单于，左大都尉在匈奴国内的地位在左、右大将之下，势必引起其他王、将的不满。这时候要作战的话，对新上台的单于实在是极大的考验，弄不好就得被赶下台。

有风险就要回避，硬的不行就来软的，世界政治向来如此。

且鞮侯单于有一张和乌维类似的巧嘴，他派使者对刘彻说了这样一番话：汉朝天子是我丈人，我是儿子，安敢仰望汉天子呢？

其实汉匈和亲早已断绝，也不知道且鞮侯是从哪里开始算的这种辈分……不过且鞮侯不是光说不做的人，他下令将以往所扣留的汉使都释放遣送归汉，充分显示了自己的诚意。

刘彻见自己的一道诏令比千军万马还好使，断定这个且鞮侯是个窝囊废，看来匈奴的降服只是个时间的问题。

既然匈奴放人了，大汉这边还扣着匈奴使者不放就说不过去了。大家都是出来混的，这点道义总得讲，所以汉帝国也将扣押的匈奴使团成员如数释放。

这是一次规模空前的交换人质事件，刘彻派中郎将苏武为汉使、副中郎将张胜和属吏常惠为副手的大规模使团护送匈奴人回国，并且准备了大量的礼物送给且鞮侯单于这位“干儿子”。

是什么让刘彻在连吃败仗后还有足够的底气对匈奴帝国放出狠话，而且鞮侯又是为何会认为汉帝国的威胁是现实的呢？要知道大家在道上混了这么多年，光靠放空炮是唬不住人的。

奥妙就在于西域，那里发生了一场大风波。

4. 汗血马之殇 从冒顿时期开始，西域就逐步纳入了匈奴的势力范围。

张骞通西域之后，西域诸国对待汉使和匈奴使者的态度是截然不同的：匈奴使者手持单于信物畅通无阻，各国无不大拍马屁，媚态百出；汉朝使者前来则“非出币帛不得食，非买牲畜不得骑”，就这还经常被刁难不卖给食物和牲畜饲料，汉使经常在路上连人带马一起饿着肚子赶路。

当然，这里的三十六国并不是铁板一块，而是为了自己的利益各怀鬼胎。在诸国中最死心塌地做匈奴狗腿子的就是楼兰和车师，因为他们距离汉帝国较近，位置又在汉与西域间的必经之路上，直接受到汉帝国势力扩张的压力。于是这两个国家不仅拒绝与汉交好，还按照匈奴乌维单于的吩咐派兵拦击汉使。倒霉的汉朝使团纵使躲过了匈奴军队的追杀还要面对西域小国的抢劫，这对于刘彻而言是无法容忍的。

历史证明没有任何一个帝国崛起是纯粹依靠财富等软实力的，如果没有强大的军事力量硬实力作为后盾，西域诸国永远不会顺服汉帝国的召唤。

公元前 108 年，赵破奴率军讨伐楼兰和车师两国。当时楼兰人口四万四千，车师不过一万挂零，这两国男女老少加起来还不及汉朝远征军的人多。于是赵破奴自然势如破竹，他率轻骑七百做先锋一举逮捕了楼兰王，砍了车师王，顺便对乌孙和大宛进行了一番军事威慑。由于精锐部队全部在北方边塞防备匈奴，所以汉朝对西域的历次用兵基本上都是征调降汉的匈奴属国胡骑和拿国内的囚犯之流充数，这些士兵们虽然战斗力一般，但是祸害性挺强。更何况赵破奴的副手王恢在做使者时数度被车师劫持凌辱，这次简直就是皇帝让他随军出征来报仇的……于是西域各国“震恐不已”。

楼兰王命大没被斩首，自然是胆战心惊地向汉军赔礼道歉。做了一番发自内心的深刻忏悔，同时将儿子送到汉帝国做人质并送上贡品若干，表示自己永远忠于中原的汉家真龙天子。楼兰的举动很快被乌维得知，他立即派兵攻击楼兰作为惩罚措施。楼兰王二话不说又把另一个儿子送到草原上做人质并送上贡品若干，表示自己永远忠于草原的尊贵主人匈奴大单于。

当李广利征大宛返回时，匈奴立即派遣军队要楼兰配合拦截后续汉使以断绝汉与西域的交通。结果玉门关的汉军捕捉到俘虏得知详情立刻将情报上报，刘彻便再度派兵逮捕了朝三暮四的楼兰王。没想到楼兰王理直气壮地说："小国在大国间，不两属无以自安。愿徙国入居汉地。"

面对这种脸皮堪比城墙厚的真情表白，刘彻真是哭笑不得。他当然不能真将楼兰国民全部强制搬迁到汉地，因为那是逼着其余西域诸国与汉帝国决裂。最后楼兰王安然无恙地返回家乡继续做他的草头王，匈奴也不再亲信这样的无赖墙头草了。

楼兰的故事还没完，公元前 92 年，老滑头楼兰王去世了，于是大臣们请汉帝国将质子送还继位。刘彻却推托说："不大好吧……"因为老滑头去世了，而小滑头"去势"了——楼兰质子因为在汉违犯了法律，竟然被判处了宫刑！汉帝国不能将这位倒霉的残疾人士派回去做王，最后汉帝国外交接待人员委婉地说："侍子，天子爱之，不能遣。其更立其次当立者。"楼兰使臣一头雾水地回去了，他们不知道其中的详细缘故，否则一定会怀疑刘彻与质子上演了《断背山》。

这样楼兰自立了新王，新王屁股还没坐稳就同时接到汉与匈奴的邀请函：请派质子到敝国一游……后来新王又去世了，匈奴帝国先得到情报就送手上的质子回国为王。汉帝国眼见得慢了一步，干脆遣使诏新楼兰王入朝，说汉天子将加厚赏。新楼兰王收继的继母提醒他："你傻呀？派往大汉的质子没有一个放回来的，你还要去自投罗网？"新楼兰王吓出一身冷汗，连忙表示自己刚上台政局不稳，以后再去朝见大皇帝吧。

此后楼兰国一直在匈奴与汉之间摇摆不定，楼兰的故事反映了汉与匈奴在西域的角力过程。这是一场交织着刀光剑影和威逼利诱的漫长交锋，直到西汉灭亡都没有结束，而其中最具悲剧色彩的就是大宛这个国家的命运了。

距离长安城一万两千多里远的地方有个国家叫作大宛，西域最具传奇色彩的特产汗血宝马就出自那里。汗血宝马属于山地马种，抗疲劳，蹄坚硬，甚至可以"日行千里"。据说大宛国人把五色母马放在山下，野马与母马交配，于是生下汗血宝马。

汗血宝马以出汗血而闻名，现代科学发现这种棕红色的汗血是由寄生虫所造成的病态表现，但在古代却被视为神马的特征。

刘彻迫切地渴求汗血宝马，他素知大宛出产好马，还曾命名为"天马"，所以当张骞将汗血宝马的传说告诉他之后，更是让这位野心勃勃的皇帝难以按捺渴求之心。刘彻并不是为了得到宝马好飞驰过瘾，他的目标在于借助汗血宝马培育出优秀的中原马，随后可以重建精锐骑兵，最后自然是踏平宿敌匈奴帝国。

公元前 104 年，刘彻派遣车令为特使，率领一百余名随从远赴万里之外求购汗血宝马。刘彻是很有诚意的，虽然曾有半途而废的汉使忽悠他说大宛国家弱小，派出三千汉军足以征服，可他不愿以武力逼迫大宛。毕竟人家派出使者随着张骞的副使回访大汉，还曾送上良马做礼物。

刘彻准备了大批金帛和一尊金马作为礼物，只求一匹汗血宝马而已。车令也是很有诚意地奔赴远方，怀着不辱使命回报君恩的思想历尽辛苦跋涉来到大宛王毋寡面前。诚意摆在面前，价钱极为优厚，又有两国互相通使的友好历史，只需要毋寡上嘴唇一碰下嘴唇说个“中”这事就办妥了。

刘彻是这么想的，车令也是这么想的，结果从毋寡嘴里冒出来的却是“不中”。

很难考证毋寡当时是出于什么心态拒绝这桩买卖的，不知是汉帝国收拾楼兰和车师顺便威慑大宛的时候就已经种下了仇恨的种子，还是匈奴儿单于派遣使者对大宛进行了成功的拉拢，抑或此人真是爱马若狂实难割爱。总之毋寡干脆利落地拒绝了，还特别指出汉帝国距离大宛遥远——我就是不给你马你又能把我怎么样？

实在是太不给面子了，换了谁都会生气。不过有些人在心里骂，有些人当面就骂，车令属于后者。他不仅破口大骂，还把万里迢迢运来的金马打碎，然后头也不回地走了。作为一个独裁者是很难接受别人当面羞辱的，毋寡自然要报复：车令返程时必须经过大宛东部边境城市郁成城，当车令一行抵达郁成城时遭到守将郁成王派遣的军队伏击，汉朝使团成员全部遇难。

大宛杀汉使这件事办得太不地道，要知道就算是匈奴与汉朝之间，除了极个别事例外也没有杀过对方使者，更别说是把整个使团全灭了。刘彻怒了，他要让大宛付出代价。西域这边的毋寡正跟郁成王分赃未了呢，汉帝国那边就已经派出了一支远征军。远征军的统帅是贰师将军李广利，他是刘彻在新时代的亲信将领。贰师这个称号源自于传说：大宛将汗血宝马都藏在贰师城。所以弄了半天李广利的称号还是冲着马去的。

李广利的远征军由属国胡骑六千和强征来的中原“恶少年”数万组成，所谓的“恶少年”估计以前都是混黑社会的，结果干脆都被抓去充军。有之前赵破奴七百轻骑破楼兰的先例，刘彻很有理由相信这次的攻势又是势如破竹。

但是大宛与楼兰等国不同，首先它距离汉帝国遥远，不像楼兰那样几乎是紧挨着阳关；其次它是拥有六十万人口的大国，政治影响力与楼兰绝不在一个层面上。

这次汉军出征西域遭到了三十六国团结一致的抵制，请注意是抵制不是抵抗，也就是说不提供补给也不主动攻击，就让你一路饥渴着过去。这是因为儿单于已经开始重新经营自己的西域属地，匈奴使者穿梭在三十六国，把汉帝国争取到的那些墙头草又拉了回去。此外对于大宛被攻击，它的邻国也大有兔死狐悲的感慨。如此一来汉军自出征开始便陷入了极为被动的局面当中，李广利只好指挥军队沿途攻击西域城市，能打下来自然可以抢到活命的粮食，打不下来就只能绕路而行，就这样挣扎着走到郁成城下的时候只剩下几千名饿殍般的士兵了，结果一仗下来被守军杀得大败。

李广利一琢磨：这边境城市都打不下来，还指望占领大宛王都呐？干脆还是撒丫子往回跑吧！于是汉军历时两年的远征以大败而归而告终，等李广利跑到玉门关前的时候发现早有刘彻的诏书等着自己了：“军有敢入，斩之。”

这下李广利也不敢回去了，就在敦煌待着等消息，他手下士兵能活着跑回来的只有十分之一。

俗话说福无双至，祸不单行。就在李广利灰头土脸逃回来的同一年，发生了上一节所说赵破奴军队投降儿单于的黑色幽默事件。这下以邓光为首的大臣们纷纷表示西域之事乃癣疥之疾，集中力量对抗匈奴才是头等大事。

刘彻痛斥手下这帮大臣说：“你们懂个屁！”既然大汉已经开始讨伐大宛，就必须不计代价完成它。大宛只不过是西域小国，要是连它都打不下来，那些更大的大夏等国就会轻视汉朝，而大宛的良马也绝不会弄来，乌孙和轮台就会放肆地刁难大汉使者，朕经营西域切断匈奴右臂的战略构想岂不是就完蛋了么？

刘彻的思路是对的，自从失去了河南地、漠南牧场等传统势力范围后，匈奴帝国已经越来越依赖从西域诸国征收的赋税来养活自己。此刻的匈奴帝国已是困苦不堪，又经常遭受大雨雪等灾害袭击，人口和牲畜损失都很大。这个时候绝不能手软，否则让匈奴慢慢恢复元气的话后果不堪设想。

不过他的大臣们认为国家和人民已经不能承受这样的失败，还是先给自己百姓一个恢复元气的机会再说其他吧。

刘彻不是一个有耐心听解释的人，他立即将邓光等反对派分子投进监狱，并把原先关在里面的囚犯和犯罪的勇敢士兵统统赦免拉去当兵，并加大“打黑”力度将全国“恶少年”都拉了壮丁。

就这样还是不够，于是前面介绍过的“七科谪”正式上场了。

这下好了，全国的老兵、罪犯、黑帮分子、商人及其亲戚，还有倒霉的倒插门女婿们在军营里欢聚一堂，除此之外还有数不清的志愿从军人员和水利工程人员、手工艺人等辅助人员，其中刘彻专门放进两名相马师作为挑选大宛千里马的伯乐。

公元前102年，李广利再度率军出击西域。这次他手下有正规军六万余人，还有“牛十万头，马三万匹，驴、橐驼以万数赍粮，兵弩甚设”，其后方基地还有十八万大军策应。

这次出征令“天下骚动”，西域诸国都知道汉帝国这次是玩命来了，所以那些墙头草们纷纷顺风转舵壶浆箪食“犒劳王师”，并大拍汉帝国马屁纷纷表示坚决支持汉家天子镇压大宛的恐怖主义分子。

这时候偏偏冒出一个不信邪的刺儿头来，这就是轮台国。李广利听说小小的轮台国竟敢闭门据守当下就怒了，他派兵一鼓而下然后屠城。

汉军浩浩荡荡开到大宛境内，郁成王率部迎击，结果被汉军瓢泼大雨般的弩箭射得大败而归。这次汉军没有在郁成城下耽误工夫，而是绕城而过直扑王城贵山城。

到了贵山城外后先不攻城，而是派遣水利工程人员把河流改道——贵山城中没有水井，全靠流过城边的河水饮用。等切断水源后汉军开始攻城，经过四十余日的围攻后打破外城，杀死大宛军民无数。

毋寡这下知道怕了，他龟缩在内城坐以待毙。这时候他身边的贵族们不干了，大伙儿私下里一商议，觉得这场灾祸都是毋寡这家伙招惹来的，不如献出他的首级求和——这就叫作树倒猢狲散，古今中外皆同。

于是毋寡一个没留神就被自己人借走脑袋做了橄榄枝与和平鸽，大宛贵人手捧和平信物一路吆喝着“别打了，别打了”来到李广利的军营中谈判。大宛方面提出的条件是：献出所有良马给汉军，并提供所有粮草供汉军食用以换取和平。如果李广利不同意的话，大宛就杀掉所有马匹抵抗到底。此外康居国的援军即将赶到，到那时“我居内，康居居外，与汉军战。孰计之，何从”。

虽然西域强国康居表示过救援大宛，但是因为畏惧汉军势大根本就没来。可是这威胁还真把李广利吓住了，他召集部将商议后认为：汉军长途跋涉已经疲敝，如果康居兵到的话，“破汉军必矣”。干脆以和为贵吧，反正他的头衔是贰师将军不是大宛将军，只要把汗血宝马弄回去就足以交差了。

于是双方握手言和，汉军选大宛良马数十匹、中等以下公母马三千匹做战利品，又指定与汉亲善的昧蔡为大宛王。之后李广利率军回师，因为集中在一路走的话沿途小国没有足够的粮食供应，所以分兵数路撤回。

校尉王申生率领千余人经过郁成城时，郁成王固守不提供粮食。王申生大怒，率军急攻。郁成王窥知汉军人少且距离主力两百余里，所以派遣三千精兵出城猛攻汉军，王申生以下全军覆灭，只有数人生还。

李广利得知后大怒，令上官桀再率大军攻郁成城，郁成王鼠窜逃至康居。康居王一看就生气了，这时候跑到我这里来不是想连累我吗？于是将郁成王抓起来献给上官桀，押送的骑兵赵弟为防郁成王逃走，中途就砍下了他的脑袋。

这下汉军在大宛的使命总算是折腾完了，不料大宛人自己还要再折腾一回：因为贵族们不满昧蔡为王，又发动政变杀死昧蔡另立毋寡的弟弟蝉封为王。蝉封很会来事，他派遣儿子到汉朝做人质并表示永远忠于大汉王朝，此外每年进贡汗血宝马两匹。于是刘彻也不追究大宛政变之事，反而派使者向大宛赠送礼物加以安抚。

会来事的胡人当然不只蝉封一个，李广利行军沿途各国纷纷派遣王子随汉军到汉朝做人质表示效忠。诸国国王自然少不了在出行前告诫质子们到了那边要守规矩，否则容易变成楼兰质子那样的残疾人士……

将军百战穿金甲，不破楼兰誓不还。

李广利回到汉帝国的时候清点军队人数，还活着的只有一万人。其中原因耐人寻味。《汉书》记载：“战死不甚多，而将吏贪，不爱卒，侵牟之，以此物故者众。”

虽然损失巨大，但是刘彻却不追究，因为他要的不是伤亡数字而是西域臣服。汉帝国厚赏幸存将士，最低阶的士兵也分到四万钱的赏金。

除此之外，汉帝国开始在西域设置官吏进行管理，又派遣数百名士兵在渠犁、轮台等地屯垦，一方面自给自足，一方面供应来往汉使所需。

虽然征伐大宛之举使得刘彻一直被后世所诟病，认为他不顾人民死活穷兵黩武，不过要看到如果没有大宛之战的威慑，西域各国仍然不会放弃对匈奴的效忠而转向汉帝国。

汉帝国在西域的征伐其实就相当于对匈奴帝国的进攻，因为这里是它的属国和势力范围。西域诸国通过这些战争意识到匈奴帝国在它们遭受侵犯时并不能做出援救，而是任自己的属国自生自灭，在这种情况下西域诸国自然只能选择倒向汉帝国以寻求保护。

随着逐步失去对西域的影响力，匈奴帝国陷入空前的孤立之中。而通过大宛的战争，也使得汉帝国争取多年的乌孙做出了决定性的回应。

西域枭雄猎骄靡一直在汉与匈奴之间犹豫不定，在情感上他亲匈奴更多，毕竟是冒顿养育了他，而且乌孙复国也与匈奴有极大的关系。但是在老上之后的历代单于对于猎骄靡都无法完全控制，乌孙作为一个独立意识极强的匈奴属国在西域自作主张地与汉帝国来往。

乌维单于在临死前得知乌孙与汉帝国通使之事不由得大为恼火，他派遣使者以军事进攻威胁猎骄靡。猎骄靡畏惧不已，遂派使者赴汉求和亲，希望与刘彻约为兄弟以自保。

《汉书》中这样评价乌孙：“民刚恶，贪狼无信，多寇盗，最为强国。”刘彻正迫切希望能拉拢这样的虎狼之国共击匈奴，于是宗室公主刘细君被选中和亲，远赴万里之外的乌孙与白发苍苍的昆莫成亲。

匈奴得知此事后深感威胁，于是也为猎骄靡送来一位单于居次为妻。这样一来乌孙出现了两大帝国的两位新娘，猎骄靡采取两不得罪的手段，分立刘细君和

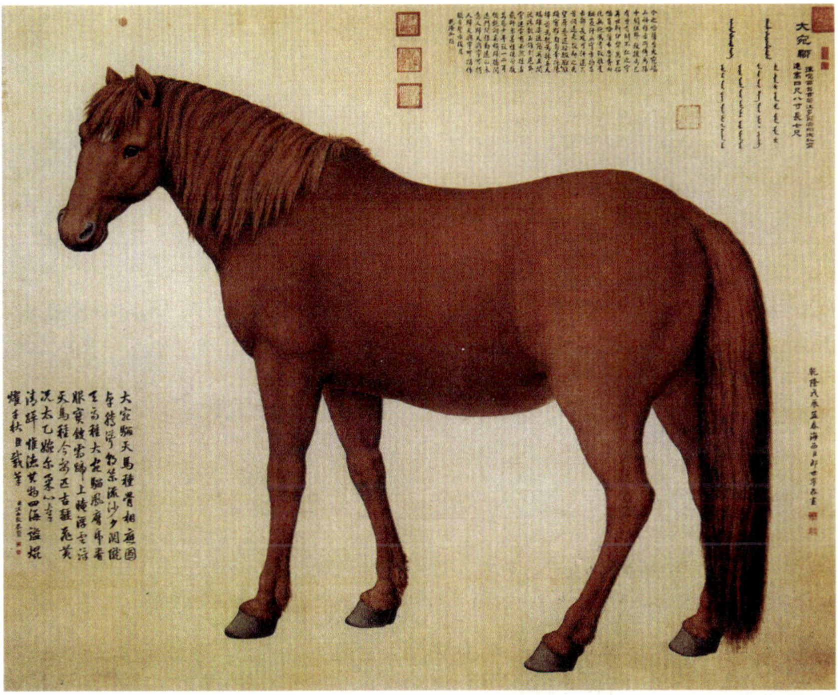

| 被称为“天马”的大宛汗血宝马为西域带来无数的刀兵之厄

匈奴居次为左右夫人。

刘细君是汉帝国第一位赴西域和亲的公主，并且是在平等条件下出嫁的。乌孙出聘礼“千匹马”，汉帝国也“赐乘舆服御物，为备官属宦官侍御数百人，赠送甚盛”。猎骄靡在草原上为自己的新娘修建了汉朝式样的宫室，可算是百般优待。可是刘细君感觉不到幸福，她在语言不通、与丈夫难以交流的凄苦心态中写下了《黄鹄歌》：

吾家嫁我兮天一方，
远托异国兮乌孙王。
穹庐为室兮旃为墙，
以肉为食兮酪为浆。
居常土思兮心内伤，

愿为黄鹄兮归故乡。

纵然是铁石心肠的刘彻在看到这首哀曲后都“闻而怜之，间岁遣使者持帷帐锦绣给遗焉”，但是为了祖国的利益，刘细君必须接受这样的生活。

后来猎骄靡觉得与刘细君年龄差距过大，便打算将其嫁给孙子军须靡。刘细君难以接受这样的安排，就给刘彻写信请求归国，但是刘彻令她再嫁军须靡以“从其国俗，欲与乌孙共灭胡”，无奈的刘细君只得从命。两年后猎骄靡去世，军须靡继位。刘细君为军须靡生下一女名少夫后，因为产后失调加上心绪难平，不久便忧伤而死。

自此之后，西域诸国只能向汉帝国派使者送质子，以寻求保护

刘细君死后，刘彻立即为军须靡送来了新的和亲公主刘解忧。刘解忧比刘细君的心态好，所以在西域得以长久。她遵从胡俗先后下嫁三代昆莫，成为不折不扣的乌孙国母。最后她的儿女分别做了乌孙昆莫、乌孙左大将、莎车国王和龟兹王后等等，汉家的血脉在西域一步步扩张开来。

刘彻在第二次讨伐大宛时曾令军须靡率军助战，但是军须靡仍然采取首鼠两端的办法，派遣两千骑在边界上观望。等到汉军击破大宛后，军须靡终于下定决心与汉交好。

虽然这位滑头的统治者依然没有同匈奴帝国决裂，不过乌孙与汉帝国的盟友关系已经逐步成型了。不久之后，匈奴将面临自己属国连锁背叛的窘境。

第六节 双面人生

1. 北海牧羊人 汉帝国经过与匈奴在西域的一番明争暗斗后终于占据了主动，接下来的事情就是设法劝诱匈奴帝国臣服了。刘彻感到自己已经时日无多，所以这种心情更加迫切，他希望能在有生之年完成驯服匈奴这一历史伟业。

在这样的情况下，他趁讨伐大宛获胜之威向匈奴发布了措辞强硬的诏书。前面已经说到，且鞮侯单于以公然自认刘彻干儿子的办法示弱于汉，龙颜大悦的刘彻派遣苏武率领使团送匈奴使者返乡。且鞮侯是个狡猾多变的无耻之徒，他从苏武此来奉上的厚礼看出汉帝国并无动武的打算，于是立刻原形毕露地嚣张起来。结果苏武等人发现预想中的干儿子且鞮侯忽然变得像干爹一般嚣张蛮横，汉使团内部无不愤恨气恼，觉得上了大当。就在大伙儿痛恨且鞮侯的反复无常之际，忽然有匈奴的内应找上门来。

原来副使张胜有个叫作虞常的匈奴朋友，虞常本是浑邪王的手下，随浑邪部一同投降了汉帝国。后来虞常追随赵破奴出征时兵败被俘，结果他跑了一大圈又回到了草原。

除了虞常之外，还有相当多的归汉匈奴人也在赵破奴那场倒霉的战斗中投降了匈奴，其中浑邪王的外甥缑王也是虞常之友。他们的家眷都在汉帝国控制区，再加上且鞮侯并不是伊稚斜那样肯轻易重用无能之辈的领袖，所以大伙儿都过得很郁闷，很想找机会回归汉帝国。

虞常和缑王找到张胜说："俺们身在匈奴心在大汉，一直打算劫了且鞮侯的老母返回中原。恰好你们使团到匈奴来，到时可得支持我们一把。”张胜听了大吃一惊，他寻思自己这伙人又不是特种兵出身，掺和这种事情恐怕是凶多吉少。

虞常见张胜不说话，又提到了一个关键性人物：卫律。

卫律也是个从汉朝跑过来深受且鞮侯重用的二五仔。此人本是长水胡人出身，是李延年和李广利两兄弟的好友，还经李延年推荐做了官。后来卫律借着出使匈奴的机会叛逃，与其他叛逃者不同，主动投降的卫律得到且鞮侯的重用，他受命统率从汉朝投降过来的人，后来还被封为丁零王（不过是在苏武等人到匈奴的三年后）。由于他很了解汉帝国虚实，所以一个集中行说和赵信于一体的人物出现了，刘彻自然对其恨之入骨。虞常等人不仅打算劫持单于老母，还打算用弓弩刺杀卫律来向刘彻邀功请赏。

一想到李广利征服大宛后随军人员鸡犬升天的盛况，张胜不由得怦然心动，慨然允诺协助这场阴谋，为了避免苏武分去自己的功劳，张胜竟然一个字都没有告诉自己的领导。一个月后，且鞮侯外出打猎，单于庭中只有他的母阏氏、弟弟、儿子和少量护卫。虞常纠集了七十多人准备发难，但是关键时刻掉了链子——其中一人竟然在行动前夜来了个火线告密！显然此人认为出卖同伴换取富贵比参与劫持人质案更为划算。且鞮侯的子弟们闻讯大惊，火速发兵围捕虞常等叛乱分子。

一仗下来虞常被生擒，缑王等七十余人全部被斩杀。

直到彻底坏菜了，张胜才告诉苏武真相。苏武听了沉吟片刻说：“且鞮侯单于追究到我头上是迟早的事了，与其被捕受辱而死不如现在自杀还留有尊严，可惜有负国家重托！”

苏武说罢拔刀就要自刎，张胜、常惠等人眼疾手快，把刀从苏武手中夺走。此时且鞮侯正在召集贵人商议如何处置此事，且鞮侯本人的意见是通通死啦死啦的有！不过匈奴的左伊秩訾却说杀之无用不如招降。且鞮侯不是强势的独裁者，各部贵人的意见对他也是有较大影响的，于是他便命卫律抓捕并迫降汉使团诸人。

卫律召苏武受审，苏武对常惠等人说：“这次出使有辱使命，将来即使能够生还，还有什么面目重归汉朝！”说罢以刀自刺胸腹，卫律大惊之下急忙抱住苏武，驰召胡巫救治。匈奴胡巫在地上挖坑引火，又将苏武俯卧在坑上用脚踏其背，将伤口中的淤血排出。这种原始的医术竟然真将苏武救活，常惠哭着用车子将苏武拉回营帐中休养。

且鞮侯虽然人品不怎么样，可是也敬佩苏武这样的硬汉而更想招降为己所用。于是他遣人朝夕问候苏武，而张胜则被收系下狱。

过了段时间等苏武的伤好得差不多了，匈奴帝国在草原上召开了公审公判大会。检察官、法官和刽子手职责都由卫律先生一人承担。他手持利剑先以叛国罪、绑架罪、谋杀罪（虽然都是未遂）等名义砍了虞常，接着又宣布张胜参与谋杀单于近臣（也就是卫律自己）理应处死！

就在这死生悬于一线之际，张胜做出了自己的决断——卫律“举剑欲击之，胜请降”。张胜对天发誓只要饶了自己，从此后俺老张活是大单于的人，死是大单于的死人……这么一来弄得卫律哭笑不得，两个家伙惺惺相惜起来，结果张胜被允许归顺了。

现在轮到苏武了，卫律指控说：“副有罪，当相坐。”

苏武为自己辩护：“本无谋，又非亲属，何谓相坐？”

卫律哑口无言干脆举剑作势吓唬苏武，结果苏武屹然不动。

硬的不行就来软的，卫律推心置腹地说：“老苏，你看我老卫自从投靠了匈奴有多威风——拥众数万，马畜弥山，富贵如此。只要老苏你投靠大单于，立刻就是卫律 2.0 版本呀！否则死在草原上，又有谁知道你的忠义呢？”

看着苏武毫无反应，卫律又提出焚香拜把子的建议：“君因我降，与君为兄弟，今不听吾计，后虽欲复见我，尚可得乎？”

这时候苏武爆发了，他将卫律痛斥一番，其言大意是说：你这鸟人不顾恩义背叛大汉和亲属投靠蛮夷，我为什么要追着见你？且鞮侯信任你才让你主持审讯，你却暗中挑起汉与匈奴的仇恨。南越杀汉使者，屠为九郡；宛王杀汉使者，头县北阙；朝鲜杀汉使者，即时诛灭。现在轮到匈奴杀汉使者了？有种你杀了我，匈奴帝国亡国灭种的大祸立刻就要临头了！

苏武这番话掷地有声，他的忠诚是有家族传统的：当年他的父亲苏建和赵信一同面临相似的考验时，苏建的选择一样是不投降而逃亡归汉。

苏武这番话弄得卫律无言以对，他报告且鞮侯说苏武终究不可胁迫投降。这样反而激起了且鞮侯的兴趣，于是苏武被关进大地窖里不给吃喝——想不饿死就投降。恰好天降大雪，苏武靠吃雪和毡毛充饥硬挺过数日而不死。且鞮侯以为苏武有神灵相助，就把他迁移到北海边没有人的地方放牧羝羊，并提出释放条件——等到羝羊产乳就放你归汉。

羝羊就是种羊，也就是公羊。如此划时代的释放条件可谓是突破了生物学的极限，所以除非真有“神助”否则苏武这辈子就只能牧羊了。

为何专让苏武放牧公羊呢？一方面有戏弄刁难的意思，另一方面也是古代游牧民族的一种习惯。因为公母羊混养会造成母羊无计划地怀胎，草原上对羊群的交配很讲究“计划生育”。北魏农学家贾思勰在《齐民要术》中记载：“常留腊月、正月生羔为种者，上。十一月、二月生者，次之。非此月数生者，毛必焦卷，骨细小，所以然者，是逢寒遇热故也。其九、十月生者，虽值秋肥，比至冬暮，母乳已竭，草木未生，是故不佳。其三、四月生者，草并茂美，而羔小未食，常饮热乳，所以亦恶。六、七月生者，两热相仍中之，甚恶。其十一月及二月生者，母既多乳，肤躯充满，草虽枯亦不羸瘦，母乳适尽，即得春草，是亦佳也。”也就是说只有在秋季才将种羊与母羊混养，以保证母羊在春季产羔。并且种羊与母羊的数量之比要在一比十左右，以防止“羝少则不孕，羝多则乱群”。

由此，苏武开始了漫长的牧羊生涯。

卫律把汉使团的成员分散安置，使他们彼此不能串通。所以苏武只能独自挣扎求生，他到北海后因为没有粮食，只能掘取野鼠洞中所藏的草籽等物来吃。

虽然困苦已极，但苏武不肯屈服。他“杖汉节牧羊，卧起操持，节旄尽落”，以此来表示自己始终是大汉的使节。五六年之后，单于的弟弟於靬王到北海上打猎，由于苏武会编结打猎的网和矫正弓弩，所以於靬王颇器重他，供给他衣服和食品。三年后於靬王得病后，还不忘赐给苏武马匹和牲畜、盛酒酪的瓦器、圆顶的毡帐篷。

於靬王去世后，他的部下也都迁离。失去保护人的苏武又在冬天被丁零人盗走了牛羊，再次陷入极度的穷困。

苏武此时已经有了家室，所以日子更是窘迫难熬。他的妻子为匈奴女子，是且鞮侯秉承匈奴传统送来“感化”他的。苏武虽然不屈服，但也接受天伦之乐，就在草原上娶妻生子，他给儿子起名为苏通国。就这样日复一日年复一年地度过，汉帝国的壮年使节苏武变得白发苍苍。

多年后，有匈奴贵人前来探望他，苏武仔细一看，竟然是自己的好友李陵！

2. 横行匈奴的李少卿 西汉历史上有一个传奇性的军人世家，这个家族不仅屡出优秀的将军，还似乎有被诅咒般的宿命。这就是陇西李家，一个青史留名而又一言难尽的家族。

飞将军李广在漠北一战中迷路自杀，第二年他的堂弟也出事了——当朝丞相乐安侯李蔡因盗取官地下狱自杀。

清人所绘制的飞将军李广画像

李广一共有三个儿子，其中长子李当户、次子李椒都先李广而死，小儿子李敢颇有先父遗风，曾以校尉随骠骑将军霍去病奋击匈奴，勇夺左贤王旗鼓，赐爵关内侯，代父职为郎中令。李敢心胸狭窄又鲁莽，他认为大将军卫青是逼迫父亲自杀的罪魁祸首，便冲到卫青府邸将其击伤。卫青对李广之死颇感内疚，所以不但不报复还遮掩此事。但他的外甥霍去病同样也是一个心胸狭窄之人，在得知此事后蓄意为舅舅报仇，竟然趁着围猎之时将李敢这个同生共死的老部下射死。

刘彻正宠爱霍去病，于是宣布李敢被“鹿触杀之”，李家的第二代就此全部凋零了。

李敢之女得宠于卫太子刘据，他的儿子李禹也因此嚣张跋扈。李禹是个好勇斗狠而又贪婪跋扈之人，刘彻曾经因为他酒后侵凌贵人而罚其“刺虎”，也就是让这家伙去皇家动物园中充当“角斗士”。就在李禹被用绳索缒到虎圈时刘彻又下诏赦免，没想到这小子蛮劲上来了，竟然“从落中以剑斫绝累，欲刺虎”。

这个亡命之徒的表现，令刘彻认为此人又是一位奋击匈奴的“可用之才”。

不过事后证明刘彻能指望的李家第三代并不是这位跟老虎过不去的二杆子，而是李当户的遗腹子李陵。

李陵年轻时便步入仕途，任侍中建章监。由于家世的熏陶，李陵不仅擅长骑射，而且为人谦让真诚，平素不贪图财富，又能礼贤下士。刘彻认为李陵最有李广遗风，曾命他率八百轻骑过居延，深入匈奴之地两千多里实施侦察。李陵圆满完成了刘彻对自己的测试，归来后拜为骑都尉，教酒泉、张掖的士卒学习骑射，防备匈奴侵扰。

就在李广利征大宛回师时，李陵率五百轻骑出敦煌至盐水接应，后来屯驻张掖。

李陵一路顺顺当当地做事，顺顺当当地升迁，眼看着老李家光宗耀祖中兴有望。就在公元前 99 年，为了惩罚且鞮侯扣留苏武使团的强盗行径，刘彻大皇帝决定再度派遣爱将李广利出征，讨伐匈奴。

李广利自己愿不愿意去是很值得怀疑的：他本是街头痞子出身，靠妹妹李夫人受宠于皇帝才飞黄腾达。李夫人虽然年轻早逝，却生下了昌邑王刘髆。李广利出征大宛被普遍视为是刘彻为了让这位亲信封侯而采取的激进措施，因为刘邦宣布过无战功者不得封侯。现在侯也封了，官也做了，李广利自然也失去了出塞的动力。

不过刘彻是不管别人是否愿意的，只要他愿意整个帝国就得跟着行动起来。

按照刘彻的安排，李陵负责李广利军队的后勤辎重护送任务。但这个使命对于自负的李陵而言实在是一种侮辱，他自认为足以独当一面而不是给他人打下手，更何况是李广利这种痞子的下手！于是李陵面见刘彻说："臣所率领的屯边将士都是荆楚勇士、奇才剑客，他们力能扼虎，射必命中。所以希望可以自率一队人马，到兰干山南出击匈奴以迫使单于分兵抵御，而不是专门从属于贰师将军之下。"

刘彻听后说："难道你不愿意做李广利的属下？朕已经分拨尽了手里的骑兵部队，再也没有骑士可以供你指挥了！"

听到这里，李陵慨然答道："无所谓有没有骑兵！臣想率军以少击众，以步兵五千人出击单于庭！"

以区区五千步兵出塞长驱直入奋击匈奴，这是卫青霍去病也不敢为之的事情。

以往汉军都是以精锐骑兵为主力与匈奴作战，如今李陵的自告奋勇着实令人震撼，非有过人勇气无以做此承诺，因为一旦失利绝难有生还机会。

刘彻是喜爱勇士的，于是“壮而许之”，诏令强弩都尉路博德率军在半路接应李陵。路博德久经沙场，曾随霍去病奋击匈奴，还领军平定南越一直攻下海南岛。

这位昔日的伏波将军虽然因犯罪被降职为都尉，但是同样心高气傲，“羞为陵后距”。于是路博德上奏说现在匈奴草肥马壮未可与战，还是等到明年春天再由自己和李陵分率酒泉、张掖两地各五千骑并击东西浚稽为好。

路博德的本意是想得到与李陵分路出击的机会，却招来了刘彻的狐疑。刘彻以为是李陵放了嘴炮后胆怯后悔，所以唆使路博德上书推托出击之事。于是怒而下诏说：据刚从匈奴逃回的赵破奴报告匈奴将入寇西河，路博德率兵驻防西河；而李陵立即率所部五千人出居延出遮虏障，至东浚稽山南龙勒水上察看匈奴敌情，然后沿赵破奴进军匈奴原路回受降城休整士卒。

于是李陵率军出塞，虽然没有骑兵部队助阵，他的部下却意气风发地行军。因为这些人都是中原剑客游侠出身，属于当时汉帝国正规军中的“特种部队”。这支部队战斗力超强，人人都怀着出塞斩胡儿，换取功与名的理想。

李陵率军出居延千余里，向北行军三十日，到浚稽山下驻扎。他将沿途所经的山川地形绘成地图，派遣骑士陈步乐送回长安。

陈步乐口才很好，他向刘彻大夸李陵全军将士将拼死作战以报皇恩的决心。刘彻听后龙心大悦，立马提拔陈步乐为郎官。

汉军一行人大张旗鼓地深入匈奴腹地自然不会不引起对方反应，更何况且鞮侯刚击败了痞子将军李广利。

在天山战役中贰师将军率三万精骑出酒泉，击右贤王于天山。这一仗首先旗开得胜，“得首虏万余级”，李广利本欲见好就收，没想到在回军途中匈奴援军旋风般赶到，“大围贰师”。李广利窝窝囊囊地被围困数日，不仅伤亡惨重还断了粮。这下可要命了，正在这叫天天不灵、叫地地不应的时候，默默无名的假司马赵充国奋而与壮士百余人“溃围陷陈”——这是一次自杀式进攻。

匈奴本来不以为意，没想到这一百零一骑汉军如疯虎般猛打猛冲，赵充国一行虽然大部牺牲，他本人也“身被二十余创”，可是这次壮丽的突袭竟然搅得匈奴阵型大乱，李广利率残部猛冲而出终于脱险。

天山战役以汉军大败而告终，李广利“照例”损失了大半部队，汉军生还者不足万人。这次战役中唯一的亮点就是赵充国的表现，刘彻亲自接见了这位勇士并提拔他为连骑将军长史。

天山战役充分表现出匈奴与汉帝国之间实力对比再度发生变化，刘彻前期压倒性的绝对优势已经消失，不过匈奴帝国也没有恢复到强盛时的程度，双方再度处于战略对峙状态，而汉帝国仍然占有优势。

无论如何，李广利的失败给且鞮侯吃了一颗定心丸，于是他亲自率军三万骑前往浚稽山迎击李陵的这支孤军偏师。

由于众寡悬殊，且鞮侯意气风发地将李陵包围在两山之间。

李陵以大车为营，带领士兵出营外前排戟盾、后排弓弩列阵。他沉着下令：“闻鼓声而纵，闻金声而止。”于是汉军沉着地等待敌人潮水般地进攻。

且鞮侯一挥马鞭，匈奴大军蜂拥而上。在他看来，踏平这一小撮汉军如同碾死一群蚂蚁般容易。匈奴骑兵们大大咧咧地向汉军阵正面冲击，他们很快领教了强弓硬弩的厉害：“千弩俱发，应弦而倒！”

一阵箭雨之后，且鞮侯的人马狼狈溃退。他们本打算退到山上重整旗鼓，没想到李陵挥军直追。汉军个个耀武扬威锐不可当，骑马的匈奴明显干不过走路的汉军，且鞮侯大败，损失数千人。

且鞮侯单于大惊，连忙召来左右贤王所部共八万余骑兵增援——匈奴帝国此刻能调遣的全部军事力量都在这里了！

这下李陵不得不边打边撤，向南边回撤数日后被困在山谷中，部队负伤者很多，而且多为匈奴弓箭所伤。李陵下令汉军中负伤三次的乘车而行，负伤两次的负责赶车，负伤一次的要继续作战。

就在这期间他发现部队气力衰弱、士气低下，疑惑“军中岂有女子乎”，便从随军车辆中搜出士卒私藏的女人全部用剑斩杀。这些可怜的女人本是关东盗贼的家眷，被罚做边塞士卒的“妻妇”，悠悠荒原上于是平添了数缕冤魂。

失去了女人安慰的汉军第二日再度与匈奴交战，他们把怨气发泄到胡儿头上，一口气杀死敌军三千余人，随后向东南沿着龙城古道行军四五日，来到一片满是芦苇的大沼泽中。阴魂不散的且鞮侯一直尾追李陵，他决定采取火攻的办法：匈奴顺风放火欲烧尽汉军，李陵也命令军中放火自救。

眼见得“烧烤”没有奏效，且鞮侯命令儿子亲率骑兵攻击山下的李陵。汉军退到树林中步战，匈奴骑兵在树林中无法发挥马匹的冲击优势，汉军使用连弩又杀死数千敌军，且鞮侯再度大败而归。

就在此战中，李陵看到了脱险的希望：据俘虏的匈奴兵士透露，且鞮侯又惊又怒地猜测这支汉军如此精锐，匈奴军队无法获胜反而被引往南面边塞附近，难道这是刘彻的阴谋，打算用伏兵消灭我？

而其余的首领户长纷纷冷言冷语地表示如果大单于亲自率倾国之兵都消灭不了数千汉军，那以后干脆不要出来混了，回家抱孩子去吧。让汉朝瞧不起匈奴，咱可丢不起那人！且鞮侯大怒，这才再度派兵在山谷间猛攻，经过山谷后不远就是平地，汉军援兵（如果有的话）很可能会增援上来，如果还是不能攻破李陵，且鞮侯只有灰头土脸地退兵回去洗洗睡了……

俘虏所说果然属实，且鞮侯并不知道李陵军中虚实，只是凭着蛮劲做最后一搏。他仗着人多反复进攻，双方一日交战数十次，汉军又杀死匈奴两千余人。

且鞮侯失去了信心，正想退兵时，恰好一个叫管敢的军侯因为被校尉所辱竟然投降了匈奴。这个败类出卖了战友的一切秘密：李陵军没有后援，已经弹尽粮绝了，只有他及成安侯韩延年麾下各八百人在前面打着黄旗和白旗开路，用精锐骑兵突袭射箭就能攻破他们。

且鞮侯得知内情后大喜，派出骑兵沿小路抄袭并大叫：李陵、韩延年速降！匈奴还仗着山势居高临下万箭齐发。李陵率部向南急退，还没到鞮汗山，一天就把五十万支箭射完了，于是丢掉军车继续撤退。

这时李陵军还有三千余人，离汉帝国边境只有数百里。因为兵器损耗殆尽，士兵只能砍断车轴当兵器，军官拿着短刀撤入峡谷中。匈奴骑兵在后面掩杀，同时从山上投下巨石，汉军伤亡惨重无法行动。

黄昏后李陵独自穿便衣出营，他吩咐左右说：“毋随我，丈夫一取单于耳！”

良久之后，拼死不成的李陵回来大声叹息说："兵败，死矣！"

属下军吏劝他诈降:"将军威震匈奴,如今命当不该绝,以后再想办法逃回去。当年浞野侯赵破奴被匈奴俘虏，后来逃亡回来，皇帝接待他如同客人。何况将军呢！"

李陵却说："公止！吾不死，非壮士也。"

于是汉军砍断旌旗，将随行携带的珍宝掩埋。

李陵叹息道："如果每人再有数十发箭，就可以突围了！如今已没有兵力可以再战，等天亮只能束手就擒。大家分散，有人能逃回去的话把我们壮烈奋战的情况报告皇帝！"

他命令军士每人携带两升干饭、一大块冰，约定突围后到遮虏障会合。

半夜时李陵命令士兵开始突围，但所部已经毫无士气，竟找不到人去敲战鼓。李陵只好与韩延年带领随从十余人上马冲杀，匈奴骑兵数千在后追赶，韩延年战死后，李陵大呼："我没脸回去见陛下！"便下马投降——在危急时候他还是做了一回"非壮士"。

五千精锐汉军就此覆灭，只有四百余人突围成功回到了塞内。

李陵兵败的消息很快便传回长安，刘彻以为李陵战死了，便召见了他的母亲和妻子给予安慰。得知李陵投降之后刘彻不由得大怒。他召来陈步乐痛斥一番，可怜的宣传家只好自杀谢罪。

此时朝中的大臣们纷纷痛斥李陵的贪生怕死行径，只有司马迁为李陵辩解说：李陵以少敌多奋战三月，杀死一万多敌军，实属英雄，他被迫投降肯定是"身在匈奴心在汉"。这番政治不正确的言论不能让皇上满意，于是司马迁被以"大不敬"罪下狱并施以宫刑。

后来汉武帝后悔自己当初不该派李陵孤军出战，便派人犒赏了李陵部突围逃回的幸存者，并于第二年派遣公孙敖率军深入匈奴上演了一场"拯救大兵李陵"，结果公孙敖空手而归，还带来一个惊人的消息："捕得生口，言李陵教单于为兵以备汉军，故臣无所得。"

刘彻气得七窍生烟，立即下令族诛"汉奸"李陵全家，那个李禹也一起被砍了头，飞将军李广再无传人了……

此后李陵在汉帝国身败名裂，“陇西士大夫以李氏为愧”。

后来，汉使前往匈奴的时候李陵曾质问使者：“吾为汉将步卒五千人横行匈奴，以亡救而败，何负于汉而诛吾家？”

使者如实说：皇上听说“李少卿”教匈奴训练军队，所以才会铲除“汉奸”家属。

李陵这才恍然大悟，继而悲愤大呼：“乃李绪，非我也！”

原来汉帝国的塞外都尉李绪守奚侯城的时候，畏敌投降并帮助匈奴训练军队。李绪和李陵同字都叫少卿，这才连累了李陵一家老小遇难。李陵在匈奴不肯出实力帮助且鞮侯，一直存有归汉之念。且鞮侯也清楚李陵的想法，所以对真心实意投靠自己的李绪更好，“常坐陵上”。

李陵痛恨“其家以李绪而诛”，干脆派人刺杀了李绪。且鞮侯大阏氏大怒欲杀李陵，但李陵为了泄愤而刺杀李绪的做法却令且鞮侯“壮之”。

且鞮侯以匈奴民族性中独特的英雄观视李陵为敢作敢当的好汉，把他藏匿到北地，等大阏氏死后又接回来。且鞮侯不光继续善待李陵，还“以女妻之”并立为右校王！

且鞮侯不光封李陵为王，还封卫律为王。办完这两件事后，这位单于于公元前 96 年去世。

封王后的李陵负责统率在匈奴的汉人，他素知苏武在北海受苦，却不敢面对好友。直到单于令他劝降才不得不往。

李陵摆了酒宴请苏武落座，说道：

“单于听说我和你交情深厚，所以请我来说服足下。你反正回不了汉朝，何苦自己还忍受苦难不肯归顺，你的忠义又有谁知道呢？我在汉朝的时候知道你走后家里的一些事情：你大哥苏嘉因为碰断御车车辕被以大不敬的罪名下狱，为了不连累家人只好伏剑自刎。你弟弟孺卿因为奉旨追捕逃犯不果，惶恐之下服毒自尽。我离开长安时令堂大人已去世了，我亲自将她老人家送到阳陵安葬。你的妻子年少不愿等你已经改嫁了，现在家里只剩下两个妹妹和两女一儿，至今又有十余年了生死都不得而知……人生苦短，何必长久地像这样折磨自己！我刚投降时终日若有所失，几乎痛苦得发狂：自己觉得对不起朝廷，又怕连累老母妻儿……

你不愿投降的心情，怎能超过当时的我呢？皇上年纪大了，法令朝令夕改，大臣无罪而全家被杀的有十几家，安危不可预料。就这样的皇上你还打算为他守节吗？希望你听从我的劝告，不要再固执了！”

苏武坦然说道：“我苏家父子的荣华富贵都是皇帝的恩赐，兄弟三人也都是皇帝的亲近之臣，所以愿意为朝廷牺牲一切。大臣效忠君王，就像儿子效忠父亲，儿子为父亲而死，没有什么可恨，希望你不要再说了！”

连喝了几天酒后，李陵再度劝降苏武，而苏武说已经自视为死人，如果要强迫自己投降，那就死在李陵面前好了。

李陵哭着说：“嗟乎，义士！陵与卫律之罪上通于天。”说完告别而去，他自觉无颜赠送苏武礼物，便请妻子赐给苏武牛羊。

离别北海的李陵回首望去，那个拄着节杖的身影长久印在他的心里……

3. 贰师将军的闹剧 且鞮侯有两个儿子，长子为左贤王，次子为左大将。且鞮侯临终前吩咐传位给长子左贤王，而各部贵人们商议新单于即位之事时却始终等不来正主。各部贵人以为左贤王有病不能前来，一想这帝国不能没有统治者呀！于是就拥立左大将为单于。结果这边正庆贺大单于上台呢，那边有人报：左贤王驾到！大伙都愣住了，这叫怎么回事啊？

迟到的左贤王在外面一听说弟弟做了单于也不敢进去，怕被当成赶来抢位而招致杀身之祸。还是左大将高风亮节，立即使人召左贤王说要让位。左贤王连忙说：不用了，不用了，俺身体不好还是让老弟做单于吧。左大将执意不肯，告诉哥哥说：“即不幸死，传之于我。”于是左贤王对天起誓“许之”，他就是狐鹿姑单于。

狐鹿姑即位之初信守承诺让弟弟左大将升任左贤王，以示其“王储”的地位。没想到老实巴交的前左大将没过几年就撒手人寰，他的儿子先贤掸自以为可以继任为左贤王，将来双手紧握伯父传下的钢枪，在大草原上保卫祖国……结果委任状颁布下来，上面刻着斗大的三个字：日逐王。

日逐王整整比左贤王低了四级，只是在理论上有继承单于位子的可能性。狐鹿姑这狡诈的家伙让亲生儿子做了左贤王，先贤掸只好在愤懑中度日。

狐鹿姑上台后先是蛰伏了整六年用来积蓄兵马，随即在公元前 91 年入上谷、五原，杀掠吏民。接着再入五原，又攻酒泉，杀两部都尉。

刘彻闻讯大怒：反了你小子了！于是派李广利在公元前90年再度率军七万人出五原，御史大夫商丘成将三万余人出西河，重合侯莽通将四万骑出酒泉千余里，讨伐匈奴。

此行前李广利心事重重，因为卫太子刘据已经因为“巫蛊之祸”而死，李广利趁机与自己的政治盟友丞相刘屈氂合谋推举昌邑王刘髆为太子。刘屈氂送行至渭桥时，李广利说：“愿君侯早请昌邑王为太子。如立为帝，君侯尚（长）何忧乎？”

在继续讲述之前，我先来做个小小的“科普”。

一般来说汉的先进文明对于匈奴是有很大吸引力的，但具有讽刺意味的是匈奴那原始野蛮的文化却也能在文化交流中暗中腐蚀汉帝国的肌体，在刘彻的晚年一再爆发的“巫蛊之祸”就是这种逆向文化入侵的产物。

所谓巫蛊指的是使用巫术诅咒害人的“技术”，大体上分为两个流派：一种是生物战流派，大体上是将蜘蛛、蝎子、蟾蜍、毒蛇、蜈蚣等毒虫放在一个容器中，密封十天，开封后存活下来的那只就是最毒的，它也就是蛊的首选，然后经过饲养最终就是蛊，把它的粪便放在被蛊人家的水井或粮食里，吃了的人肚子里就会长虫，慢慢身体虚弱而死。还有一种就是比较简单的精神战流派了，大体方式是在木偶上写上被诅咒者的名字和生辰八字，然后靠巫师作法进行诅咒。相比之下自然是后一种简便易行，所以几千年来一直被用来作为“报复”手段。在汉武帝时代，很多从匈奴流传到中原的胡巫担负着对人偶施法诅咒的任务，这大概是出于“外来的和尚会念经”的考虑。

刘彻是个很狂妄的独裁者，以至于他不能接受年老体弱会多病这个客观规律，所以一直疑心身边有人用巫蛊害他。这种可怕的疑心病造成的灾难极为恐怖，一般来说只要被告发参与了巫蛊案绝对是在劫难逃并且株连家族和朋友。

“巫蛊之祸”的最高级别牺牲品是刘彻的皇后卫子夫、卫太子刘据及其两个皇孙，他们因为牵涉进巫蛊案件进而被诬陷谋反而被杀或自杀。虽然刘据被杀也有自己盲动的原因，不过事情到了连亲生儿子都干掉的程度也的确疯狂。

狐鹿姑得知汉兵大出后，便采取坚壁清野措施：“悉遣其辎重，徙赵信城北邸郅居水。左贤王驱其人民度余吾水六七百里，居兜衔山。单于自将精兵左安侯度姑且水。”

三路出击汉军各有不同遭遇：商丘成率军出塞不见匈奴而还，狐鹿姑趁机派李陵与匈奴大将共率三万余骑尾追汉军。在当年李陵与且鞮侯大战的浚稽山边两军相遇，商丘成率军转战九日，“汉兵陷阵却敌，杀伤虏甚众”。两军一直打到蒲奴水，李陵率失利的匈奴军队退去。这场战役耐人寻味，李陵在伤心故地与汉军作战之际，心里又会作何感慨呢？昔日的汉家儿郎，已经不复存在了。

莽通率军抵达天山后遇到了匈奴大将偃渠和左、右呼知王率领的两万余骑，结果偃渠见汉兵军容强盛不敢战而退走，莽通来了个武装大游行后安然归国。这一战线上唯一倒霉的是车师，刘彻担心匈奴勾结车师拦击莽通，所以派匈奴投降过来的介和王率楼兰、尉犁、危须凡等六国西域兵马进攻车师。诸国兵共围车师，车师王见势不妙立即投降，介和王“尽得其王民众而还”。

两路配角的戏唱完了，可主角李广利先生这边却上演了一出闹剧：狐鹿姑派遣右大都尉与卫律率五千骑在夫羊句山峡埋伏,李广利派遣“属国胡骑二千与战”。

在这场匈奴骑兵之间的对决中，狐鹿姑方面吃了败仗：“虏兵坏散，死伤者数百人。”汉军乘胜直追到范夫人城，匈奴四散奔走不敢应战。

以李广利的数次出塞经验而言，这次实在是太顺利了。贰师将军大人心满意足地吩咐手下：孩儿们，跟着本将军凯旋领赏去！就在这时，后方信使送来一个晴天霹雳：刘屈牦夫妇被告发对刘彻行巫蛊，刘屈牦被腰斩，其妻枭首。李广利的妻子也牵扯被捕。贰师将军这下子吓傻了。经过痛苦的思考后，他决定深入匈奴获取更大的战功来为妻子赎罪。于是他不顾一切地挥军深入，直抵郅居水之北。在匈奴腹地汉军终于捕捉到左贤王主力两万骑，经过一日血战后汉军阵斩左大将，“虏死伤甚众”。

此战后李广利仍不满足，其军长史与决眭都尉辉渠侯商量说：“李广利怀有异心，打算拼着全军性命博取战功，如此放任我军必败。”于是打算逮捕李广利迅速班师，结果消息泄露，李广利斩长史后引兵至速邪乌燕然山。此时汉军疲惫已极，狐鹿姑抓住机会亲率五万骑侧击汉军，“杀伤甚众”。其后匈奴军队又在汉军营前挖掘深数尺的堑壕，随后从后猛攻。汉军大乱，想逃走却被堑壕所阻，最后全军覆没，李广利这个痞子将军也投降了狐鹿姑。

狐鹿姑素知李广利是“汉大将贵臣”，所以对他另眼相看，“以女妻之，尊宠在卫律上”。

当李广利全军覆灭投降的消息传回汉帝国后，刘彻暴怒之下立即将李广利全家族诛。

按理说又一个李陵式的人物要诞生了，可是一年多后却从匈奴传来消息：狐鹿姑的乘龙快婿李广利先生去世了，准确地说是被“咔嚓”了。

原来李广利之死的祸根就在于他的老朋友卫律身上，卫律是个纯粹的小人，无法忍受有人位居自己之上，哪怕是亲密友人也不行。李广利在匈奴只风光了很短时间就足以让“卫律害其宠”，恰好狐鹿姑的母阏氏生病，卫律串通胡巫在作法时声称这都是先单于且鞮侯老先生愤怒的缘故，且鞮侯通过胡巫之口呵斥儿子说：“胡故时祠兵，常言得贰师以社，今何故不用？”

狐鹿姑可是大孝子，此刻也顾不上丈人女婿的情面，立刻收押李广利，洗洗干净就送上了祭坛。李广利在像猪羊般被宰杀时放声痛骂、大加诅咒：“我死必灭匈奴！”可是骂归骂、咒归咒，还是被胡巫一刀下去“屠贰师以祠”。

说来也巧，李广利被虔诚地献祭之后，匈奴不仅没有风调雨顺、国泰民安，反而是“会连雨雪数月，畜产死，人民疫病，谷稼不熟”。

面对这一系列可怕的异象，狐鹿姑大为恐惧，他决定立即采取措施——不是率众抗灾自救，而是为李广利立祠室祭祀以求安抚作祟的怨灵。

在李广利投降后的第二年，狐鹿姑就曾遣使向刘彻提出和平条件：“南有大汉，北有强胡。胡者，天之骄子也，不为小礼以自烦。今欲与汉闿大关，娶汉女为妻，岁给遗我糵酒万石，稷米五千斛，杂缯万匹，它如故约，则边不相盗矣。”

对于刘彻而言，这样的和平条件无疑是勒索。但他一反常态地派遣汉使送匈奴使者回国，而不是再度调集大军出塞惩罚狐鹿姑。因为此时的汉帝国也已经无力再战，长期战争造成的人力物力的巨大损失使得汉帝国也承受不起了。

中原各地频繁出现的农民起义已经给帝国敲响了警钟，如果坐视不管的话警钟随时可能变成丧钟。刘彻发布了著名的《轮台罪己诏》向天下谢罪，表示不再继续发动战争了。在李广利投降后刘彻再未出击过匈奴，而他的帝国也由于在漫长战争中损失了一半户口而气息奄奄。刘彻已经完成了自己的历史任务，休养生息的工作只能由下一代来进行。

狐鹿姑这边也是如此，虽然他大肆宣扬自己的伟大胜利，甚至还派人到西域挨家挨户地进行宣传，可是照旧不敢南下收复失地，只能派人刁难回访汉使来进行自我安慰。

匈奴贵人诘问汉使说：你们常说自己是礼仪之邦，可是贰师将军告诉我们说汉朝太子发兵造老子的反，这是何故啊？汉使傲然答道：那是丞相诬陷太子，太子偷偷发父亲的兵讨伐丞相。根本不是什么造反，这样的罪过不过是打一顿的小问题。倒是贵国的伟大领袖冒顿单于把亲爹射成刺猬玩着实有趣！不仅如此，他还在篡位后娶后母为妻，这才是禽兽啊！

一番论战下来匈奴依旧败北，而狐鹿姑照例逮捕了污蔑匈奴帝国伟大领袖的汉使。虽然嘴上的交锋分外激烈，但战争却平息了。

李广利投降之后三年，在位五十四年之久的汉武帝刘彻停止了呼吸。这位强硬的统治者摧毁了强大的匈奴帝国，将汉帝国的疆域扩张了两倍之多。与他的长寿相比较，匈奴帝国这边更换单于犹如走马灯似的频繁。

虽然刘彻建立了丰功伟绩，但是在临死前却倍感凄凉，他失去了皇后、儿子、孙子和诸多宠信之人，为了避免吕后干政重演还狠心处死了心爱的钩弋夫人。

公元前 87 年二月丁卯，汉武帝刘彻驾崩于五柞宫，临终前留下遗诏封霍光、上官桀和金日磾为列侯，并让这三人与桑弘羊一同辅佐幼主汉昭帝刘弗陵。

这四位辅政大臣中霍光是霍去病的同父异母弟弟，上官桀是楚国贵族世家之后，桑弘羊是洛阳大商人之后，只有金日磾的身世极为特殊：他就是当年那位十四岁的匈奴休屠王太子。

4. 汉家的胡儿

公元前 134 年，在水草丰美的河南地牧场上一个婴儿呱呱坠地，这孩子是匈奴帝国休屠王的长子。休屠王对这个继承人的降生一定非常欣慰，他给这个孩子取了个响亮的匈奴名字“日磾”，并册封为王太子。

小小的日磾在匈奴悠扬的歌声中慢慢长大，曾无数次跟随父亲祭拜，向长天祈求草原的风调雨顺和部落的人畜兴旺。

悠悠长歌在这孩子十四岁那年被震地而来的金鼓和呐喊打得粉碎，从那似乎永远沉默屹立的长城内涌出了锐不可当的精锐骑兵军团，他们像沉默积蓄已久的火山忽然狂暴喷涌，灼热的“熔岩”荡涤整个草原。

金日磾怀念母亲，每当看见“休屠王阏氏像”总要跪拜哭泣感念一番才肯离去

霍去病这个汉家小将的名字如雷霆般在每一个匈奴人的耳边、心里炸响，狂飙而至的汉军将休屠部的河南地、金人和尊严都全部夺去。休屠王在恐慌中与浑邪王商议投降，当浑邪王决意已定后休屠王却又反悔，于是多年的老友刀兵相见。浑邪王杀死了休屠王，将其家眷押送去给霍去病处置。

于是休屠王太子不仅成了无父的孤儿，还沦为囚徒，不久后汉帝国宣布拒绝投降的休屠王家属全部罚没入宫做奴隶，少年日磾沦为在黄门养马的人下之人。

时间慢慢流逝，日磾在苦难中慢慢长大。幸而汉帝国允许匈奴奴隶的亲属之间不离散，于是在休屠王阏氏的谆谆教导下，日磾和弟弟伦始终知道要保持做人的尊严和本分。

命运有时实在是难以预料，多年后当王太子奉命与其他马夫一同牵着御马接受检阅的时候，他终于踏上了人生的转折点。

那是一个阳光灿烂的午后，刘彻率领后宫佳丽游宴后突发奇想要到黄门审阅御马。一时间明眸皓齿的佳丽们站满了黄门宫殿的走道台阶，她们的娇颜令阳光都为之失色。牵着马挨个走过接受检阅的马夫们都忍不住偷偷窥视那些天仙般的美人们，只有日磾一人目不斜视地庄重走过。

刘彻敏锐地注意到这一点，他感觉这个马夫实在不同寻常，于是令他站住：只见日磾身高八尺二寸，容貌庄严，气宇不凡，而他饲养的御马格外肥壮，也属逸群之马。

刘彻细问之下才知道这就是休屠王太子，他感叹一位“人龙”埋藏在奴仆中已久，因为休屠王以金人祭天，所以赐日磾姓金。

从这一天起休屠王太子和黄门奴仆都烟消云散，汉朝却多了一个管理御马的官员金日磾。金日磾在刘彻身边日日尽心服侍从不犯错，令刘彻大为赞赏，于是这位新提拔的马监很快一路升迁：侍中、驸马都尉直至光禄大夫。

刘彻对金日磾“甚信爱之”，不仅赏赐千金，更让他“出则骖乘，入侍左右”。

汉帝国虽然历来有任用胡人的习惯，不过那都是作为一般外臣使用。如金日磾这般成为皇帝亲信的独此一例，于是汉人出身的皇亲贵戚们十分不满，私下里议论说：“陛下妄得一胡儿，反贵重之！”

刘彻知道后反而对金日磾“愈厚焉”——那些抱怨的贵人们不知道皇帝虽然是孤独的，但他想要的还是可信赖又有能力的忠臣而不是哈巴狗。

当金日磾富贵后，休屠王阏氏却孑然病逝。

刘彻感佩这位教子有方的母亲，令人画了“休屠王阏氏像”悬挂在甘泉宫彰显其功绩。金日磾怀念母亲，每当经过这里看见画像总要跪拜哭泣感念母亲一番才肯离去。按照汉民族的观念孝子定是忠臣，所以刘彻对他更为满意。

金日磾不仅孝顺而且分外恭谨自律，他在宫内工作数十年对身边的宫女向来目不斜视。刘彻曾经赐给他宫女为侍妾，金日磾竟然将其奉养在家中“不敢近”。刘彻曾打算纳金女为妃嫔也被谢绝，使得刘彻在“奇异”之余愈加对其敬重不已。

早期的刘彻是明君，晚年的他则可以说是个暴君。不过这位令天下敬畏的独裁者也是需要亲情的，金日磾的两个儿子由此成为他的“弄儿”。刘彻很喜爱这两个孩子，令他们常在身边陪伴自己。于是两个孩子常能做出一些连皇子、皇孙也不敢为之的举动：他们常会从背后抱住老皇帝的脖颈玩耍，换了其他人绝对会以“大不敬”而遭族诛，但刘彻对这两个弄儿不仅不会生气反而开心地与之嬉戏玩耍。

金日磾当然知道“伴君如伴虎”的道理，所以每当他在殿前看到这种情景总要怒目而视自己的儿子。小孩不懂事不知道收敛反而跑到刘彻

金日磾以忠良贤臣而享誉青史，以至于后世传说中认为汉族神话中的马神马王爷的原型就是他

| 一代雄主刘彻，最终长眠在茂陵

面前哭诉说“父亲对我们很凶”，于是刘彻就会埋怨金日磾说：“你为何要对我儿发怒呀？”

日子一天天过去，弄儿也渐渐长大。

金日磾担心的事情终于发生了，一天他撞见长子正与宫女淫戏，金日磾又惊又怒之下竟然亲手处死了秽乱宫廷的儿子。刘彻知道后极为震怒，他召来金日磾追究弄儿之死的原因。金日磾如实汇报后刘彻也无话可说，只好为自己“孩子”之死而痛哭不已。

就如当年的韩嫣之死一样，弄儿和弄臣看似风光其实随时都站在万丈深渊边缘，只要走错一步就是粉身碎骨，金日磾此举不是无情而是为了保全家族的无奈之举。

金日磾并不只是一个简单的近侍，他数十年始终忠心耿耿而又精明敏锐地守护着自己的皇帝。

在卫太子蒙冤死后刘彻终于也醒悟过来，他族诛了陷害儿子的前宠臣江充家属。而江充的朋友匈奴人莽何罗兄弟畏惧祸及自身图谋反叛，金日磾察觉到这一点而分外警惕。

在公元前 88 年六月的一个凌晨，刘彻还在熟睡。时任侍中仆射的莽何罗袖藏利刃溜进寝宫图谋行刺，正巧撞见准备去厕所的金日磾，于是两人撕扯起来，金日磾还高呼："莽何罗谋反！"

这下刘彻惊醒，御林军侍卫们也拔刀冲出护驾。刘彻担心误伤金日磾，急忙喝令不许侍卫出手。金日磾自己也颇有手段，他"捽胡投何罗殿下，得禽缚之"。

一场叛变被扑灭了，金日磾成为整个帝国的大英雄。

公元前 87 年，霍光流着眼泪问弥留之际的老皇帝由谁来继承帝国？刘彻指着"周公辅成王"的画像要他辅佐年仅八岁的刘弗陵登基。

霍光顿首辞谢说："臣不及金日磾。"刘彻望着忠实地陪伴自己后半生的金日磾。对于金日磾而言只要应承下来，他就可以成为这世界上最强大帝国的实际支配者。

金日磾没有片刻的犹豫立即拒绝说："臣外国人，且使匈奴轻汉。"他的话让刘彻在最后时刻依然感受到忠诚的暖意。

效忠多年的皇上驾崩了，金日磾的人生似乎也顿时失去了重心。他推辞了小皇帝封给自己的爵位，依旧以贯彻始终的严谨慎重守护着汉帝国的新统治者。只是在夜半无人之时，他又会怎样看待自己的人生呢？遥遥千里之外那闪烁着阳光金辉的草原，依稀回荡着休屠王太子童年的歌声；御马奔驰嘶鸣的黄门中，还洒

宋代陈居中的《苏李别意图》。图中李陵与苏武紧紧握手，两位老友洒泪而别。
护送苏武归乡的匈奴骑士正在等待，而对于李陵而言何处是归程？

着青年日磾艰辛的汗水；经过未央宫数十年的寒来暑往后，史书上永远刻下了金日磾这位千古纯臣的名字。俱往矣……

公元前86年，金日磾病逝于长安。汉帝国以隆重的礼仪送别自己的车骑将军，数万汉军战士排列整齐地从长安一直列队到茂陵，一代伟人刘彻就长眠在那里。那里也是金日磾最终的归宿——皇上，臣来陪伴您了……

5. 何处是归程？ 孤雁南飞，长天空留几声寂寥之鸣。

孤寂的苏武再度见到了来访的李陵，老友告诉他一件事：“区脱捕得云中生口，言太守以下吏民皆白服，曰上崩。”

苏武闻言大哭吐血，他向南拜祭效忠一生的皇帝达数月之久。

伤心的苏武还不知道时事已发生了微妙变化，随着公元前85年狐鹿姑单于的去世，新任的壶衍鞮单于和辅佐汉昭帝刘弗陵的霍光都在思考着该何去何从。此时汉军已经深入穷追匈奴二十余年，匈奴人伤亡惨重疲敝已极，早已是“孕重惰殰，罢极苦之”。从狐鹿姑开始“自单于以下常有欲和亲计”，这次是真想和平了。因为匈奴高层已经意识到自己失去了大规模入侵汉帝国的能力，而只能对汉边地寻机搞个突袭打完就跑。这样做收获不大，只能作为对汉帝国施加压力的

做法。

虽然双方的条件暂时谈不拢，不过恢复邦交的尝试却持续进行下去。

霍光和上官桀在刘彻去世后第二年，就派遣李陵故人任立政等三人出使匈奴劝老友李陵归汉。狐鹿姑设酒宴招待汉使时，李陵和卫律果然都出席。任立政不方便明说就使劲盯着李陵，然后反复用手摸切肉小刀的刀环，又反复握着自己的足部，意思是“足下可还”。

后来狐鹿姑令李陵和卫律持牛酒慰劳汉使，两人“皆胡服椎结”以匈奴人服饰面见汉使。

任立政大声说：“汉已大赦，中国安乐，主上富于春秋，霍子孟、上官少叔用事。”意思是有主政的霍光和上官桀在，李陵投降匈奴的事情完全可以被赦免不追究。

李陵却摸着自己的匈奴发型说：“吾已胡服矣！”

后来任立政趁着卫律离席方便的机会直接告诉李陵说霍光和上官桀请你归汉，毋忧富贵。李陵却表示回去容易，但是恐怕又要再遭受到羞辱。

话音未落卫律已经进来了，他听到李陵的话就冷笑着说：“李少卿果然是不独居一国的贤者，昔日范蠡遍游天下寻找发达的机会，现在你也要学这样子了！”

卫律说完拂袖而去，任立政急切地对李陵说反正事情都泄露了，留在这里也没意思了还是归汉吧！

李陵却始终说我不愿再次丢人现眼了……

最后任立政只好空手而回。

汉帝国也没有忘记苏武，但是从狐鹿姑到壶衍鞮都表示苏武等人已死。他们不愿意放在匈奴生活多年的汉使归汉，担心泄露了匈奴的底细。而苏武当年的随员常惠却抓住了机会，他说服看守自己的匈奴人员一起去拜见汉使，原原本本地述说了几年来在匈奴的情况。

常惠给汉使出主意要他忽悠壶衍鞮一番，于是汉使就跑去对壶衍鞮说：“汉家天子在上林苑中射猎时射得一只大雁，大雁脚上系着帛书上面说苏武等人在北海！”壶衍鞮以为果真如此，只好向汉使道歉并传令释放苏武。此时除了投降和死亡者外，还能归汉的苏武使团成员只有九人了。

李陵得知消息后安排酒宴向苏武祝贺说："你在匈奴十九年终能归汉，此后你的忠贞不渝会在匈奴中扬名，你的不辱使命会在汉廷中昭显荣耀！而我……算了，你是了解我的心的。朋友，我已成异国之人，这一别就是永别了呀！"

说完李陵拔剑起舞唱道：

越过茫茫大漠啊，万里远征，
为皇上带兵啊，奋击匈奴！
深山峡谷被围啊，弓摧刀箭折，
五千壮士牺牲啊，我已是声名扫地。
白发老母惨遭杀戮啊——
虽想报国恩，何处是归程？

一阕歌罢，李陵已是老泪纵横。他同苏武等人永别，站在草原上望着汉使团队伍消失在天的尽头……

李陵在匈奴一共生活了二十五年，于公元前 74 年去世。

九百余年后，唐王朝远嫁到回鹘汗国和亲的太和公主遭遇到国破家亡的惨剧，是黠戛斯部落的阿热可汗收留了颠沛流离的公主。阿热对太和非常尊敬，他派人护送孤苦无依的公主归唐。黠戛斯人向唐帝国宣称自己是流落匈奴的汉将李陵之后，与李氏唐室本为一家人。

这些有情意的黠戛斯人就是今天吉尔吉斯族的祖先。

NANYU
BEI

○分裂的序曲

○南与北

第二章 南与北

千年匈奴史

第一节 分裂的序曲

1. 折翼的苍狼之国 至公元前 85 年狐鹿姑单于去世时为止，由头曼和冒顿开创振兴的匈奴帝国已经延续了一百余年的时间。

如果将帝国的国力画成走势图的话，那就是一个经过牛市井喷爆发后持续下跌的熊市。牛熊分界线在军臣末期，自伊稚斜之后开始加速下行探底，可这底部却始终跌不到位置，使得每一位试图抄底的单于都被一再深度套牢。

黑庄刘彻的态度很明确：你这个散户给我割肉称臣认输！但是帝国的单于们始终咽不下这口气——毕竟祖上也曾经阔过，硬挺着熬下去没准真能咸鱼翻身重做庄家呐……

现实是残酷的，帝国手头的资产已经腰斩一半，昔日冒顿手下有四十万控弦之士，目前连二十万都凑不够。更令人痛苦的是帝国的操盘手还都是短命鬼，就拿刘彻在位期间来说，先后有军臣末期（苦熬了十五年）、伊稚斜（篡位上台十二年）、乌维（在位九年）、乌师庐（儿单于这苦命孩子只干了三年）、呴犁湖（这位是冠军选手，只干了一年，与汉帝国连面都没混熟就挂了）、且鞮侯（好歹撑了五年）、狐鹿姑（在位十一年，而且走运熬到刘彻先驾崩了）。

如此频繁的单于更迭并没有到此结束，这就造成了帝国内政的动荡不安，有权势的贵族都在暗中等待上台的机会。虽然汉帝国在刘彻之后也没出几位长命皇帝，但是其政治格局始终保持了一个相对稳定的状态，直到王莽出现才彻底完蛋。

前面提到过匈奴帝国从狐鹿姑时代就开始真心渴求和平了，不过对于其恢复庄家身份的要求汉帝国难以接受，充其量只能给予其私募基金的待遇而已，所以冲突仍在谈判桌下暗潮涌动。

不过总体而言恢复和平（和亲）已经成为汉匈共同追求的目标，因为双方都已是筋疲力尽了。就在和平潮流风起云涌的同时，匈奴帝国内部的分化也逐步浮出水面，大体上可以称之为坚持奴隶制传统的保守派和受汉帝国影响希望改变帝国政治、经济、文化制度的革新派。当然目前这两派的目标都是振兴帝国而不是做汉帝国的藩属，但是可以看出汉文化已经对草原帝国产生了极大影响，据《后汉书·南匈奴列传》描述，在匈奴高层中已经出现了喜爱使用汉朝漆器用具和穿丝绸衣服的潮流，当年中行说极为担心的“汉化”已经在帝国蔓延。

这是落后文明受先进文明侵蚀同化的必然结局，尤其是在帝国面临崩溃的时候更是极大加速了这一现象的出现。

匈奴本不是单一民族国家，来源复杂的成分和松散的架构使得帝国内部的思想和习俗始终无法统一。既然有渐渐汉化的部分，自然也有顽固坚持游牧传统的人群。

漠南和漠北各自聚集着有不同追求的匈奴人，在不知不觉中帝国在政治、经济、文化层面上出现了难以弥补的裂痕，这种裂痕在日后的分裂过程中成为一道分隔南与北的鸿沟。

在 20 世纪 60 年代前的数十年里，蒙古和苏联的考古队伍在漠北探明和发掘了数百座北匈奴墓葬，主要分布在俄罗斯布里亚特恰克图与蒙古的中央省诺颜山、海尔罕山、色楞布贝勒赫山以及后杭爱省的呼尼河等地。

根据坟墓的规模可以分为一般人的普通墓葬和贵族家族大中型墓地。在普通墓葬中分为石椁、木椁和木棺三种，一般采取仰身直肢葬的方式，头向北方，随葬品有牲畜的皮肉骨骼、刀箭武器农具、马镫马鞍、日用品和宝石首饰、汉朝五铢钱等物品。尤其在呼尼河发掘出明显带有萨满教色彩的日月图案金片，显示北匈奴人仍然坚持信奉自己的原始宗教。在北匈奴大型墓葬中的陪葬品更是丰富，有不少雕塑、丝织品、精美金银器，还有汉代宫廷漆器被发掘出土，上面有“建平五年”等字样。

在中国境内发掘出的两汉期间南匈奴墓葬也有不少，与北匈奴墓葬截然不同的是南匈奴的墓葬形式已经基本汉化，与汉民族大同小异。墓葬多为带封土、带斜坡墓道的砖室墓结构，以双室为主，单室较少。随葬器物以陶罐为主，有的墓葬中甚至只有陶罐。

南匈奴墓葬中随葬的陶罐等器物形体较大，成为区分其他文化墓葬的主要特点之一。除了陶罐之外，还有大量的骨器随葬，这是南匈奴延续自己文化传统的象征，汉民族坟墓很少有此物品随葬。而在南匈奴墓葬中出土的石砚台、官印等汉文化代表器物则是他们汉化的明证。

当然，南北匈奴分裂并不单纯是所谓的汉化不汉化引起的，归根结底还是上层政治斗争不可调和的产物。虽然南北匈奴在日后的道路上越走越远，但北匈奴墓葬中的五铢钱与南匈奴墓葬中的骨器仍然表现出汉与匈奴的文化交融始终在分裂的匈奴两部中同时延续着。

汉帝国颁赐给协助朝廷讨虏有功的胡人部族首领的“汉破虏羌长”印信

下面我们来看看匈奴帝国的上层是怎样分裂并陷入内战的：狐鹿姑单于虽然认真考虑过恢复和亲的事项，可是他还没来得及具体实施就去世了。狐鹿姑在临终前忧虑诸子年幼不能治国，故谓诸贵人：“我子少，不能治国，立弟右谷蠡王。”

狐鹿姑去世后，他的颛渠阏氏与卫律合谋更改了单于遗命，立其子左谷蠡王为单于，这就是壶衍鞮单于。这下同样身为狐鹿姑儿子的左贤王和原单于继承人右谷蠡王都大为愤恨，两王愤恨之下打算干脆投降汉帝国“率其众欲南归”，又担心长途跋涉途中有变，于是转而胁迫卢屠王打算一同西降乌孙，然后反击匈奴本部。

那两位王爷是打算跟壶衍鞮母子不共戴天了，可是卢屠王可不想做“民族罪人”，这位觉悟高警惕性强的卢屠王主动赶赴单于庭告密：单于大人，您的弟弟和叔父打算谋反呀！

壶衍鞮听说后吓了一跳，赶紧使人“验问”右谷蠡王说：“听说叔叔不服小侄要造反？”

右谷蠡王毕竟是老政治家了，处变不惊地说：咋地，就是要反你！——当然这是右谷蠡王同志在心里说的，他表面上立刻极为愤慨地表示这是外国间谍特务外加匈奴头号叛徒卢屠王在离间咱们骨肉同胞啊！右谷蠡王强调了自己和左贤王对单于的深厚感情：别看俺俩跟单于母子不怎么说话，这叫沉默寡言中更透着忠心耿耿！反观卢屠王纯粹是小人作风，他怎么不敢来当面和我对质？根本就是做贼心虚，反应以其罪罪之！

壶衍鞮毕竟年少无知，他母亲更是头发长见识短的典范，这母子俩竟然被右谷蠡王忽悠成功，转过身来把卢屠王给一刀砍了。当然匈奴帝国中并不全都是这般的白痴，于是“国人皆冤之”。

这边卢屠王人头落地，那边右谷蠡王和左贤王率部众分归各自辖区，不肯再至龙城聚会。壶衍鞮虽然醒悟上当，可也不敢轻易发兵攻击。

在此之前颛渠阏氏就曾对狐鹿姑的异母弟左大都尉下过毒手，因为他“贤，国人乡之”，所以颛渠阏氏害怕狐鹿姑不立自己的儿子壶衍鞮而立左大都尉，竟然“私使杀之”。左大都尉同母兄大为愤恨，遂不肯复回单于庭。再加上后来这桩事，在挛鞮家族内部就出现了汉宣帝刘询在位时的匈奴大规模内讧。

壶衍鞮单于的老妈热心于权谋斗争，在家族内部掀起血雨腥风，这样一来，“国内乖离”，民心不稳。在这种情况下，壶衍鞮居然还兴兵攻入代郡，杀死汉军都尉。卫律担心这样蛮干会招致汉军报复，而帝国也将就此瓦解。他告诉壶衍鞮说：“穿井筑城，治楼以藏谷，与秦人（即匈奴境内的汉人）守之。汉兵至，无奈我何。”

壶衍鞮立即采纳了这个备战备荒的好主意，抽调人力物力开始准备筑城。等到“穿井数百，伐材数千”之后，忽然又有人反对说：匈奴人从来没筑城而守过，这样的外行做法纯粹是给惯于城市攻坚的汉军做靶子：“是遗汉粮也。”卫律一想也对就不再筑城，而是释放扣押的汉朝使者和战俘向汉帝国表达善意。

接下来这对少君老臣的节奏越来越不合拍：这边卫律刚把苏武放回去，那边壶衍鞮又发左右部两万骑为四队，入边为寇。结果汉军早有准备，一举反击斩首获虏九千人，还俘获了负责匈奴边境安全的瓯脱王，汉帝国毫无损失。

壶衍鞮这下傻眼了，他害怕瓯脱王为汉军引路直捣匈奴腹心，连忙率众“即西北远去，不敢南逐水草”，还再度利用全民皆兵的特点备战备荒：“发人民屯瓯脱。”卫律此时已是风烛残年的老人，他数度苦劝壶衍鞮与汉和亲无果——“（卫律）常言和亲之利，匈奴（壶衍鞮）不信”，就在壶衍鞮北奔的第二年，卫律怀着无限的忧虑死去。他死之后的匈奴帝国“兵数困，国益贫”，壶衍鞮的弟弟左谷蠡王这才想起卫律当初的苦谏，此刻他又担心匈奴欲和亲而汉帝国不肯，毕竟两国刚打过几仗。于是他决定先吹吹风摸摸底——“常使左右风汉使者”，同时减少对汉朝边境的骚扰力度，“侵盗益希，遇汉使愈厚”。他的做法被汉帝国看在眼里，汉也相应“羁縻之”。可惜左谷蠡王寿命太短，没来得及重新和谈就去世了。

弟弟死后壶衍鞮又开始动歪脑筋，他令犁污王到汉朝边境侦察寻找袭击机会，犁污王跑了一圈回来说酒泉和张掖两地汉军兵弱，如果出兵攻击说不定可以收复失地。听了这话壶衍鞮便意气风发地动员军队，高呼着收复神圣领土的口号南下而来。

壶衍鞮觉得自己找到了机会，同样其他匈奴人也这么认为——他们带着情报先跑到汉帝国那里去告密，于是汉军严阵以待。等到右贤王和犁污王率领四千骑分三队，入日勒、屋兰、番和劫掠时，张掖太守和属国都尉率领汉军和义渠王属下胡骑反击，大破匈奴，俘获数百人不说，一名义渠骑士还一箭射杀犁污王，汉帝国按照匈奴的风俗封这位骑士为犁污王，赐黄金二百斤，马二百匹。

壶衍鞮趴在坟头上大哭一场，匈奴从此不敢再入张掖。

虽然不敢去张掖，壶衍鞮倒还是敢去五原。他在第二年派三千骑兵突袭五原，掠杀数千人。一仗得手后干脆率数万骑沿着汉朝边境一路骚扰，但因为“汉边郡烽火候望精明”，所以没能捞到多少油水。

这时东边传来一个惊人的消息：乌桓王最近迷上盗墓这项有前途的工作，竟然把匈奴历代单于坟冢给刨了！壶衍鞮大怒之下发两万骑击乌桓，汉大将军霍光得知消息后派中郎将范明友也率两万骑出辽东。壶衍鞮听说汉军至，便率军离去。乌桓人本以为得救，没想到又遭到汉军猛击。原来霍光的打算是“兵不空出，即后匈奴，遂击乌桓”。这下乌桓被汉军斩首六千余级，三个乌桓王都掉了脑袋——他们忘记了汉帝国是不会放任任何一个游牧势力壮大的。

就在乌桓人哀叹命运不幸之际，汉帝国的“昆弟之国”乌孙又遭到匈奴的连续入侵。原来大单于壶衍鞮一看正面战场没戏，就决定开辟第二战场，他派遣使者到乌孙说：把汉朝的解忧公主给我交出来！

乌孙自然不肯，于是匈奴大军猛攻乌孙，连克车延、恶师等地。刘解忧亲自给汉昭帝刘弗陵上书求救：“匈奴发骑田车师，车师与匈奴为一，共侵乌孙，唯天子幸救之！”立志靠休养生息政策中兴帝国的刘弗陵这下可犯了难：莫非又要组织一次大宛那样的远征吗？他召集公卿大臣们商议对策，还没拿出主意来就因病去世，年仅二十一岁。

这下援救乌孙的重任便转到了汉宣帝刘询手上。

刘询刚一登基就收到了乌孙昆弥的求救信：“连为匈奴所侵削，昆弥愿发国半精兵人马五万匹，尽力击匈奴，唯天子出兵，哀救公主！”

刘询这位卫太子的唯一传人并不是好大喜功类型的皇帝，不过他在面对危机时也绝不手软。他曾在训斥太子刘奭时讲出一句名言：“汉家自有制度，本以霸王道杂之，奈何纯用德教，用周政乎？”

乌孙危机正是汉家霸道显露手段的好时机，公元前 71 年，汉帝国远征军再度冲出了边关。这次汉帝国“大发关东轻锐士，选郡国吏三百石伉健习骑射者，皆从军”，可谓是精锐倾国而出。

刘询令御史大夫田广明为祁连将军，率四万余骑出西河；度辽将军范明友率三万余骑出张掖；前将军韩增率三万余骑出云中；后将军赵充国为蒲类将军，率三万余骑出酒泉；云中太守田顺为虎牙将军，率三万余骑出五原：十余万远征大军分兵五路，五位汉帝国将军出塞各两千余里奋击匈奴。

与此同时，校尉常惠征调西域兵马策应乌孙，昆弥自将翕侯以下五万余骑从西方反攻匈奴。这样一来汉乌联军达二十余万众，是刘彻时代结束后最大规模的出击匈奴作战。

壶衍鞮闻汉兵大出大惊失色，匈奴各部老弱奔走，驱赶牲畜远远遁逃不敢抵抗，于是汉军大振军威后“少所得”而还。唯有昔日苏武的助手常惠与乌孙联兵横扫右谷蠡王庭，俘获单于父行及嫂、居次、名王、犁汗都尉、千长、骑将以下三万九千余人，牛、羊、马、驼、驴、骡等七十余万头。此战之后匈奴民众死伤惨重，牲畜财产损失不可计数。于是匈奴遂衰耗，怨乌孙。

壶衍鞮实在咽不下这口气，他在冬天亲率大军冒险出击乌孙，结果出其不意大获全胜，“颇得老弱”。但就在凯旋时恰逢暴风雪袭击，一日间积雪深丈余，匈奴部众及畜产冻死无数，生还者不到十分之一。

这样一来被匈奴帝国欺凌已久的各被征服部落终于等到了机会：丁零部攻其北，乌桓入其东，乌孙击其西。这三股入侵者共杀死匈奴部众数万人，掠去马数万匹，牛、羊甚众，而在逃避战乱时又有大量的匈奴人民饿死冻死。

福无双至，祸不单行，公元前 68 年，匈奴又遇到了特大饥荒，帝国总人口损失了百分之三十以上，牲畜损失了百分之五十以上。至此，匈奴帝国“大虚弱，诸国羁属者皆瓦解，攻盗不能理”。

为了验证这个敌人是否已经完全崩溃，汉军派遣三千余骑分三路深入匈奴，结果顺利捕得数千人而还。匈奴竟然对这样的小股入侵之敌“终不敢搏”，完全失去了还手能力。

至此，冒顿留下的匈奴虎威已经烟消云散，草原帝国如同折翼的鹰一般直坠无底深渊。就在这一年，在位十七年之久的壶衍鞮单于在无比的失落、愤慨和懊悔中去世。卫律当初的警告如咒语般在他脑中回荡，可是夺回河南地等故土的念头又如迷药般让他一次又一次在和与战之间选择了后者。

壶衍鞮是个悲剧性的赌徒，他寄希望于靠一次决定性的胜利就可以击败汉帝国，而这样的念头却使他的帝国加速走向毁灭。

2. 五单于并立 壶衍鞮去世后，他的弟弟左贤王终于如愿登上了宝座，这就是虚闾权渠单于。

在这内外交困的窘境之中，新的继任者实在无力侵扰汉朝边境，于是匈奴“兹欲乡和亲，而边境少事矣”。虽然外战暂时熄火，虚闾权渠却转身又燃起了内乱的硝烟。身为帝国的统治者，不为自己出一口十七年前争位失败的恶气似乎是很说不过去的。于是虚闾权渠以右大将女为大阏氏，废黜了壶衍鞮所宠幸的颛渠阏氏。按理说虚闾权渠享有婚姻自由的合法权利，可是偏偏被废黜的颛渠阏氏家族比较有自尊心，尤其是阏氏的父亲左大且渠更是对新单于“怨望”极深。当时刘询认为匈奴不能再为边寇，于是罢外城以休百姓。虚闾权渠闻之大喜，认为这是汉帝国很有诚意的表现。他召各部贵人合计一番后决定正式与汉和亲，先共享太平，等国力恢复后再说。

左大且渠表面上坚决拥护伟大领袖的英明决断，心里却打定主意要给他搅黄这件事——让你欺负俺闺女！左大且渠对虚闾权渠说："前汉使来，兵随其后，今亦效汉发兵，先使使者入。"接着自请与呼卢訾王各将万骑在塞外等候，虚闾权渠未仔细考虑便同意了这个建议。左大且渠趁机率三骑叛逃到汉，告诉汉朝边将说："虚闾权渠这狗东西根本没打算和亲，这次他是来入寇的！你们没看见匈奴的两万骑兵已经开过来了？"

刘询闻讯大怒，一边调集精锐军队守备战略要地，一边派遣五千骑分三队出塞数百里出击匈奴，三路汉军各捕获匈奴数十人而还，没遇到什么抵抗，因为匈奴本来就是打算迎接汉使的。

这件叛逃事件和其后发生的汉军出塞令虚闾权渠颇有些不知所措，他率部悻悻离开，这次和亲又是无果而终。就在这一年匈奴再度遭遇可怕的饥荒，人民畜产损失十之六七。在这种极端困苦的情况下，虚闾权渠还被迫征发两万骑以防备汉军入侵——左大且渠的报复手段可谓是毒辣至极了。

在这场饥荒中又有大量的匈奴属国驱赶着牲畜叛离帝国，其中有个数千人的部落在试图穿越瓯脱逃跑时与匈奴边防部队遭遇，在伤亡惨重的激战之后，幸存者干脆南下降汉。

这件事情说明了匈奴帝国对自己直辖区域的控制力已经极度虚弱，甚至没法制止这种大规模的叛逃了。

虚闾权渠在其后短暂的在位时间里与汉朝在西域曾发生过一系列争夺战，结果是胜少败多。在此期间还被丁零人入寇一次，丁零人用匈奴对汉境惯用的手段劫掠了自己曾经的主人，杀掠匈奴人民数千，夺走牲畜无数后扬长而去，匈奴遣万余骑追击，结果无所得而归。

公元前 60 年，虚闾权渠在塞外集结十万余骑打算偷袭汉帝国捞一把。结果大军未至，其部下题除渠堂便叛逃到汉朝和盘托出单于的诡计，汉后将军赵充国率部四万余骑在边境戒备月余，却始终等不来入寇的匈奴。

这次不是题除渠堂谎报军情，而是虚闾权渠在行军途中重病呕血，匈奴大军只得徒劳而归。

眼看自己再也无法指挥战争，虚闾权渠只好派遣使题王都犁胡次等入汉请和做缓兵之计，结果匈奴使者还在路上的时候这位短命的单于就归天了。

当初虚闾权渠废黜颛渠阏氏后，颛渠阏氏即与右贤王屠耆堂私通引为外援。屠耆堂在参加龙城大会时被颛渠阏氏告知实情：虚闾权渠已经病情危重，千万别离开！

数日后，虚闾权渠刚一咽气，颛渠阏氏便与其弟左大且渠都隆奇（继承了叛徒老爹的职位）合谋发动政变，立屠耆堂为握衍朐提单于。

握衍朐提是乌维单于的耳孙，也就是玄孙之子，也算是挛鞮氏的“龙子龙孙”。

在对外政策方面握衍朐提单于是善良的绵羊，他一上台就赶着派亲弟弟做使者请求“复修和亲”；在内政方面新单于则是残忍的饿狼，他“凶恶”地将虚闾权渠时代的亲信重臣杀戮一空，代之以自己的“小舅子”都隆奇，又把虚闾权渠的子弟近亲诸王大将等全部开除公职，以自己的子弟代之。

虚闾权渠单于之子稽侯珊眼见得不仅继位无望而且大刀就要向自己的头上砍来，连忙逃到老丈人乌禅幕的部落里避难。

乌禅幕本是投靠匈奴的小国国主，手下有数千之众。当年狐鹿姑单于把侄女嫁给了乌禅幕做阏氏，而这位阏氏正是日逐王先贤掸之姊。

上一章我们提到过当年先贤掸被伯父狐鹿姑忽悠一番后贬为日逐王的事情，这位老兄一直怀恨在心图谋报复。没想到先贤掸自己还没能找机会施展什么阴谋诡计呢，握衍朐提就已经在做撤销他国内外一切职务的准备了。为何说是国内外一切职务呢？因为日逐王是负责管理西域事务的，日逐王属下的僮仆都尉就是匈奴帝国设立在西域的办事机构。

先贤掸不等握衍朐提先动手，立即率其众数万骑叛逃归汉。

刘询封先贤掸为归德侯，握衍朐提便立其从兄薄胥堂为新的日逐王。日逐王虽然有了新人选，可只是一个光杆司令。部众都跑光了不说，最严重的后果是整个西域都丢掉了！刘询自然老实不客气地令郑吉为西域都护，完全接管了先贤掸丢下的地盘。至此，整个西域南北两道完全被汉帝国管辖，刘彻当年切断匈奴右臂的战略构想完成了。

握衍朐提自然要严肃查处这起叛国案件，由于元凶在汉帝国无法归案，他便下令砍先贤掸两个弟弟的脑袋代替。乌禅幕为了援救自己的两位舅哥四处奔走求告，结果毫无作用。眼见单于夺去了女婿的王位，杀戮自己的亲属，乌禅幕在心中酝酿着复仇的怒火。而握衍朐提则依然故我地乱来一气，他趁着左薁鞬王死去的机会任命小儿子为薁鞬王，留在身边好有个照应。结果薁鞬王部下贵人们根本不鸟单于令，自立已故薁鞬王之子为新王，向东迁徙而去。握衍朐提一见大怒说："咋地，想造反呐？"他派右丞相将万骑往击之，结果大败而归，失亡数千人。这时握衍朐提已上台两年，汉帝国对他的评价是"暴虐杀伐，国中不附"。毋庸置疑，这样蛮干的单于才是汉帝国眼中的盟友，这样胡闹的败家子才是汉朝人民的老朋友。

握衍朐提不负友邦人士的热望，继续动摇自己帝国的基石。

他的儿子左贤王等人因为被属下贵人瞧不起，所以"数谗左地贵人"，于是左地贵人们"皆怨"。

到了他上台的第三年，乌桓入寇匈奴东边姑夕王领地，大掠人民而去。握衍朐提立即表示要追究姑夕王的领导责任，姑夕王大惊之下立即联络了自己的老友乌禅幕。

如之奈何？反了！

公元前 58 年，帝国真正的合法继承人、虚闾权渠单于之子稽侯珊在老丈人家的领地上冉冉升起。一群造反者围绕在新的领导核心周围，萨满胡巫祈祷世间有灵性的万物和祖先神灵一起保佑这位被尊称为呼韩邪单于的新领袖能再度振兴草原帝国。

呼韩邪的亲密战友主要有老丈人乌禅幕、知名社会活动家姑夕王以及被姑夕王拉来的左地贵人们。在上述人等中乌禅幕和姑夕王属于动嘴的，左地贵人们属于动手的——呼韩邪手头的武装力量基本上是左地贵人们凑出的兵马五万骑。

既然宣布造反起义了那就得一条道走到黑，呼韩邪率领"起义军"向西进击握衍朐提单于，握衍朐提自然也率"官军"赶来平叛。

就在姑且水北岸两军相遇，结果发生了一件令握衍朐提很没面子的事情——

他手下的弟兄们感觉跟着这位老大实在没前途，竟然在开战前就四散跑回家抱孩子去了。

匈奴帝国大单于握衍朐提阁下单枪匹马屹立在大草原上，颇有“前不见古人，后不见来者，念天地之悠悠，独怆然而涕下”的感觉。只是握衍朐提不是陈子昂，大草原上也不适合吟诗，因此大单于阁下屁颠屁颠地跑回去派人告诉自己的亲弟弟右贤王说：“匈奴共攻我，若肯发兵助我乎？”要说还是亲兄弟之间说话痛快，右贤王直截了当地回答说：“爱死哪去死哪去，别来连累我！”

握衍朐提闻讯病倒，不久在绝望中自杀。其民众尽降呼韩邪，于是这次起义风光结束，新一代的单于大位看来非呼韩邪莫属。

呼韩邪上台后自然要清算当初害得自己不能继承父亲大位的那帮罪人，可问题是颛渠阏氏逃匿无踪，左大且渠都隆奇也逃到右贤王那里受到了庇护。右贤王这人的思维模式很古怪，他不救助自己的亲哥哥却救助哥哥的小舅子。

这种行为在呼韩邪眼中自然是严重的敌对行为，可是他的羽翼还不够丰满，无法立即率军讨伐右贤王，因为对于他的上台还有一大票贵人心中不服。他首先找回自己的哥哥呼屠吾斯立为左谷蠡王，接着又派人拉拢右部诸贵人，挑唆他们杀掉右贤王。

右贤王对此自然不会坐视不管，何况还有一位擅长兴风作浪的都隆奇先生在他身边出谋划策。于是右贤王推出日逐王薄胥堂来立为屠耆单于，率所部数万骑东袭呼韩邪。呼韩邪刚把左部贵人的兵马遣散回去，这下顿时只有狼狈逃走的份。

屠耆单于大剌剌地在单于庭坐下来，第一道命令就是罢免了呼屠吾斯的左谷蠡王职位换由自己的大儿子都涂吾西担任，小儿子姑瞀楼头自然也不能亏待，他被委任为右谷蠡王，两位谷蠡王都留守单于庭拱卫父亲安全。

呼韩邪虽然被打跑了可是却不甘心失败，他这位草原上的红太阳自然吸引了一批不甘寂寞的星星月亮之类的围绕在身边，于是颇有反攻单于庭的声势。到了第二年秋天，呼韩邪的实力已经恢复到令屠耆单于不得不派兵做出反应了。他令先贤掸的哥哥右奥鞬王和乌藉都尉各率两万骑，驻屯东方以备呼韩邪单于。就在此时呼揭王与唯犁当户诬告右贤王，说右贤王现在打算抛开屠耆单干，自立为乌藉单于过把瘾。屠耆一听脑袋就炸了，他是被右贤王推上台的，自然害怕再被赶下去。单于这个职业不比寻常人——一般人下岗后还能轻易再就业。屠耆当机立断杀害了自己的恩人右贤王父子。没过多久右贤王的冤情被人们传扬开了，屠耆无法向天下交代只得又杀了唯犁当户谢罪。呼揭王这下坐不住了，虽然由于他的地位较高没被论罪，但谁也不能打包票说屠耆不会继续追究下去，于是这位老先生干脆领着部众跑到一边去自立为呼揭单于。

右薁鞬王听说此事后也动起了歪脑筋，他手握两万雄兵野心勃勃，很快通告天下自己是匈奴雄主车犁单于。车犁单于一边自立为王一边招揽部众，同样领兵两万的乌藉都尉自然是重点拉拢对象。

乌藉都尉转念一想现在有兵就是草头王，我还当个破都尉干吗？于是也自立为乌藉单于。这下一共冒出来五位单于争夺天下，就是匈奴历史上著名的五单于争位事件。

由于屠耆目前占据着单于庭，所以底气最足。他亲自率军讨伐车犁，同时派遣都隆奇出击乌藉。这两位自立为王的单于还没来得及把自己的“文武百官”分封好就遭到了失败，两位难兄难弟手拉手逃向西北呼揭那里——大爷你才是草原上最粗的“大腿”啊，可得收留我俩呀……

呼揭本来也是孤身寡人，自然是来者不拒。但是三人凑在一起一比较实力，显然还是车犁的人马更多一些，于是识时务的乌藉、呼揭宣布去掉单于称号，并力辅佐车犁单于。三人把手头的兵都凑了凑还真整出四万骑的人马来，一时间似乎又有些风生水起的架势。

屠耆闻之立即寻踪而来，他令左大将、都尉将四万骑分屯东方以备呼韩邪，亲自率领四万骑西击车犁。应该说屠耆在打内战方面还是颇有造诣的——四万对四万的结果是车犁一伙大败而逃，他们向西北鼠窜而去寻找腿更粗的庇护者去了。

一时间匈奴帝国似乎暂时稳定下来，第二年，呼韩邪单于遣其弟右谷蠡王等西袭屠耆单于屯兵，杀掠万余人。屠耆于是下定决心：本单于要再来一次御驾亲征彻底干掉呼韩邪这个打不死的“小强”！他拿出全部六万骑的兵力倾巢而出，大军东下千里奔袭呼韩邪。呼韩邪总共只有四万骑，他率部以逸待劳。等屠耆兵到后双方立即大战一场，人声马啸刺破长空，刀箭弓矢往来不绝，匈奴人的血洒满了草原。这场战役的胜利者是呼韩邪，屠耆也不愧是草原上的英雄，他以自杀来洗刷战败的耻辱。

并不是所有人都有屠耆这样的勇气，都隆奇与屠耆的小儿子姑瞀楼头等人率残部逃亡降汉去了。听说呼韩邪获得了决定性的胜利，无处投靠的车犁东归投降呼韩邪，呼韩邪很大度地收纳了他们。就在这场混战中，呼韩邪的左大将父子感觉匈奴内乱前途渺茫，便率其众数万人降汉。呼韩邪还未来得及安抚人心，李陵的儿子又跳出来捣乱，他拥立乌藉都尉复辟为单于，这场闹剧没持续多久，呼韩邪将这两位小丑“捕斩之”，然后重新占据了单于庭。

千疮百孔的匈奴帝国终于只剩下一位单于了，但这只是暂时的。很快屠耆的从弟休旬王率所部五六百骑击杀左大且渠后在西边自立为闰振单于。不久后，东边也有一位叛逆自立为单于。这位叛逆对呼韩邪造成的伤害最大，因为他竟然是呼韩邪的哥哥呼屠吾斯！呼韩邪对自己的这位哥哥相当不错，在战胜屠耆后封他为左贤王为自己驻守帝国东部。但是群雄纷争的境况令呼屠吾斯的野心不断膨胀，终于令他做出背叛弟弟的决定——只要能有无限的权力，良心和亲情又算得了什么！呼屠吾斯在东边自立为郅支单于，帝国再度出现三足鼎立的局面。

这样，在五单于争位事件中其实先后出现了七位单于。两年后，闰振率部东击郅支时兵败被杀，郅支吞并其部后大举进攻自己的弟弟呼韩邪。呼韩邪万万没想到自己这个红太阳最后竟然被哥哥弄得落山了，他战败后逃走，郅支占据了单于庭。

公元前 54 年，呼韩邪与部下在失败后苦苦思索未来的出路。左伊秩訾王提出一个石破天惊的建议来：向宿敌汉帝国称臣，如果得到汉帝国的援助，一定能安定匈奴！

呼韩邪听后大为震撼，便召集部属商议。这些匈奴贵人们虽然已到国家残破、人民离散这般山穷水尽的地步，却依旧保持着游牧民族的傲气和自尊心。他们纷纷表示不可接受这样的屈辱，因为匈奴“以马上战斗为国，故有威名于百蛮。战死，壮士所有也”。如今呼韩邪和郅支两兄弟争国，单于之位“不在兄则在弟，虽死犹有威名，子孙常长诸国”。

他们认为汉帝国虽然强大却始终不能兼并匈奴，如果向汉称臣屈服的话不仅断送了匈奴帝国百年多的光荣，有何面目向历代先单于交代？更要被西域诸国和丁零、乌桓等部看笑话，就算能够苟且而安，将来又怎能再度征服他们呢？

左伊秩訾王摆出“舌战群儒”的架势说：“国家之间强弱有时，如今已经轮到汉帝国强盛了，西域的乌孙等国都臣服汉帝国而得到安宁和富贵。反观我们自从且鞮侯单于以来，国力如雪崩般削弱，虽然硬挺着不肯臣服，又何曾有过一天安宁？口号谁不会喊？现在的状况是不向汉求援就活不下去了！你们都说慷慨战死是匈奴战士的本色，那么难道真的去跟郅支玩命做自杀式的进攻吗？”

这番话说出来，诸贵人们都哑口无言。毕竟此时的匈奴帝国已经只存留了一个名义罢了，经过残酷的内战之后匈奴人口和牲畜已经损失了百分之八十，草原上各部落之间经常为了一口食物而互相杀戮争夺，尤其是呼韩邪部此刻更是部众牲畜损失殆尽。

目前匈奴分为呼韩邪和郅支南北二部，南弱北强。南部又面临着汉帝国的巨大压力，不论受到郅支和汉帝国哪一方的攻击，都足以遭受灭顶之灾。以郅支的性格而言，向他投降无疑是自寻死路；但要是主动称臣归附汉帝国，则可以借助汉的支持集中力量对付郅支，要想统一匈奴重振雄风这是唯一可行的办法。

于是呼韩邪决定归顺大汉，他率领残部南下来到汉帝国边境，以儿子右贤王铢娄渠堂为人质入侍来表明自己的真心。与此同时，他的哥哥郅支也打着类似的主意，派遣儿子右大将驹于利受入侍汉帝国。

这一年，正是汉宣帝刘询的甘露元年。

3. 东邪西毒 在匈奴内战正酣之际，汉帝国也一直关注着邻居家里的纠纷。尤其在当匈奴五单于争位的爆炸性新闻传到长安之后，大伙儿都激动起来：赶紧趁匈奴闹分裂的时候出兵灭了它！

刘询的御前会议变成了奋击匈奴的动员大会，主流的社会舆论都要求皇帝立即出兵干掉这个祸害中国数百年的心腹大患。刘询本人也被群众热情感染，雄心勃勃地打算挥军出塞把那帮游牧蛮子一网打尽。

总的来说，这是一场团结的大会、胜利的大会、奋进的大会和偃旗息鼓的大会，直到太子太傅萧望之出来说了几句话，才打消了刘询的狂热。

萧望之是汉初名臣萧何的六世孙，东海兰陵人。兰陵萧氏是山东大族，历数百年而不衰。据说李白所钟情的兰陵美酒就是萧氏家酿。萧望之出道的时候看不惯权臣霍光的所作所为，所以差点被撵回家种地。到刘询把霍氏满门抄斩之后，自然作为被反动势力打压迫害的典型人物得到重用。

萧望之看人的眼光很准，为刘询选出不少贤良的大臣。他判断国际形势更是超出常人，公元前 60 年他反对继续和亲乌孙，他认为“乌孙持两端，亡坚约，其效可见……(不再和亲)此中国之大福也。少主(和亲公主)不止，繇役将兴……”也就是说在可以直接用武力干涉乌孙内政之时，绝不再使用耗费巨大且效果不佳的和亲政策。后来汉帝国强行将乌孙一分为二，西域都护始终率军监护乌孙。虽然被张骞称之为“虎狼之国”的乌孙并没有被汉吞并，但日后日益成为汉帝国的附庸。

现在匈奴大乱，汉欲兴兵，萧望之则再度提出与众不同的见解。他认为应以仁义抚四夷，即所谓“君子大其不伐丧，以为恩足以服孝子，谊足以动诸侯”，同时还建议派使者吊唁匈奴单于之丧，“辅其微弱”，“救其灾患”。萧望之并不是书呆子，他做出这样的建议是出于当外敌入侵时匈奴可能会被迫合力拒敌，再加上即使消灭匈奴还会有其他游牧部落兴起代替，所以不如采取羁縻怀柔手段迫使匈奴臣服以保证汉帝国边境安全。

对于汉帝国而言，此刻最具威胁的已不再是匈奴，而是近在身旁的西羌、乌桓等游牧、半游牧势力。就在公元前 61 年，羌人与诸羌联盟并向匈奴借兵企图叛汉，多亏了年已七十六岁的老将赵充国镇压得力才平息下去。而多年来乌桓等部也没有停止蠢蠢欲动的入寇劫掠之举，如果能降伏匈奴，这些骚动的少数民族地区也会被汉所慑服。

刘询冷静思考一番后采纳了萧望之的建议，冷眼旁观匈奴事态发展，直到呼韩邪的使者来到他面前为止。

公元前 53 年春，呼韩邪的儿子右贤王铢娄渠堂为侍子入汉，同年冬又遣其弟左贤王朝汉。一年之内两次派遣仅次于单于的权贵人物入汉，表示了呼韩邪迫切期望附汉的诚意。郅支虽然也派儿子来汉，可他的热情显得并不那么充分。毕竟郅支已是草原的霸主，相对强者的地位令他做事总要端着一点架子。

显然呼韩邪更令汉帝国满意，并且扶弱削强本就是干涉分裂国家的不二法门，所以刘询以大政治家的智慧善待呼韩邪的使者，并没有因为他们窘迫来投而加以羞辱欺凌。当然，两头下注也是国际政治的基本手段，所以当郅支亦遣使奉献时，汉同样“遇之甚厚”。

刘询的善意令呼韩邪大为欣慰，显然自己的这步棋走对了。不过对于呼韩邪部而言危机并没有过去，因为实力强劲的郅支部也是汉帝国的选项之一。为了在这场对汉外交争夺战中胜出，呼韩邪立即采取了新的步骤：公元前 52 年冬，呼韩邪率五万余部众抵达五原郡塞外，表示要向皇帝进贡族中珍宝。他们派出的特使不是别人正是单于呼韩邪，他期望可以在明年春正月亲自到长安朝见天子！

在匈奴帝国的历史上表示过愿意到中原一游的是一代天骄冒顿以及阴险的老上，除此之外就是大忽悠乌维表示过要朝见天子。当然上述人等全都遗憾未能成行，前两位让汉帝国整兵备战好一阵忙乎，后一位则骗得长安城中大兴土木空造一片豪宅。现如今呼韩邪表示愿意前来是一个出乎刘询意料的诚意之举，因为以他的实力而言绝不敢虚言欺骗汉帝国。而呼韩邪来到汉帝国境内也是冒着被扣押软禁的风险的，毕竟他是一个与汉长期敌对的国家的领袖（之一）。刘询当然不是糊涂虫，他昭告天下：匈奴单于要来朝见天子，从此后就要四夷咸服天下太平了！

大汉举国欢腾！这是一个伟大的时刻，它说明在这场历经数代人的漫长战争中，帝国终于获得了胜利。从刘邦到刘彻，从卫青霍去病到张骞苏武，每一位先辈的血汗与泪水都在欢呼声中得到了升华。

公元前 51 年春，呼韩邪怀着忐忑不安的心情踏上了前往长安的道路。汉帝国派遣车骑都尉韩昌为专使，前往五原塞迎接呼韩邪单于入京。沿途经过的五原、朔方、西河、上郡、北地、冯翊等郡都派出两千精骑列队作为呼韩邪的护卫仪仗以示尊宠。在甘泉宫外亲自迎接他的正是汉宣帝刘询，两位统治者相逢的那一刻，汉帝国历代皇帝乃至于秦始皇、战国诸侯们的在天之灵想必也会感慨：匈奴的单于，你终于来了……

在对待呼韩邪的礼遇问题上是存在过争议的，群臣以为汉对匈奴单于“礼仪宜如诸侯王，称臣昧死再拜，位次诸侯王下”。而又是萧望之力排众议：“单于非正朔所加，故称敌国，宜待以不臣之礼，位在诸侯王上。外夷稽首称藩，中国让而不臣，此则羁縻之谊，谦亨之福也”，他建议充分考虑匈奴人的自尊心，给予更高的礼遇。

最后刘询拍板决定“以客礼待之，位在诸侯王上”。当呼韩邪朝见刘询时，“位在诸侯王之上，赞谒称藩臣而不名”。

刘询赏赐呼韩邪以汉朝的冠带衣裳，玉具剑，佩刀，弓一张，矢四发，棨戟十把，安车一乘，鞍勒一具，马十五匹，黄金二十斤，钱二十万，衣被七十七袭，锦绣绮縠杂帛八千匹，絮六千斤等物，尤其是还有一枚黄金“匈奴单于玺”。

| 汉宣帝时期五铢钱

刘询向呼韩邪颁发这枚玺意义深刻，它表示汉帝国“中央政府”以对臣下册封的形式承认呼韩邪为匈奴的最高首领，确定了匈奴帝国“地方政府”隶属于“中央政府”的政治关系；同时考虑到匈奴多年来统治大漠的事实以及“上气力而下服役”的民族心理，所以在印章的形制上与汉天子所用的玉玺相同，以表示与汉朝的臣属有所区别。

朝见仪式结束后，刘询登上长平坂，他诏令呼韩邪不必再拜谒，让他的群臣可以列队观看，各族君长王侯欢迎者数万人夹道排列。当刘询登上渭桥时，中外众人都山呼万岁，汉帝国的声望达到了巅峰，崭新的时代开始了。

呼韩邪在长安居住了一个月，汉帝国极尽奢华地款待。呼韩邪在内心深处感谢刘询，没想到自己会受到如此对待。于是在归国前“自请愿留居光禄塞下，有急保汉受降城”，刘询派长乐卫尉高昌侯董忠、车骑都尉韩昌率领一万六千骑和数千边郡守备军马护送呼韩邪出朔方鸡鹿塞。这批汉军暂时留在呼韩邪身边以便于“助诛不服”，同时调拨三万四千斛谷物救济呼韩邪那些饥寒交迫的族人。

当然，刘询此举既是为了保护呼韩邪，也是为了看住呼韩邪部，毕竟匈奴内部对于臣服汉帝国的意见并不一致，如果出现反复的话这批汉军就可以立即予以镇压。

呼韩邪小心翼翼地维护南匈奴稳定，为了表示自己对刘询的忠诚，同时也为了再得到一批礼物，第二年呼韩邪再度前往长安朝见皇帝。这次他得到更多的赏赐，除了“礼赐如初”外还另加“衣一百一十袭，锦帛九千匹，絮八千斤”。到了二月，呼韩邪归国。因为已经有汉军在边郡驻扎，所以汉帝国没有再度派军“护送”。

就这样，呼韩邪得到了宝贵的休养生息的机会。他在汉朝边境逐渐收拢部众壮大力量，而他的哥哥郅支则在单于庭另有盘算：郅支认为自己的弟弟如同之前那些投降汉帝国的匈奴贵族一样不会再返回草原了，于是领兵向匈奴帝国的“右地”出击，因为屠耆的幼弟正在那里兴风作浪并自立为单于。这位新单于本来是呼韩邪的手下，后来背叛呼韩邪到右地收拢了数千残兵自立为伊利目单于。伊利目先生很不走运，他带着自己的乌合之众与郅支狭路相逢，结果一战被斩。大获全胜的郅支此刻却得到汉帝国出粮出兵保护呼韩邪的消息，他自料无法击败汉军消灭弟弟统一匈奴，所以便留居右地以免遭到汉军和呼韩邪的联合进攻。其实至此汉帝国对郅支并无恶意，对他的使者和侍子都很友善。只不过由于呼韩邪肯臣服，所以对呼韩邪部的待遇更好罢了。但是郅支却怨恨汉帝国保护呼韩邪的行为，他率军接近乌孙，遣使见小昆弥乌就屠打算结盟。

乌就屠可不是傻子，他见到呼韩邪受汉保护，而郅支则与汉疏远，所以打算进攻郅支取悦汉帝国。乌就屠先一刀砍了郅支部使者，持头送给汉西域都护，随后又派遣八千骑伪迎郅支图谋突袭——要是顺利把郅支的鸟头也砍下的话，不仅汉帝国大大有赏，还可以吞并郅支部的地盘。

可惜郅支也是一位枭雄，一般来说枭雄或英雄的鸟头都不怎么好砍。他见乌孙来这么多人，自己的使者又不见返回，情知有诈，于是郅支率军击溃乌孙军队，令乌就屠的计谋破产。

郅支获胜后不敢久留，向着西北出击，降伏了乌揭部。又征发乌揭兵马向西北破坚昆，向北降丁零，吞并这三部后再度返身回攻乌孙，接连获得胜利，从而巩固了新占领区。郅支在坚昆设立新的单于庭，放弃了七千里外的传统单于庭。

由于两部相隔数千里之遥，呼韩邪和郅支两兄弟如金庸小说中的东邪西毒一般各霸一方，处于弱势的“东邪”呼韩邪选择了放下身段以柔克刚的内家功夫，而郅支这位“西毒”领袖则依旧保持了匈奴传统上的外家横练。

由于汉帝国暂时选择观望，所以草原上暂时没有出现号令天下莫敢不从的“武林盟主”。不过相峙格局只是昙花一现，历史格局很快又将发生巨大的变化。

4. 指天为誓，白马之盟 公元前 49 年汉宣帝刘询去世，汉元帝刘奭即位。

新皇帝一上台就收到了呼韩邪的加急奏折：吾皇万岁，俺家又快断粮啦……刘奭二话不说便诏令云中、五原郡转运两万斛谷物支援呼韩邪部。

现在让我们看看帝国在这慷慨举措背后的辛酸：《汉书·元帝纪》记载，刘奭刚上台几个月后便“（六月）以民疾疫，令大官损膳，减乐府员，省苑马，以振困乏”，接着又出现了“（八月）上郡属国降胡万余人亡入匈奴”的严重叛逃事件，这说明汉帝国正经历灾祸和皇帝换人的关键时期，那些降服的部落的思想又开始有“小活动”了。

灾难仍在继续：“九月，关东郡国十一，大水，饥，或人相食，转旁郡钱、谷以相救”。刘奭下令：“其令诸宫、馆希御幸者勿缮治，太仆减谷食马，水衡省肉食兽。”

如果说刘询对呼韩邪的赏赐是慷慨大方的话，那么刘奭对呼韩邪部的救济已经到了舍己救人的地步。呼韩邪与汉比邻而居，对于中央政府的苦处心知肚明。他的上书其实有很大的试探性目的，想看看汉帝国的新统治者是否还会善待自己，而刘奭没有半句“地主家也没余粮啊”之类的话立即调粮援助的反应，让呼韩邪吃了颗定心丸。但他没想到不久之后，他的使者便会受到汉帝国官员横眉立目的审问。原来盘踞在坚昆的郅支自以为距离汉境遥远而安全，又怨恨汉帝国支持弟弟，所以干脆“遣使上书求侍子”。这是一个很明确的翻脸动作，刘奭却很大度地派卫司马谷吉送驹于利受回郅支部。

御史大夫贡禹等人认为“郅支单于所在绝远，又归化之心未彰”，所以建议朝廷使者送郅支太子到边塞就可以。既然郅支要把人质要回去，那么剩下的几千里路就让丫自己走回去吧！

可惜谷吉实在是个老好人，他自己上书说：“我大汉与夷狄郅支的恩义犹如长江之水滔滔不绝，现在已经在国内养其太子十年之久，可谓德泽甚厚，如果不把人送到老家恐怕有弃捐不顾的名声。臣愿意送佛送到西，一直到坚昆。想必郅支父子对我大汉的感恩之情也会似黄河泛滥一发不可收……如果郅支部果然禽兽不如谋害微臣的话，肯定会畏罪远逃，我国边境就会安宁清静。死掉一个使臣而使百姓安乐，正是为臣所愿。”

刘奭看后很是感慨，于是将谷吉上表宣示群臣，贡禹等人仍坚持不可，认为郅支不可信，谷吉此去无疑是羊入虎口，不仅白白牺牲还会为国家挑起新的事端。但以右将军冯奉世为首的一些人则认为可以，于是刘奭便派谷吉等人出使匈奴。

公元前 44 年冬季，谷吉等人迢迢千里把驹于利受送回郅支身边后，郅支果然暴露出豺狼本性：他不仅不领情，还以匈奴人民代表的身份痛斥一番汉帝国主义者偏袒呼韩邪伪政权的罪恶行径，随后宣布判处汉使团全体成员死刑并立即执行。痛快过后，郅支又感到后怕，毕竟这次他做得太过火了，汉帝国不可能不做出报复。恰好此时有个国家热情地送来了邀请函，它就是康居。

对于汉帝国来说，康居这个国家一直是西域诸国中的刺儿头。康居最盛时有人口六十万，控弦之士十二万。早在李广利征大宛时康居就曾咋呼着要出兵协

汉代农夫耕作画像石拓片。汉元帝初即位时遭遇天灾和大饥荒，在自身难保的情况下依旧慷慨解囊救助呼韩邪部

汉车骑都尉韩昌和光禄大夫张猛越权代表皇帝与呼韩邪单于杀白马祭天，歃血为盟

助大宛抵抗，虽然最后是干打雷不下雨，不过也是很明显地向汉表示出敌意。直到这时康居国王还是铁杆的反汉派，因为前面曾有个莎车国挑唆西域诸国叛汉被灭，所以康居还不敢公然打出反汉的旗号。再加上乌孙与康居关系不睦，两国经常交战，所以康居国王更是殷切盼望能有强力的外援，当他听说郅支在坚昆，便派使者来邀请。康居王打算将郅支安置在自己东部，然后联合进攻乌孙，夺取乌孙土地后作为郅支部的新根据地。

这真是瞌睡时送来了枕头！郅支作恶后不敢继续停留在坚昆，带着儿子一路向西狂奔到康居。由于是冬季长途跋涉，仓促之间又没做好大风降温保暖防护工作，结果导致郅支部众大批死亡。最后抵达康居境内的只剩下三千人！

俗话说“瘦死的骆驼比马大”，虽然郅支的兵力已降到可以忽略不计的地步，可是凭借郅支部单于的名号还是足以产生巨大的政治影响力。康居国王和郅支单于这两位革命战友举行了惺惺相惜的会晤后，宣布了一个惊人的消息：他们互相嫁女与对方，成为互为翁婿的姻亲

康居国王的原意是想狐假虎威，依靠郅支单于的影响威吓邻国。而郅支也一直想报乌孙暗算自己的宿怨，于是郅支频繁指挥康居兵马攻打乌孙，一直深入到乌孙都城赤谷城附近。康居军队打着郅支部的旗号杀掠人民、驱掠牲畜，而乌孙慑于郅支的兵威竟不敢出兵追击，进而导致乌孙西部千里之地空虚，无人再敢居住游牧。

现在我们回头来看呼韩邪部这边的状况：老好人谷吉实现了舍身报国的伟大愿望，可是这次殉国实在失败得很，不仅没必要还没法得到表彰——消息隔绝之下，汉帝国只能为自己的使团不能返回而干着急。后来从匈奴叛逃来的降人说汉使团在瓯脱被全部杀害，而这个瓯脱无疑是呼韩邪部盘踞的地带，于是呼韩邪立即被列为第一犯罪嫌疑人，因为南郅支部一直在展开对汉外交争夺战，所以汉庭认为呼韩邪很可能袭杀汉使阻断汉与郅支部交通。

正巧呼韩邪单于阁下再度派使者前往长安问安顺便请赏，这次呼韩邪部的使者发现等待自己的不再是往昔的微笑，而是一副副横眉立目——汉书记载：“汉辄簿责之甚急。”汉帝国不仅讯问呼韩邪部使者，还派使者来到呼韩邪那里展开调查工作，其严厉程度就差将单于本人拘留审查了。呼韩邪对于这突如

其来的不白之冤百口莫辩，一时间呼韩邪部人心惶惶，上下人等都害怕会遭到汉军的讨伐。

幸而这场风波很快过去，第二年汉派车骑都尉韩昌和光禄大夫张猛送呼韩邪单于侍子右贤王铢娄渠堂回到呼韩邪部。此时汉已经意识到先前的做法太过火，所以送回呼韩邪的人质以表示信赖和安抚。韩昌和张猛“求问吉等，因赦其罪，勿令自疑”，经过这番安抚工作呼韩邪部人心才逐渐安定下来。

此时距呼韩邪南下附汉已过去十年之久，经过这十年的休养生息之后，呼韩邪部已经逐步恢复了元气。在两位汉使眼中的呼韩邪部已是“单于民众益盛，塞下禽兽尽，单于足以自卫，不畏郅支”，也就是说由于人口的增加使得边塞地区的禽兽基本被猎获一空，习惯于游牧射猎的呼韩邪部人于是“多劝单于北归”。除了这个表面原因外还有一层意思就是尽快占据空出来的单于庭，进而逐步恢复匈奴帝国。毕竟一直依附在汉朝边境不是长久之计，还是到大草原上才能“海阔凭鱼跃，天高任鸟飞”！

韩昌和张猛看到这种情况则“恐北去后难约束”，于是两人冒险越权代表汉帝国与呼韩邪部订立了盟约：“自今以来，汉与匈奴合为一家，世世毋得相诈相攻。有窃盗者，相报，行其诛，偿其物；有寇，发兵相助。汉与匈奴敢先背约者，受天不祥！令其世世子孙尽如盟。”汉使与单于及大臣俱登匈奴诺水东山之巅，杀白马祭天，呼韩邪用自己的径路宝刀削金屑于留犁挠酒中，然后以老上单于留下的月氏王头盖骨酒器共饮血盟。

这是匈奴人最隆重的盟誓方式，呼韩邪终其一生没有违背过誓言。

韩昌和张猛虽然为国家争取到了匈奴最隆重的效忠保证，可是当他俩返回长安后依旧受到猛烈的抨击，攻击者的火力集中在“昌、猛擅以汉国世世子孙与夷狄诅盟”这一点上，一伙感情受到极大伤害的爱国者强烈呼吁“宜遣使往告祠天，与解盟”，同时将韩昌和张猛以大逆不道的罪名处斩。而刘奭则认为已经壮大起来的呼韩邪部重返单于庭是无法阻挡的，如果能让一个亲汉的匈奴政权统治草原的话也是不错的结果。于是这桩盟约受到了皇帝的事后追认，正式生效了。

呼韩邪随即率部北归单于庭，“人众稍稍归之，国中遂定”。

5.明犯强汉者，虽远必诛！ 就在呼韩邪终于回到属于自己的单于庭时，他的哥哥郅支正在康居大展拳脚，令这帮西域的蛮子们清楚地认识到自己招来了怎样的灾祸。由于对乌孙等国作战连续获胜，被冲昏头脑的郅支认为自己已经在康居立稳根基，于是立刻将狂傲残忍的性格暴露无遗，肆意欺辱其恩主康居王，一时不高兴起来就杀了自己的老婆康居王女。光杀一个王女觉得不过瘾，干脆又将一群康居贵人以及倒霉百姓数百人全都杀掉寻开心，杀人不说还肢解尸体，统统投入都赖水中，一时间河水为之变赤。

出于长治久安的考虑，郅支竟然抛弃匈奴游动不定的传统，大肆征发康居百姓在都赖水畔修筑城池。作为一个注意保护知识产权的统治者，郅支宣布新城名为郅支城。修筑这座城池时每天被迫服苦役者达五百多人，整个工程历时两年方才完工。为了庆贺新城落成，郅支又派使者分赴大宛诸国勒令纳贡财物，诸国都不敢抗拒，乖乖送上大笔保护费。

在这段疯狂的历史中最神奇的一点就在于康居王居然一直活着！他眼见大权旁落、爱女被杀，也许还加上百姓受苦自然是追悔莫及，这才叫早知今日何必当初。问题是狼已经被引入室内，想请出去是不大可能了，要打出去则没那个胆子——虽然他手上有十二万大军，而匈奴人不过三千之众而已。在经过痛苦的思想斗争之后，康居王横下一条心来发挥忍辱偷生的绝技，秉着“留得青山在，不怕没柴烧”的伟大思想装孙子苦挨时光。

前途是光明的，道路是曲折的，人是要活下去的嘛……

郅支在康居的残暴统治完全符合当今对恐怖主义的定义，他以匈奴单于的名义肆意欺凌周边诸国，不仅造成西域人民的苦难和怨恨，而且也直接威胁到汉朝在西域的利益。因为本已被汉控制的西域诸国又在郅支的淫威下倒向匈奴，如果不做出反应的话势必会令一个强大的敌人再度复苏。

不过刘奭认为康居路途遥远，不愿耗费巨资出兵征伐，以免将自己的帝国拖进当年出征大宛那般伤筋动骨的战争中。刘奭曾连续三次派使臣向郅支单于索取谷吉等人的尸骨，郅支不但不肯而且还困辱汉使，时而百般辱骂，时而又提出自己所在偏僻百姓饥贫，所以情愿再度归附大汉，并再派儿子到长安做侍子。不过刘奭要想让他归附的话，需要事先册封他为西域都护！

公元前 36 年，老迈的西域都护郑吉退休回国，刘奭派都护骑都尉甘延寿和副都尉陈汤两人接替郑吉出镇乌垒城。此时西域的形势很不稳定，郅支力图以康居、大宛和乌孙三国为基地，重新恢复匈奴在西域的统治。

陈汤与甘延寿商议说："蛮夷之国往往畏威不怀德，向强者低头是他们的天性。目前郅支凭借匈奴余威占据了康居，现在又试图吞并大宛和乌孙。一旦被他得逞后必定会北攻伊列、西取安息、南击月氏，这样下来不出数年整个西域都要为其所有了！此人彪悍善战，让其坐大一定会成为朝廷的心腹大患。我们现在应该将在西域屯田的士卒全部调集起来，再驱使乌孙军队直接进攻郅支城！郅支城此刻守备未坚，容易攻破，正是千载难逢的好时机！"

甘延寿完全同意陈汤的见解，但是想奏请朝廷批准；而陈汤则认为远在千里之外的朝廷大臣们不可能全面了解西域的局势，一旦不予批准将坐失良机。两人还未商量出个结果来，甘延寿就先病倒了。陈汤索性矫诏调集了在西域十五国的兵马和驻车师汉军共四万多人讨伐郅支，甘延寿此刻也是箭在弦上，不得不发了。他与陈汤自率一路，其余汉军三校尉率一路分兵开始远征康居。

汉军的南路由三校尉率领，出葱岭经大宛攻入康居南部；北路由甘延寿、陈汤亲自统率，由温宿横越天山，经乌孙赤谷城攻康居北部。

北路汉军行至阗池以西时，康居副王抱阗正奉郅支的命令，率千余骑在乌孙都城赤谷城以东掳掠。抱阗见汉军西征便率部尾随，企图袭击汉军辎重。陈汤纵兵回击，大败抱阗，夺回被掠的人口四百七十人交还乌孙大昆弥，牲畜则留作军粮。

陈汤又派人联络不满郅支的康居贵人屠墨，与他歃血为盟，令屠墨统领部众不得与汉为敌。当汉军进入康居境内后陈汤约束部众不犯秋毫，争取到康居民心。不久又捕获到屠墨的侄子开牟，开牟的父亲贝色也早已同郅支结怨，于是开牟立即倒戈担任汉军向导并将郅支虚实和盘托出，汉军一路径直向郅支城进发。直到汉军在离城三十里安营扎寨时才见到了郅支的人——他派使者来诘问汉军何故到此？陈汤回答说："因为单于上书天子说自己所在穷困，愿归汉朝见天子。汉家天子怜悯单于遗弃匈奴帝国蜗居康居的处境，特派我等护送单于全家老小到汉。因为怕大军惊动了单于家小，所以没有直抵城下。"

郅支一听，心说你们当我三岁小孩耍我啊？他一边拖延一边调遣援军。于是“使数往来相答报”，两边都先礼后兵地客气一番。不过这种客套话三两下便说完了，甘延寿和陈汤最后一翻脸说：“有话直说吧：我们大伙儿为郅支远道而来，单于为何不来迎接，实在是太不给面子了！现在我们人困马乏、军粮耗尽，不管你们愿意不愿意，我们都必须要到郅支城中补给了！”陈汤不再跟郅支的使者废话，他率领汉军立即向郅支城鼓噪逼近。

郅支城墙有两层，外层是用大木头编连而成的木城，内层是夯土成墙的土城。土城上遍插五彩旗帜，数百名壮士披甲登城守卫。郅支部在西域横行已久，这些人不仅耀武扬威还向城下汉军招手挑逗说：“斗来！”

木城有孔隙作为射击孔，匈奴人督促着康居兵马躲在里面射箭抵抗，不少汉军被射死射伤。又有数百名骑士出城往来驰骋，数百步兵在城门口布成鱼鳞方块阵守候。汉军先是一顿乱射击退了胡骑，接着纵火烧毁木城。守城胡兵除逃入土城者外，不是烧死就是被射死。

虽然手下士卒信心满满，可是郅支本人却不那么自信。他本打算突围逃走，带了一些人出城后，眼见得汉军势大又杂有西域各国军马，心想即使脱出重围也无处可去，因此又返回来说：“不如坚守。汉兵远来，不能久攻。”郅支此刻也是利令智昏了，根本不想汉军又不是游牧军队，对于攻城技术岂会陌生？既然打定主意坚守，郅支便全身披挂上城指挥，顺便将自己的老婆孩子也都驱赶上城射箭抵抗。汉军步兵不顾箭如雨下蜂拥猛攻，弓箭手也密集射箭进行火力掩护。在交战中郅支的不少阏氏被射死，郅支本人也被射中鼻子，只好负伤退下。

要说愚忠于郅支的人马还是有不少的：汉军正要趁势登城时，忽然遭到康居万骑援兵攻击。甘延寿与陈汤急令暂缓攻城返回营寨防御，康居援军连夜猛攻汉军营帐。半夜时，汉军派一支奇兵渗透到康居援军后方。康居兵未有觉察，仍与城内遥相呼应夹击汉兵。只是这股援军勇气不足，他们几次三番冲突汉军营地却稍受挫便退却，始终避免与汉军硬碰硬地交锋。到了天色将明而康居兵皆已疲倦时，突然汉军营中鼓钲大作，前后夹击康居援军。康居援军被击溃，只有数百人侥幸逃生。汉军随即乘胜破城而入，郅支率男女百余人退入宫内顽抗。虽然这头噬人恶狼犹做困兽斗，可是大势已去——当他不突围逃脱而是困守孤城时就已然决定了自己毁灭的命运。

汉兵呐喊着纵火焚烧宫室，奋不顾身地向残余的匈奴人猛砍猛剁，纵横江湖十八年的“西毒”郅支单于阁下被乱刀砍为肉泥。汉军军侯杜勋抢先一步割下首级携去报功，其他军士杀死单于阏氏、太子、名王以下一千五百多人，生擒番目一百四十五人，收降胡人千余人。此外还救出被囚禁的两位汉使，并夺回此前谷吉所带的诏书。

此战后甘延寿和陈汤将所获金帛、牲畜等件遍赐从军将士和西域各国随征的兵士，于是郅支城下欢腾雀跃。

甘延寿和陈汤在联名向刘奭上奏的奏折中写道：“臣等认为天下之大义便是普天之下莫非王土，率土之滨莫非王臣，汉天子自当统御四海。如今匈奴的呼韩邪单于已经称臣，唯独郅支单于叛逆不服，自以为躲在遥远西域，我汉帝国便无法将其制伏。郅支暴行无道荼毒百姓，可谓大恶逼于天。臣等二人遂率义兵替天行道诛除郅支，幸赖陛下洪福庇护得以旗开得胜，此战斩获郅支及其党羽首级送到陛下案前。臣等认为可以将郅支人头悬挂在长安的外族聚居区，以示万里：明犯强汉者，虽远必诛！”

刘奭阅后龙颜大悦，立即传旨将郅支的首级悬挂于专供外族人居住的槁街上示众十日后掩埋。郅支城之役是西汉年间对匈奴的最后一战，与汉帝国敌对的匈奴残余势力被彻底从西域清除。

长久的和平近在眼前，汉帝国沸腾了！

昭君出塞是历代画家热衷的绘画题材

6. 昭君出塞 当哥哥的死讯传到草原的单于庭时，呼韩邪的反应是“且喜且惧”。

不共戴天的郅支被干掉自然是剪除了呼韩邪的心头大患，而汉军可以跨越万里发起远征的强大实力也令他心悸。既然远在西域的郅支都无法逃脱覆灭的下场，他待在距离汉境更近的单于庭更是如坐针毡。

呼韩邪并无叛汉之心，但暗中惧怕汉帝国会怀疑他不忠。谷吉事件中汉帝国翻脸无情的冷酷态度给他造成极大的心理阴影，尤其在郅支作为一股对汉帝国的牵制力量已被消除的情况下，他更害怕刘奭会有“汉朝已不需要匈奴（呼韩邪）存在”的念头出现。在这种心态驱使下，呼韩邪给刘奭上书提出第三次朝见的请求：“常愿谒见天子，诚以郅支在西方，恐其与乌孙俱来击臣，以故未得至汉。今郅支已伏诛，愿入朝见。”

刘奭很快同意了呼韩邪的请求，于是在公元前 33 年正月，匈奴仅存的单于呼韩邪再度入朝于汉。让他颇感欣慰的是自己受到的赏赐比前两次只多不少，尤其是“加衣服锦帛絮，皆倍于黄龙（刘询年号）时”。呼韩邪趁热打铁提出“愿婿汉氏以自亲”，也就是说请求和亲。在匈奴历史上有过无数次和亲表示，而呼韩邪这次是最诚挚最谦卑的一次。这是他更进一步地拉近自己与汉室的距离愿做汉家女婿的表示，其意义不亚于当初称臣。之前汉朝和匈奴和亲，都是挑选宗室之女冒充皇帝公主出嫁。这次由于形势已经大变，刘奭打算挑个宫女赏赐给呼韩

邪，这当然也有天子给臣下赐婚的意思。《汉书》上对此只有一句交代：“元帝以后宫良家子王嫱字昭君赐单于。”

随着时代的推移，不同版本的王昭君故事开始广泛流传，就连史书典籍也开始大为铺陈渲染这个传奇。在《后汉书》中说当时“昭君入宫数岁，不得见御，积悲怨”，所以自告奋勇出嫁和亲。在呼韩邪的辞别大会上，刘奭召来五位宫女赏赐给单于，其中王昭君风华绝代，光明汉宫，举座皆惊。呼韩邪如痴如醉不说，没想到刘奭也大为震惊。汉家天子没想到后宫竟埋没了如此佳丽，但事已至此无法反悔换人，只得“遂与匈奴”了。

在东汉末年蔡邕所作的《琴操》中又有所演绎，叙述王昭君是齐王之女，入宫后不被宠幸，于是在匈奴使者请求和亲时主动闯进筵席中请求出塞和番。结果刘奭同样先是惊为天人随即“惊恨不及”，忍痛割爱赐予匈奴。

到了东晋葛洪所著《西京杂记》中更是添油加醋地说王嫱小姐入宫后自认为容貌倾城，所以不肯贿赂为自己画像的宫廷画工。当时皇帝是否宠幸某位宫女全凭看画像后的观感，大画家没得到好处自然要报复一下，他妙笔生花把王小姐画成了汉朝版本的东施之类，于是王嫱“遂不得见”。当呼韩邪入朝请求和亲时“求美人为阏氏”，心理阴暗的刘奭便拿出后宫图鉴，好选出最大的“恐龙”一只赏赐给“国际友人”。当翻到昭君画像时皇帝惊讶不已：朕宫中竟有如此彪悍人物耶？于是画像中的雷克斯属霸王龙王小姐立即脱颖而出一举中选。

既然千里出塞和亲，总要皇帝召见慰勉一番。结果真人一露相，可怜的刘奭又一次悲痛不已：朕宫中竟有如此绝代佳人耶？刘奭强忍悲痛与王昭君谈话后发现对方不仅人漂亮为“后宫第一”，而且“善应对，举止娴雅”。可惜此时没后悔药吃，只好回头收拾弄虚作假的画工：“画工皆弃市。”

就这样后世的记载越描越黑地将刘奭描绘成好色的可怜虫，一次又一次地在不同的笔记小说中“悲痛不已”。对此我们只要知道汉家自有制度，宗室之女一般不会作为宫女入宫，更不可能擅闯筵席自请和亲。而刘奭并不是昏君，他既然会在选宫女王嫱和亲前赐给对方永安公主的名号，还将年号特意改为“竟宁”，可见是相当重视这次和亲的，自然会选择后宫中的优秀人才前往。所以我们再看这段历史的时候大可不必受那许多添油加醋记载的影响，只记住“元帝以后宫良家子王嫱字昭君赐单于”足矣。

中国传统文化对昭君出塞的爱国主义故事赞颂至今

当和亲目的达到后，呼韩邪自然大喜过望，于是“单于欢喜，上书愿保塞上谷以西至敦煌，传之无穷，请罢边备塞吏卒，以休天子人民”。也就是说呼韩邪在忘乎所以之下提出了一个大胆的建议：汉朝撤除与匈奴接壤部分的守军，由忠诚的匈奴人代为守卫。

刘奭接到这个提议后颇有些吃惊，于是召集群臣商议。陶醉在一片和谐气氛中的大臣们大都认为这是利国利民的好事一桩，唯有熟悉边境情况的郎中侯应极力反对，他告诉皇帝十条反对理由：

一、匈奴民心是不甘心失去河南地等漠南领土的，他们被迫迁徙到漠北风沙之地后一直怀着收复故土的念头，边塞村庄长老曾告诉我说匈奴人每次途经阴山时未尝不哭也，可见其民心如何。

二、如今匈奴恭顺是因为窘迫所致，蛮夷之人向来困则卑顺，强则骄逆。而自古说要居安思危，不可因为一时的和平而废弃国防力量。

呼韩邪单于和王昭君夫妇铜像

三、以中国这礼仪之邦、刑法严峻尚有不断犯禁作乱的愚民存在，更别说是治国粗犷的单于了，他能保证自己手下绝对不会作乱祸害汉境吗？

四、在汉帝国境内尚且还在各险要处建立要塞以防备诸侯作乱，更何况是在边境线上守备！何况边境驻军不仅防备匈奴，还监护属国降民。这些属国之众全系匈奴胡人，如果没有监督恐怕会思旧逃归匈奴。

五、西北要塞还要防备羌人作乱，西羌

与汉人交通，汉朝官吏贪利忘义经常侵占羌人的畜产妻子，他们因此憎恨朝廷故屡屡叛汉世世不绝，如果没有边防守军西羌定会趁机作乱。

六、汉军昔日出塞作战战败被俘投降等遗留在匈奴的人员很多，这些人的家眷子孙生活贫困，没人看守边境的话他们恐怕会越境到匈奴投奔亲戚。

七、边境地带的奴婢们境遇愁苦，他们很希望逃亡到匈奴过自由人的生活。就在目前守备森严的情形下还是常有奴婢背主逃亡的例子，更别说撤除守军以后会如何了。

八、内地的盗贼（民众起义者—作者）活动猖獗，如果没有守军驻防的话，恐怕他们会在中原受打击后逃匿到匈奴躲藏，如此如何是好?

九、边防要塞长城等防御体系建立已有百余年之久，这些工程当初耗费无数人力物力才得以构筑。如果弃之不管，虽然目前看省掉了不少徭役和戍卒，但我估计在数十年之后匈奴与汉之间定然有变，那时候仓促间根本无法恢复旧有的防御体系，重新修筑的话才是更要耗尽国家的力量了。

十、如果接受呼韩邪的提议，匈奴的单于们定然认为自己为汉朝守边有功，自然会不断向汉朝请求赏赐。这种赏赐未必会比自己守备花费少，而一旦赏赐不到位令匈奴恼怒的话，后果则不堪设想了。

综上所述，对蛮族只有保持威慑并施以恩惠才是长治久安之策。

侯应反对罢边的这些理由影响深远，历代中原政权处理与游牧民族关系决策时都会有人反复提及这些理由，而中原的统治者们往往也会像刘奭一样首肯。从呼韩邪本人来分析，他提出这样的建议是出于善意。在和亲成功之后他希望进一步讨好汉室，同时也希望令汉帝国感觉匈奴“一直有用”。刘奭虽然不可能接受这样的自告奋勇，但他很谨慎委婉地表达了自己的意见，以免呼韩邪产生汉帝国不信任自己的误会。担任解释任务的是车骑将军许嘉，他和颜悦色地将刘奭的话转告呼韩邪：“单于愿意以世代子孙为汉守边保塞令朕深感欣慰，这真是长久之策，能够休养汉之子民。可惜中国四方边境自古以来都设有关梁障塞作为防御，这些要塞并非只为防备塞外威胁，同时也是防备中原的奸邪之徒肆意出塞骚扰草原，所以要设立守备以避免不法之徒起念滋事。朕毫不怀疑单于的主张是出于善意，为了怕单于误会责怪朕不用此策，所以专门派遣大司马车骑将军来向单于说明。”

听了这番委婉的拒绝后，呼韩邪的答复也很谦逊得体：“愚不知大计，天子幸使大臣告语，甚厚！”

就在第三次朝见过程中，呼韩邪还见到了一位身份特殊的故人：左伊秩訾王。

原来在呼韩邪归单于庭后，有小人进谗言说左伊秩訾王怨恨自己力主归汉有大功却不见封赏，所以图谋叛乱。历经手下背叛的呼韩邪立即开始怀疑左伊秩訾王，左伊秩訾王害怕蒙冤被杀便率领其众千余人降汉。

刘奭收留庇护了他并封为关内侯，食邑三百户，仍令其佩左伊秩訾王印绶。这件事自然违背了“白马之盟”，呼韩邪本可以依据盟约要求汉送还左伊秩訾王。不过他不便在朝见时提出，汉帝国也装聋作哑假装没这回事。呼韩邪曾向左伊秩訾王道歉请其回归自己身边，但左伊秩訾王表示自己已经降汉，若再复归匈奴就是脚踩两只船的行为，他表示自己愿意在中原为单于服侍汉朝，终究不肯回归。

呼韩邪娶了王昭君后为其取了“宁胡阏氏”的称号，“宁胡”是使匈奴得以安宁之意。昭君出塞为匈奴带去了先进的农耕技术和汉室礼仪，匈奴境内一派升平景象，匈奴人的汉化程度也更加深入。王昭君在塞外与呼韩邪生下一子伊屠智牙师，后为匈奴右日逐王。

两年后，在位二十八年之久的呼韩邪单于躺在病榻上对儿子们口述遗嘱。在这一刻，也许他想起了五单于争位时的血雨腥风；想起了哥哥呼屠吾斯背叛时的愤怒；想起了三次朝见时的风光；想起了汉帝国在遭灾时为匈奴救急提供的粮食……最后他叮嘱儿子们要互相友爱，要他们谨遵“白马之盟”：“有从中国来降者，勿受，辄送至塞，以报天子厚恩。”

公元前 31 年，呼韩邪单于去世。

王昭君上书求归不得，遵从汉帝国指示“从胡俗”再嫁继任复株累若鞮单于。此后又育有二女，长女为须卜居次，次女为当于居次。

王昭君的结局是凄凉的，她唯一的儿子后来因为继位问题被杀，而她的长女和女婿则在未来的日子里为中原与匈奴的和平继续努力。

两千年过去了，1954 年在内蒙古包头市麻头乡西汉墓中出土的陶片瓦当上刻着“单于和亲”“千秋万岁”和“长乐未央”等文字，还记载着昭君出塞时的盛况和汉朝百姓对这位宁胡阏氏的美好祝愿。无论是高瞻远瞩的匈奴英主还是风华绝代的中原佳人都已在草原枯萎凋零，可是在呼韩邪和王昭君身后依然留下了一个童话般美丽的结局：在长达六十年的岁月中，中国北方边境再无战火硝烟，“边城晏闭，牛马布野，三世无犬吠之警，黎庶亡干戈之役”。

在此期间两国都得以继续休养生息，汉帝国人口增加至六千万，匈奴帝国人口增加至二十三万。

当然，无论是多美丽的童话故事总会被翻到结束的那一页，历史也是一样。

第二节 南与北

1. 和平年代 呼韩邪有不少位阏氏，其中地位最显贵的是左伊秩訾王之兄呼衍王的两个女儿。

呼衍王长女为最尊贵的颛渠阏氏，生有两子：且莫车和囊知牙斯。次女为排名第二的大阏氏，生有四子：雕陶莫皋、且糜胥、咸和乐。其中前两人年长于且莫车，而后两人比囊知牙斯年幼，除此之外还有其他阏氏之子十余人。由于颛渠阏氏尊贵，所以呼韩邪宠爱且莫车。他在临终前打算立且莫车为单于，颛渠阏氏反对说："匈奴内乱绵延十余年，多亏汉朝援助才得以平安。如今国家还不稳定，人民期待年长有为的君主。且莫车年纪小，百姓不愿依附，他若即位恐怕会酿出祸端危害国家安全。我与大阏氏是亲姐妹，她儿子便是我儿子，不如立年纪最大的雕陶莫皋。"

大阏氏曰："且莫车虽然年纪小却是嫡子，有大臣们辅佐他不会出事。如果舍贵立贱，后世必乱！"

呼韩邪考虑再三后还是决定按照颛渠阏氏的意见立年纪最大的雕陶莫皋为继任单于，但"约令传国与弟"以保证且莫车将来也可以做单于，并避免再度出现五单于争位的悲剧。

雕陶莫皋即位后号为复株累若鞮单于，"若鞮"是匈奴语"孝"的音译，因为匈奴与汉的关系密切，所以效仿汉帝国皇帝谥号中通常有的"孝"字，为单于增加了"若鞮"这个尊号，于是从复株累若鞮以后的匈奴单于皆称若鞮。

复株累果然堪称孝子，他把大弟弟且糜胥任命为左贤王，然后把自己的亲生儿子送到汉庭做侍子当人质。十一年后复株累去世时如约传位给且糜胥，这就是搜谐单于。搜谐在位八年去世后传位给且莫车，这就是车牙单于。车牙若鞮在位四年后去世，传位给弟弟囊知牙斯，这就是乌珠留单于。乌珠留在位二十一年后去世，传位给弟弟咸，这就是乌累单于。

看起来兄终弟及，风水轮流转一切都很顺利，不过呼韩邪的这些儿子们未必都愿意这么按部就班地走下去。毕竟父子情深于兄弟情，传位给儿子的诱惑还是很大，后来这个兄弟间的继位“接力赛”终于被打破，不过这是后话了。

匈奴帝国内部在呼韩邪儿子们兄终弟及的有秩序传递下保持了平稳良好的发展势头，在外交方面各位单于也都小心翼翼地侍奉汉帝国，维持双边关系，但是就在复株累继位三年后发生了一件诡异的外交事件——伊邪莫演叛逃。

公元前28年正月，匈奴右皋林王伊邪莫演率使团朝贡汉庭。朝见完毕后，汉庭派遣使者送匈奴使团回国。当行进到蒲反时，伊邪莫演忽然提出要叛逃到汉帝国。为了表达自己坚定的归降意志，这位右皋林王放出话来说：“如果不接受我，我就自杀！”

这种大事汉使哪敢做主，只得飞报汉成帝刘骜定夺。刘骜召集大臣商议，有些大臣认为可以依照当年收留匈奴叛逃者的旧例收留伊邪莫演，而光禄大夫谷永和议郎杜钦则持反对意见。谷永正是当初出使郅支遇害的谷吉之子，他认为当初大汉招揽匈奴叛逃者的原因是正与匈奴争锋，所以用这种方式来削弱它。如今单于称臣列为北藩，匈奴遣使朝贺正是忠心耿耿的表现。如今情况与当初不一样了，政策就得有所改变。现在刚收下单于上贡的礼物就庇护匈奴来的叛逃者，是贪一夫之得而失一国之心，这绝对是很缺德又很愚蠢的事情！大家试想一下：这很可能是因为复株累刚上台，为了试探我们是否会保持一贯政策而导演的一出戏。果真如此的话，收留伊邪莫演一定会让复株累若鞮得出汉帝国不可靠的结论，那么多年来扶植呼韩邪父子的努力不是白费了吗？所以大家千万不要很傻很天真地轻信伊邪莫演的话！

刘骜觉得很有道理，就遣中郎将王舜前往询问伊邪莫演说：“听说你要申请政治避难？那么到底是个什么情况啊？”没想到伊邪莫演竟然回答：“俺有病……

那是俺发病时说的胡话啦。”

王舜心里骂道：还是老谷看得准，你小子果然是装出来的！于是将伊邪莫演遣送回国。伊邪莫演回匈奴后官位如故，只是不再令他接待汉使了。

到了第二年，复株累上书请求朝见皇帝——叛逃事件果然是他使出的投石问路手段。刘骜自然批准复株累入朝，除了按照旧例赏赐外，还额外加赐锦绣缯帛二万匹、絮二万斤，也算是给复株累演那出戏的红包了。

从那以后，直到西汉王朝覆灭为止，既没有一个汉人叛逃到匈奴，也没有一个匈奴人叛逃到汉。

公元前 3 年，时任单于的乌珠留上书请求朝见汉哀帝刘欣。这时候刘欣正好染病，不愿乌珠留来，因为当初呼韩邪首次来朝后不久汉宣帝刘询就驾崩了，呼韩邪再度来朝后汉元帝刘奭没了，复株累来朝见后汉成帝刘骜挂了，现在乌珠留要来朝，是不是预示着自己也要驾鹤西去了呢？

事实上汉帝国内部的确有各种传言存在，社会上风传匈奴胡巫在行巫蛊诅咒，所以每次单于一来皇帝就玩完。甚至有不少人把单于来朝视为皇上驾崩的信号弹，只可惜当时没有博彩公司开盘下注。所以当乌珠留的使者来汉后引起了不小的骚动，皇帝担心自己的生命安全，而大臣们则担心帝国的国库安全。因为每次单于一来都要厚加赏赐，再加上匈奴随从人员一般都有二百人之多，这些人也要有所赏赐，所以总招待费用十分庞大。

于是皇帝和大臣们取得了一致意见，吩咐乌珠留的使者说让你们单于再等等吧。匈奴使者一看这次没戏了便告辞回国，没想到这时候被一个黄门郎扬雄拦住说：别走别走，我还有话说。接着他给刘欣写了一封长长的谏书，其内容大意是匈奴单于来朝见是亲善之举，除了混吃混喝之外当然也是为了拿到汉朝的礼物发洋财。如果不让他们来他们就发不了洋财，发不了洋财就会产生怨恨心理，产生怨恨心理就会出现单于很生气后果很严重的局面，出现了这种局面后和平也就快玩完了……匈奴不是其他小国，可以靠军事力量击败后吞并。当初历代皇帝们与匈奴打仗时花费了多少钱财呀，现在的赏赐与从前的军费相比真是九牛一毛！何必要一时小气改变前几代先帝的正确政策，为边境制造不安定因素呢？

刘欣一看这么一封充满了政治正确性的谏书，完全被压制得无法反对。于是重赏扬雄，并召回使者说：让乌珠留赶快来！

这边同意了，那边乌珠留却又生病了，于是入朝拖了两年。因为以前有过搜谐单于入朝前病死的事例，所以刘欣欣慰地认为乌珠留不是放弃了就是挺不住了，没想到在公元前1年他收到乌珠留的一封信，上面说：“蒙天子神灵，人民盛壮，愿从五百人入朝，以明天子盛德。”

刘欣看后心里“拔凉拔凉”的：完了，不但要来还要来五百，这是要直接接管国库呀……但是话已出口岂能收回，于是刘欣回复说：“知单于无恙，朕心甚慰，长安见！”于是乌珠留大单于怀着发洋财的诚挚心情率领多达五百人的匈奴丐帮弟兄们浩荡而来，刘欣也出手格外“敞亮”，除了如前几任单于一样厚赏外，还额外“加赐衣三百七十袭，锦绣缯帛三万匹，絮三万斤”。

如此这般好吃好喝一番后，乌珠留说几句我匈奴丐帮上下对武林盟主大汉皇上忠心耿耿，恭祝盟主大人仙福永享寿与天齐之类的漂亮话后打着饱嗝回去了。这种耗资巨大的朝见看起来好像是匈奴贪得无厌，其实是汉帝国自找的。因为从刘彻时代开始的国策是以武力和利诱相结合降伏蛮夷国家，所以西汉王朝不断把向外国炫耀财富作为重要的外交手段使用，帝国以蛮夷国家使臣来朝为最大的面子，自然是来得越多越好。

乌珠留这次来朝见的同时，大昆弥伊秩靡也率领丐帮乌孙分舵人众前来朝见

万国来朝的荣耀背后，是汉帝国财政入不敷出的窘境

| 匈奴与乌孙、乌桓等原有属国间的冲突，也在汉帝国弹压下被压制平息

请赏，史载“汉以为荣”。这是西汉王朝的辉煌时刻，凡西域五十国自国君以下诸多贵人全都佩戴汉印绶，这些大大小小的丐帮海外长老们总计有三百七十六人之多。而且其中还出现浑水摸鱼者——有些大胆的西域商人就地采购些廉价土特产，然后赶着骆驼驮着些坛坛罐罐的就跑到长安冒充某国使者前来朝贡。大汉毫不质疑一概赐以厚赏，这种“朝贡”真可谓一本万利。匈奴人虽然没有如此下作，不过也不愿放过这大好的发财机会。自乌珠留之后不断有匈奴各阶层人民友好访华团来访，除了各级贵人外甚至还出现了女性成员。在《汉书》中有“右大且方与妇人侍”“左日逐王都与妇人侍”等记录，到了王莽掌权时还召来“王昭君女须卜居次云入侍太后”。因为这位匈奴的云公主算是汉帝国的外孙女，所以“赏赐之甚厚”。

在这种“万国来朝”繁华景象遮掩下的是西汉王朝已经病入膏肓的肌体，在刘欣执政时期高层政治被王、傅两族外戚轮流把持，内斗不已。帝国内政方面则由于土地兼并完全失去控制，大批农民破产失地后唯有揭竿而起。

公元前 3 年在帝国的心腹地区出现了自发的“传行西王母筹”活动，大批蓬头垢面光头赤脚的饥饿农民手持一根木棍在道路上急促行走，一村村如接力赛般将木棍从关东向西传递。汉帝国出动大批军队试图阻止这种莫名其妙的活动，可是却始终是徒劳。

吃不上饭的绝望百姓已经不再信任天子，只有将唯一的希望寄托在缥缈的西王母身上。这些真正的“丐帮”如失去控制的波浪般反复冲击西汉王朝已经千疮百孔的堤防，决口的日子即将到来。就在乌珠留与刘欣把酒言欢时，大批农民起义军已经聚集起来，不久后，历时五十三年修建的刘彻陵寝被起义者纵火焚毁，还未等刘欣从震惊中回过神来，巍峨壮丽的未央宫也被点燃。刘欣在极度的恐慌无措中于这一年六月死去——单于来朝，皇帝归天的魔咒果然再度灵验了。

当初刘询曾与呼韩邪有个约定：两国以长城为界，南属汉，北属匈奴。公元前8年的时候，大司马骠骑将军王根向刘骜提出一件事：在张掖郡有匈奴的“斗地”伸入长城以内，应该归属于汉帝国才对。更何况这块斗地“生奇材木，箭竿就羽，如得之，于边甚饶”。刘骜听后自然心动，但是又怕匈奴不肯给的话既破坏两国邦交又丢了自己的面子。王根便出了个主意说：皇上别急，咱有的是大臣呀！派个大臣去跟单于说，就算出了什么问题，都推到办事人身上不就得了？

于是中郎将夏侯藩奉命出使匈奴索地，夏侯藩到了匈奴后便对乌珠留单于说：“我发现匈奴有斗地在长城以内，为了守备这条长城内的边境线，大汉专门设置了三个都尉和数百士卒辛苦守卫。单于应该上书献此地，令边界沿着长城走直线，这样既可以免去这些汉军的辛劳，更可以回报天子厚恩，天子一听说那赏赐定然是大大的有呀！”

乌珠留一听连忙问：“这是天子的意思还是你自己的意思呀？”

夏侯藩说：“皇上自然有这个意思，不过具体步骤是在下为单于所筹划的。”

乌珠留单于打了个哈哈说：“孝宣、孝元皇帝

汉与匈奴按照盟约以长城为界，和平持续了六十年之久

哀怜我父亲呼韩邪单于，这才把长城以北都划归匈奴所有。至于你说的斗地是偶駼王驻牧的场所，具体情况请允许我先派人调查一番再决定。”

夏侯藩觉得既然乌珠留没有拒绝，事情也就八九不离十了。他回去没多久又再度出使匈奴，这次直截了当问：“单于大人，何时交出这块地啊？”乌珠留苦着脸说：“我的父兄已经传了五世单于了，大汉都不要这块地，怎么偏偏到我任上就要呢？这件事传出去我会很没面子的嘛！我已问过偶駼王了，我们匈奴西边诸侯贵人们制作穹庐和车辆都仰仗这块土地上出产的木材，一旦失去后我国的房地产业和交通制造业岂不是要崩盘了吗？再说这是我父亲传下的财产，我交出去也没法向群众交代啊！”

夏侯藩只好讪讪而归，虽然事情办砸了，刘骜却提升他为太原太守作为辛苦费。不过事情还没完，这边夏侯大人刚走，那边乌珠留单于就遣使上书说：夏侯藩到臣这里索要土地如何如何。

刘骜被整了个大红脸，只好诏报单于说：“这不是朕的意思，夏侯藩那小子假冒我的名义求地，定要从重从严从快依法处理！按照《汉律》这是死罪，不过恰巧遇到我宣布大赦了，所以将夏侯藩降职为济南太守，再也不让他出使匈奴了。”

斗地事件就此结束，乌珠留用很巧妙的方式保住了自己的领土。不过这件事情在当时算是罕见的特例，事实上对于汉帝国的要求匈奴一般都会照办，哪怕这样会伤害到国家尊严。例如在公元前 5 年刘欣在位时，乌孙昆莫的庶子翕侯卑援疐率部众入寇匈奴西部边界，这伙人“寇盗牛畜，颇杀其民”。乌珠留派遣左大当户乌夷泠率五千骑迎击卑援疐，杀死数百人，俘获千余人，夺回了牲畜。卑援疐害怕继续受到攻击，就派儿子趋逯到匈奴做人质，乌珠留接受了乌孙的人质并上报刘欣。刘欣却很不满意乌珠留的做法，因为在汉帝国看来乌孙和匈奴都是臣服于自己的属国，只有派遣侍子到汉做人质的份，岂有接受其他属国人质的资格？于是刘欣派中郎将丁野林去责令乌珠留把质子归还卑援疐，结果是“单于受诏，遣归”。

此类事件后来在刘欣死后王莽当政时还发生过一次，那次是车师后王姑句无法忍受汉朝校尉徐普的欺压，又受到车师前王被汉处死的惊吓，便跑到匈奴投降。又有胡来王唐兜因为怨恨汉朝都护不及时援救自己免受羌人入侵，所以率部众逃亡匈奴。乌珠留将这些人安置在左谷蠡王领地，然后上书汉帝国如实报告了这两件事情。

这时当政的皇帝是年幼的汉平帝刘衎，一切国政都归大司马王莽把持。王莽派中郎将韩隆、王昌，副校尉甄阜，侍中谒者帛敞，长水校尉王歙等人出使匈奴，他们责令乌珠留说："西域是大汉属地，匈奴不能接受逃亡的西域人，现在就把人交出来。"乌珠留想打个哈哈混过去："孝宣、孝元皇帝哀怜我父亲呼韩邪单于，这才把长城以北都划归匈奴所有。臣父亲呼韩邪遗言交代：'有从中国来降者，勿受，辄送至塞，以报天子厚恩。'我也一直是这么做的。只是这次诸位大人索要的人是从西域而来并非中国，我应该可以接受啊。"

汉使板着脸责备道："当初匈奴骨肉相攻，国家几乎灭亡了。如今你们妻子完安，累世相继，能有今天全是蒙皇上大恩施救的缘故。知恩自当图报，还要扯什么从中国来从西域来？"

乌珠留一听这话说得很严重，只好"叩头谢罪，执二虏还付使者"。乌珠留在送出这些人后，派使者到汉请求赦免他们的死罪。结果王莽不但不给乌珠留面子，反而还大张旗鼓地将西域诸国王召集起来开了公审大会，然后把姑句和唐兜斩首示众。这件事过后不久，王莽又给乌珠留拟了四条规矩："中国人亡入匈奴者，乌孙亡降匈奴者，西域诸国佩中国印绶降匈奴者，乌桓降匈奴者，皆不得受。"乌珠留无奈只得接受。但不久后又发生了匈奴入侵乌桓的冲突：王莽令护乌桓校尉告诉乌桓首领们说以后不必再向匈奴缴纳"皮布税"，于是当匈奴使者按惯例前往收税时自然碰了大钉子。匈奴使者大怒之下把乌桓酋豪吊起来一顿好打，结果乌桓人立刻报复杀了使者不说，还把跟着一起去做生意的"匈奴人民妇女欲贾贩者"都掠为奴隶。乌珠留大怒之下令左贤王发兵攻击乌桓，乌桓被打得四散奔逃死伤惨重，从这件事可以看出匈奴的实力已经恢复到相当程度了。

左贤王抓走一千余乌桓妇孺作为人质，命令乌桓人："持马畜皮布来赎之。"那些被抓走的乌桓人亲属拿着大笔的财物牲畜去赎人时，却又被匈奴扣留不放。

乌珠留明白王莽对自己已经不满意了，连忙找机会讨好这位权臣。正好王莽下令汉人不许起一个字以上的名字，不过光是迫使汉人改名字并没有多大成就感，所以王莽又把目光转向匈奴人，他派使者暗示乌珠留“宜上书慕化，为一名，汉必加厚赏”。乌珠留连忙答应，上书王莽说：“幸得备藩臣，窃乐太平圣制，臣故名囊知牙斯，今谨更名曰知。”这下王莽的虚荣心自然大为满足，于是他“遣使者答谕，厚赏赐焉”。

乌珠留虽然成功讨好了王莽，可是王莽对匈奴的无端干涉已经深深刺痛了这位单于的自尊心，虽然他看在西汉王朝慷慨赏赐的面子上隐忍不发，不过王莽无止境的得寸进尺已经逐渐逼近了他的底线。随着公元 8 年王莽接受年仅五岁的傀儡皇帝孺子婴禅让，盛极一时的西汉王朝轰然倒塌，一个名叫“新”的短命王朝开始了。

王莽做了皇帝之后，他的一系列作为使得新与匈奴两国关系迅速恶化，塞外与中原六十年的和平终于宣告寿终正寝。

2. 苏醒的苍狼 乌珠留在匈奴单于中属于比较长命的，在他的统治期内，匈奴国力恢复得很快，人口达到最盛的冒顿时期的一半。反观王莽的新帝国，看似庞大却直接继承了西汉王朝遗留的各种矛盾和动乱，这是一栋新粉刷过的老危房，不过乌珠留还没有主动上去踹一脚的勇气。

当中原王朝忽然改换姓氏之后，乌珠留只是盘算着继续称臣然后找机会再去朝贡打秋风，顺便继续验证一把是否能再现单于朝见王莽归天的闹剧。

王莽在中国古代历史上算是一位改革家，他梦想按照儒家思想彻底改造世界，认为一切社会秩序都应该回到周朝那个完美的时代才好。简要来说，王莽周礼改制的主要内容有：一、“更名天下田曰王田”，也就是私人不得买卖土地，用恢复井田制的办法来解决土地兼并问题。二、改奴婢为“私属”，亦不得买卖。三、实行“五均六筦”，即在国都长安及五大城市设立五均官，政府管理五均赊贷及管理物价，征收商税，由政府经营盐、铁、酒、铸钱和征收山泽税。四、改革币制。五、改革中央机构，调整郡、县划分，改易官名、地名。六、改变少数民族族名和首领的封号。

王大皇帝的改革措施前五条都是折腾自己人的与匈奴无关，唯独第六条直接涉及乌珠留本人。

就在王莽登基后不久，单于庭迎来了新王朝的第一批特使：五威将王骏率领的庞大使团。这位王特使“乘干文车，驾坤六马”，身着特制的服饰——“背负鷩鸟之毛”，大体上像是印第安酋长来到了草原上。不过乌珠留是蛮夷人士，见惯了奇装异服。他重视的是礼物的轻重与否，在这方面王莽是慷慨的：“多赍金帛，重遗单于”，于是乌珠留毫不犹豫立刻就拜倒在地对着礼单高呼王大皇帝万岁、万岁、万万岁！

正当乌珠留笑眯眯地清点礼品时，王骏告诉他皇上受天命代汉而立，所以派我来给你颁发新朝的新单于印，换掉以前汉帝国给匈奴的旧货。乌珠留是个爽快人，看着使者急着“欲解取故印绂”，结果他主动“举掖授之”。就在此时，匈奴左姑夕侯苏提醒乌珠留说：“还没验看新印上刻着什么呢，您就急着交出原有的不大好吧？”乌珠留醒悟过来：对呀，还没验货呢！

于是匈奴方面将王莽使者们请进穹庐坐下先开饭，乌珠留端着酒杯向五威将先生敬酒时，王骏却不肯喝。他坚持说老乌你要有诚意收新印就得把旧印给我啊。言下之意是你不交旧印这不是存心怀念汉朝吗？

乌珠留一看这位急得酒都不喝了，心想也别为一块破印磨叽了，于是说声“诺”。这个“诺”在两汉之际是作为“是”来用的，乌珠留对王莽使者用这个字充分表明他对于王莽的恭顺态度。不过苏却依旧坚持表示“未见印文，且勿与”，乌珠留一看这弄得饭都吃不下去了，干脆一挥手说：“你太啰唆了，印文怎么可能变更！”说完自己解下挂在脖子上的旧印双手奉上，大伙儿这才开始大吃狂饮庆贺起来。

乌珠留就这样挂着锦缎包裹的新印一直喝到深夜方休，根本没想到打开查验一番。

夜深欢宴结束后，特使们却不肯休息，大伙儿聚在一起商议对策。原来苏的怀疑是有道理的，王大皇帝果真在印文上玩起了花样——西汉王朝颁发给呼韩邪的旧印上刻着“匈奴单于玺”，王莽颁发给乌珠留的新印上给改成“新匈奴单于章”了。

“玺”为帝王专用，而“章”可是中原诸侯王人手一个的。这样一来等于是把原来汉与匈奴之间的藩属关系降级为新与匈奴之间的政治附庸关系了，说白点就是以前汉承认单于是匈奴的君王，单于向汉臣服，地位在皇帝之下中原诸侯王之上；现在是新表示单于只是一个塞外的诸侯王了。

王骏召集部属商量说该怎么处理收缴的旧印，其中陈饶是个胆大之人，他对同伴说：“匈奴姑夕侯始终怀疑印文可能有变，几次阻止单于上缴。现在酒宴结束他们回去查验，匈奴人看到文字变更肯定不满，明日定会索要旧印，我们事先没有说明印文更改理亏，又在人家的地盘上，所以单凭说辞是无法让匈奴满意的。旧印如果得而复失的话，大伙儿怎么有脸回去复命？不如打碎旧印以绝祸根！”

大伙儿听后纷纷竖起大拇指说“此计甚好，OK！”陈饶举着印问由谁动手的时候却莫有应者——谁都不傻，干这个分明是给自己惹祸上身嘛。陈饶是燕赵人士，性格强悍，他看别人都推三阻四，干脆自己抄起斧头把印砸碎了。

再说乌珠留回去兴冲冲地打开新印一看，不由得又惊又怒，他当然不能接受平白被降低等级的羞辱。可是旧印已经交出去了，再由自己亲自去讨比较没有面子。于是他派遣右骨都侯当去和王骏交涉：“汉赐单于印刻着‘玺’而不是‘章’，赐予匈奴部下诸王的印上才刻着‘章’字。如今赐予单于的印上也刻着‘章’字，与臣下无法分别，所以还是请把旧印还给单于吧。”

王骏把旧印的碎块捧出来给当看了看，然后说：“旧印已经被破坏了，再说如今中国四边属国之君主都已被天子改王为侯。单于还是老老实实顺应天命，尊崇新帝国的制度吧。”当一看这种情况也只好回去禀报乌珠留，乌珠留心中大恨，却也无可奈何。不过看在这次从王莽那边拿到极多的礼品分上，他还是派弟弟右贤王护送王骏一行人塞并谢恩，当然还同时带去了乌珠留请求颁发旧印的上书。

事情还没完，王骏等人途经左犁汗王咸辖区之时发现那里有很多乌桓人，于是便讯问咸到底是怎么回事。

咸把乌桓杀匈奴使者，匈奴后出兵乌桓之事说了一遍，王骏责备道：“之前不是给你们约定四条规矩了吗？匈奴不得接受从乌桓投降的人，马上把这些人还回去！”咸无奈之下只好说：“请容我禀报单于，单于同意后我就让这些乌桓人回去。”乌珠留知道后简直是怒不可遏，他强忍怒火让咸问王骏：“请问是从塞内遣返乌桓人，还是从塞外遣返？”

王骏不敢私自决定，报告朝廷后得到王大皇帝批示：从塞外还之。

乌珠留在单于庭思索着未来的道路：匈奴与中原之间的和平还能维持多久呢？乌珠留与中原的离心离德始于刘欣派夏侯藩索取斗地，毕竟土地是国家的根本，他不能接受割让国土的屈辱。虽然这件事被他用漂亮的外交手段解决了，可是他对中原政权已经产生了抗拒心理。之后王莽又使得他不能向传统上的属地乌桓收税，让他认为是对自己权威的严重挑衅，他派兵攻击乌桓“寇略其人民”后才算是出了口气。现在无故更改印文贬低他的身份令乌珠留对王莽心怀怨恨，等到强迫他遣返乌桓俘虏时他的愤怒爆发了——乌珠留派遣右大且渠蒲呼卢訾等十余名将领率万骑，以护送乌桓为名勒兵朔方塞下。

这是匈奴的反击，他们经过六十年的休养生息后再度集结在长城下耀武扬威。胡骑的蹄声和胡儿的呼哨是匈奴帝国露出的锋利的狼牙，新帝国的北方边境从此不再宁静。

虽然匈奴在边塞外武力示威，战争却从西域首先燃起。

第二年，西域车师后王须置离打算亡降匈奴，戊己校尉刁护知道后将其用枷锁捆绑着送到西域都护但钦所在的埒娄城，车师人民“知其不还，皆哭而送之”。

西域都护但钦在属国受攻击时虽然不肯援助，此刻却反应敏捷，他立即将须置离砍头问罪。须置离的哥哥狐兰支痛恨但钦，率举国人众二千余人，赶着牲畜归降匈奴。乌珠留立刻予以接纳，并派兵与狐兰支联兵入寇车师杀后成长、伤都护司马，留下一片狼藉后返回匈奴。紧接着刁护属下的陈良、终带、司马丞韩玄、右曲侯任商等汉族将领看到西域诸国都背叛新帝国，又听说乌珠留将派大军大举入侵西域夺回土地，他们害怕被杀，干脆挟持着手下吏卒数百人，杀死生病的刁护全家男丁后，遣人与匈奴南犁汗王南将军接洽投降。

匈奴南将军率两千骑入西域迎接这伙叛徒，结果“良等尽胁略戊己校尉吏士男女二千余人入匈奴”。

但钦知道后赶紧上书王莽说：匈奴南将军和右伊秩訾王即将率大军入寇西域诸国。

王莽勃然大怒，他打算将匈奴分为十五块，设置十五个单于以使其无力造反，于是派遣中郎将蔺苞、副校尉戴级等人率万骑携带珍宝财物到云中塞下，招诱呼韩邪诸子孙，欲依次拜为单于。

蔺苞派翻译出塞引诱右犁汗王咸及其儿子登、助入塞，三人一进入长城内便被新军控制，蔺苞强迫咸接受孝单于的封号，“赐安车鼓车各一，黄金千斤，杂缯千匹，桀戟十”；又“拜助为顺单于，赐黄金五百斤”。

咸父子三人被迫接受后，蔺苞只放咸一人出塞，将助、登二人带到长安做人质。咸脱身后立刻将经过禀报哥哥，乌珠留却毫不为弟弟的忠诚所感动，反而将其贬为“匈奴贱官”之流的于粟置支侯，差点就一撸到底做草民了。咸的儿子助在长安很快因水土不服病死，王莽却毫不慌张，因为他手里还有“备份产品”——新帝国宣布登接替助为匈奴新的顺单于。

乌珠留本来只在西域动手脚是为了留一个回旋余地，现在王莽的做法已经完全突破了他的底线，于是乌珠留召集各部贵人愤怒地说：“先单于受汉宣帝恩，不可负也。今天子非宣帝子孙，何以得立？”

在发表了不承认王莽皇帝地位的造反宣言后，乌珠留派左骨都侯、右伊秩訾王呼卢訾及左贤王乐等人率军攻入云中益寿塞大杀吏民，这一年是公元11年，六十年的和平被彻底打破了。

战争一旦爆发，匈奴帝国很快便恢复昔日的残忍狰狞。

乌珠留“历告左右部都尉、诸边王，入塞寇盗，大辈万余，中辈数千，少者数百，杀雁门、朔方太守、都尉，略吏民畜产不可胜数，缘边虚耗”。

王莽自然不甘示弱，他派遣十二名将军“发郡国勇士，武库精兵”，“募天下囚徒、丁男、甲卒三十万人”，计划携带三百日军粮分十路出击匈奴。在取胜之前王莽充分发挥精神胜利法的精髓，把匈奴这个名字改为“降奴”，把单于改称为“服于”。王莽坐在长安等着新军大胜的消息，可是他的将军们却在塞上停滞不前——不是军士不敢战斗，而是内地的军粮根本运不上来。

王莽大将严尤见状便进谏说与匈奴作战耗费人力物力巨大于国不利，昔日秦始皇因为穷兵黩武亡国，汉武帝也因为连年对匈奴用兵导致国力为之一空。何况历来对匈奴用兵没有超过百日者，皆因粮草运输困难。现在皇上你要求携带三百日的军粮，按照国内的运输条件必须用牛拉一年才能全部运完。我军在塞上停留一年的话还打什么仗，必定是意图暴露、士兵疲敝。再说塞外水草不适合牛食用，不出百日牛一定死亡殆尽。士兵们在陌生的草原作战三百日的话也不现实，光是水土不服生疫病就足以让军队瓦解了。目前国内百姓饥寒交迫，西北更是处于饥荒绝境中，实在不是出兵的好时机。如果一定要打的话，请允许我率领目前已到塞上集结的这一部分军队出塞速战速决！

虽然严尤苦口婆心地劝说，但王莽丝毫不为所动。

于是后方为了繁重的劳役已经搞得天下骚动了，新帝国的大军依旧停留在塞上毫无作为。在这期间匈奴加紧入寇劫掠，一时间边郡百姓伤亡惨重，长城线附近到处都是累累白骨！

不久后，王莽接到将军陈钦的报告说据捕获的匈奴俘虏交代，率军入寇最起劲的竟然是“孝单于”咸的儿子角！王莽一怒之下召集在京各国使节贵人，众人汇聚一堂一同观赏处斩“顺单于”登的现场直播。

报复完咸家父子之后，王莽望眼欲穿地等着大军出塞的捷报。结果捷报没等来，却等来了匈奴方面的消息：公元13年，在位二十一年之久的乌珠留单于去世了！还没等王莽与大臣们弹冠相庆，又传来一个令人哭笑不得的消息，新单于正是被王莽封为孝单于的咸——正是刚被斩首的登的老爸。

这是一桩极具黑色幽默色彩的事件。原来在匈奴内部一直存在着一股坚定的主和派或者说是亲汉派势力，为首人物正是王昭君的女儿须卜居次及其夫婿匈奴用事大臣右骨都侯须卜当。作为汉家的外孙女，云自然是铁杆的和平主义者。她在战争开始后始终为和平奔走，“常欲与中国和亲”。由于云夫妇与咸的关系很好，又认为王莽喜欢咸才会拜他为孝单于，所以趁着乌珠留死后便越过本该即位的舆而立咸为乌累若鞮单于。

以前的“匈奴贱官”咸上台为乌累单于后，立即把对哥哥乌珠留的怨恨报复到侄儿身上，将苏屠胡贬为左屠耆王。

匈奴内部的人事调整刚一结束，云和须卜当便催着他赶紧与王莽和亲恢复和平。乌累想着宝贝儿子登还在王莽那里扣着呢，于是同意派使者求和亲。云和须卜当赶紧派人到西河虎猛制虏塞下，通过守塞官吏转告自己的表哥和亲侯王歙。王歙是王昭君的侄子，他再把和亲的消息告诉王莽——这下王大皇帝坐蜡了……

幸亏搞政治的第一要素就是脸皮要比城墙厚，王莽决定把登的事情先糊弄过去再说。他派王歙兄弟二人作为贺使前往单于庭庆祝乌累单于上台，赐给乌累黄金衣被缯帛等礼品，并大言不惭地宣称侍子登活得好好的，顺便要求将叛徒陈良、终带等人遣返回中原。

乌累此刻刚上台还不稳固，于是“尽收四人及手杀校尉刀护贼芝音妻子以下二十七人，皆械槛付使者”。王莽收到上述人等后迅速召开公审公判大会，在长安城将陈良等人活活烧死，又把驻扎在塞上的大军陆续撤回，只保留游击都尉守备——他竟然以为就这样瞒过去了！

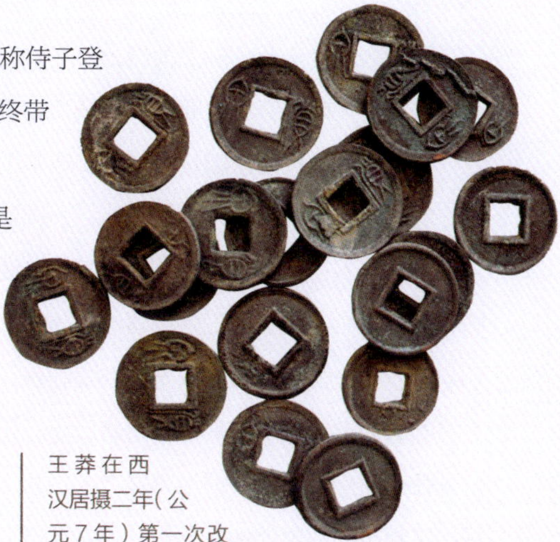

王莽在西汉居摄二年（公元7年）第一次改革货币，发行了重量只有五铢钱二点四倍的大钱，却要当五十倍的五铢钱使用。王莽的货币改革实则与抢钱无异，与他的外交政策一样都是瞎胡闹

天下没有不透风的墙，不久后匈奴使者便得悉实情报告单于。乌累得知儿子惨死的消息后恨王莽入骨，于是“寇虏从左地入，不绝”。

王莽厚着脸皮派使者问乌累说：既然和亲，何故入寇啊？乌累则摆出一副“友邦人士惊诧莫名”的嘴脸说：“哪有入寇？这定然是乌桓与匈奴中的大胆刁民结伙入塞抢劫犯罪，治安事件而已嘛，你们中国不也有盗贼吗？在下刚刚上台威信尚浅，不过将尽力打击这种不法行径，对王大皇帝我不敢有二心啊。”

乌累一面糊弄使者回去，一面仍不放弃入寇，同时还派使者“求其子登尸”。王莽打算归还尸首又害怕乌累会杀死自己的使者报复，在窘迫之下他迁怒于当初建议自己杀掉登的将军陈钦，随便编造了个罪名将其投入监狱。陈钦愤慨地说：“这是要用我的头去安抚匈奴啊！”无奈之下自杀了。

公元18年，王莽选派能言善辩的儒生王咸为“大使”，与王歙等人一同将登的尸体送还匈奴。这次不光是送还尸首而已，还对乌累提出如下一些要求：敕令刨掉乌珠留的坟墓并鞭尸以惩罚其“造反”；责令匈奴撤退到漠北不得南侵；责令乌累缴纳马万匹、牛三万头、羊十万头作为以前入寇的惩罚，并将此前所掠边民幸存者悉数放归。

王莽的狂妄至此达到了顶端，而王咸的经历则更成为传奇：“咸到单于庭，陈莽威德，责单于背叛之罪，应敌从横，单于不能诎，遂致命而还之。”这件事看似传奇，其实背后原因是此行“多遗单于金珍”的缘故。除此之外，王莽还改匈奴为“恭奴”，单于为“善于”，并重新赐印绶。

对此乌累自然是付之一笑曲意听之，他的忍耐都是看在大笔财宝的面子上。听说匈奴果然不能驳倒王咸的唇枪舌剑，王莽顿时感觉自己获得了极大的外交成功。虽然他吩咐的事情匈奴一件都没有办，可王莽照样重赏此行“有功”人员。

不久后传来消息：乌累单于病死了，舆继任为呼都而尸道皋若鞮单于。

呼都而尸单于是个极为贪财之人，为了尽可能多的从王莽那里得到赏赐，他派出王昭君的两位外孙：云的儿子大且渠奢和云的妹妹当于居次之子醯椟王俱到长安朝贡请赏。王莽贼心不死地试图利用这一机会再度分裂匈奴。他令王歙护送奢等来到制虏塞下，与云、须卜当会面。云和须卜当不知王莽诡计，带着小儿子一同前来，却被新军挟持入塞。云的小儿子设法逃脱归匈奴，剩下的人全被强行带到长安。在长安城中王莽早准备好了一套单于行头，他宣布拜须卜当为“须卜善于”。

在王莽动手之前，大司马严尤说：“须卜当在匈奴右部可以控制匈奴不侵犯北边边境，单于有何动静立刻告诉中国方面知道，这是对我国的极大助力。如果强行将他绑架到长安的话，不仅失去匈奴亲汉派的拥戴，还失去了在匈奴高层的内线。须卜当放在草原上是一条龙，放在长安槁街不过是个普通胡人罢了，还是让他留在匈奴吧！”

虽然严尤苦劝王莽不要在同一条河里淹死两次，可是王大皇帝坚信自己已经学会游泳了。他不仅绑架了云和须卜当一家，还打算派大军出塞扶植须卜当上台。

严尤为了挽救新帝国做出了最后的努力，他明白告诉王莽说“匈奴可且以为后，先忧山东盗贼”。

严尤无疑是正确的，因为当时民众大起义的浪潮已经席卷全国，绿林和赤眉两大起义军已成燎原之势。可是王莽却不允许有人胆敢违背自己的意志，他立即下令将劳苦功高的严尤撤职。

王莽最后也没能派出自己的远征军，而呼都而尸早就闻讯而动，“匈奴愈怒，并入北边，北边由是败坏”。

公元 21 年，须卜当病死于长安。

王莽还不罢休，他把自己的庶女嫁给须卜当的儿子奢，仍然一意孤行地要出兵匈奴扶植奢上台。不过他再也没有机会派军出塞了，就在公元 23 年，绿林军立西汉宗室刘玄为更始帝后攻入长安。

梦想家王大皇帝的脑袋高挂在长安街头，云和奢也在混战中被绿林军杀死，至此匈奴内部亲汉派领袖全部湮灭了。

3. 匈奴复兴 对于呼都而尸而言，这是最好的时代也是最坏的时代。最好的时代指的是多年的劲敌王莽新王朝已经崩溃毁灭，而宣布建立“玄汉王朝”的刘玄只是个无能鼠辈而已。最坏的时代则是匈奴尚未恢复到最鼎盛的时期，所以难以利用天赐良机一举恢复百余年来失去的所有势力范围。

以匈奴内部的主流意识而言，六十年来积累的亲汉情绪似乎已经烟消云散。当年侯应对未来的担忧似乎全部兑现，当匈奴不必再因为窘迫而恭顺中原王朝时，他们“强则骄逆”的天性就暴露无遗了。究其根源，还是以保持奴隶制游牧传统的保守派与主张接受汉化进入农耕文明的亲汉派之间角力的胜负出现了逆转。当汉人的王朝不再强大，中原不再成为匈奴人思慕的乐土之后，依靠游牧传统进而征服四方的思想便在匈奴成为主流。在这种情绪支配下，公元 24 年刘玄的使者踢到铁板也就成为必然了：这一年的冬季，刘玄派使者把匈奴一直强烈要求恢复的黄金“匈奴单于玺”按原样铸好授予呼都而尸，并将云和须卜当的亲属及随从贵人从者一起送还匈奴。

刘玄以为匈奴被王莽欺压会“思汉”，却不知道呼都而尸认的只是钱，何况此刻汉弱匈奴强，刘玄的黄金印自然是毫无效果。

在双方会谈时，呼都而尸骄横地宣布：“匈奴本与汉为兄弟，匈奴中乱，孝宣皇帝辅立呼韩邪单于，故称臣以尊汉。今汉亦大乱，为王莽所篡，匈奴亦出兵击莽，空其边境，令天下骚动思汉，莽卒以败而汉复兴，亦我力也，当复尊我！”

本以为单于会乖乖称臣的汉使们面面相觑，他们自然也无法接受向匈奴称臣的要求，几经交涉后“单于终持此言”。这样僵持半年毫无成果，几人只好灰溜溜地回去复命。结果还没等他们回来呢，刘玄就已经失败了。

九月时赤眉拥立刘盆子为帝攻入长安，刘玄倒台了。

螳螂捕蝉黄雀在后，没过多久刘秀又成为中原的新主人，汉帝国的东汉王朝开始了。

呼都而尸在草原上关注着时局的变幻，他一刻都没有停止自己的运筹帷幄。当东汉王朝初步稳定时，匈奴帝国已经从三个方面向这个新生的王朝压迫过来。

首先是西域，因为王莽逼迫西域各国国王改王为侯，激起了他们普遍的怨恨心理。早在公元 13 年，在匈奴的积极策动下，靠近匈奴的焉耆王就率先发难起兵攻杀西域都护但钦，继而又在姑墨、尉犁、危须等国支持下，大败继任都护李崇。李崇率残部退守龟兹数年而死，西域从此断绝与中原的联系。

其后西域诸国自相攻击，匈奴也趁机而入役使西域诸国。“王者归来”的匈奴帝国很快让西域各国知道了引狼入室的直接后果——无休止的横征暴敛，呼都而尸认为三十年河西三十年河东，西域诸国现在重归匈奴地盘自然该把拖欠数十年未付的保护费加倍还给自己。

问题是西域诸国一向是“出来混不准备还”的，大伙儿习惯了到中原王朝那里朝见请赏的幸福生活，对于匈奴丐帮忽然跳出来黑吃黑的现象深感不满，于是位于南道的莎车王延联系邻近诸国奋起反抗匈奴。

延的莎车国在西域实力较强，而且他曾在西汉末年作为侍子生活在长安，所以一向“慕乐中国，亦复参其典法”。回国即位后也“常敕诸子，当世奉汉家，不可负也”。

公元 18 年延去世，王莽赠其谥号为“忠武王”。继位的康依旧坚持亲中原的政策，联合诸国抵御匈奴控制。东汉初期，康庇护着西域都护留下的“故都护吏士妻子千余口”，他派人通过河西关塞上书刘秀“问中国动静，自陈思慕汉家”。

公元 29 年，刘秀封康为汉莎车建功怀德王、西域大都尉，诏令西域五十五国皆属莎车管辖。实事求是地说，这是一份毫无意义的精神鼓励，因为刘秀此刻自顾不暇，根本无力支持莎车国。

公元 33 年康死，刘秀赠其谥号为“宣成王”。康的弟贤代立，贤是个强有力的君主，他攻破拘弥、西夜国，杀其王而立康的两子为拘弥、西夜王。

公元38年，贤与鄯善王安“并遣使诣阙贡献，于是西域始通”，这个时候“葱岭以东诸国皆属贤”。

公元41年，贤向刘秀提出赏赐的要求：“请都护。”也就是要求东汉王朝正式册封他为西域主人。

刘秀先是同意，“赐贤西域都护印绶，及车旗黄金锦绣”，忽然有敦煌太守裴遵上书说：“夷狄不可假以大权，又令诸国失望”，结果刘秀又“收还都护印绶，更赐贤以汉大将军印绶”。

莎车使者不肯交还都护印，裴遵强行夺走，这下贤大恨不已：我父子三人为汉与匈奴奋战这么多年，难道就是为了得到几个谥号啊？他立即采取报复措施，“诈称大都护，移书诸国，诸国悉服属焉，号贤为单于”。既然决定与汉决裂，贤便向匈奴递出了橄榄枝，呼都而尸终于等到了机会，他表态支持贤，于是贤“重求赋税，数攻龟兹诸国，诸国愁惧”。

在匈奴和莎车的双重压迫下，公元45年冬，车师前王、鄯善、焉耆等十八国都遣子入侍，献其珍宝。在拜见刘秀时，“皆流涕稽首，愿得都护”。而刘秀认为“中国初定，北边未服”，无法出兵平息西域之乱，于是“皆还其侍子，厚赏赐之”。

此时贤已狂妄至极，打算兼并各国做西域之王，于是对诸国“攻击益甚”。西域各国一看东汉竟然靠不住，只得为了自保归顺匈奴。一时间，“匈奴右臂”颇有断臂重生之势。若不是镇守河西的窦融努力结好羌人、招揽豪杰固守的话，匈奴必定会联合西羌、西域诸国入侵河西走廊。虽然没能如当年冒顿、老上那样直接控制西域，但来自西域的赋税已经源源不断输入草原帝国，呼都而尸获得了极大的财政支持。

西域是财源，那么乌桓便是炮灰了。

本来乌桓在西汉时代早已脱离了匈奴控制，王莽时期更是希望凭借乌桓与匈奴的宿怨而驱使他们攻击匈奴。就在王大皇帝策划带三百日军粮分路出击匈奴的时候，他把乌桓和丁零人也算作一路拉了壮丁，这些游牧民族人民应召而来拖家带口地驻扎在代郡。

王莽让他们男女老幼举家迁来的目的不是出于尊重少数民族群众的迁徙习

惯，而是为了把乌桓、丁零士兵的家属扣作人质——王莽对于蛮夷的忠诚从来不抱幻想，于是乌桓“兵屯代郡，皆质其妻子于郡县”。

虽然做炮灰残忍了些，不过对于兵力不足的新军而言也是有力的补充。但王莽那划时代的三百日军粮构思导致了乌桓人无期限地在塞上停留，这些人不服水土，多有疾病，都害怕这样无休止地屯驻下去，于是“数求谒去”。王莽自然不肯放这些炮灰们回去，他的汉族军士们都在塞上苦熬着，难道唯独能便宜了这群乌桓蛮子？乌桓人的自觉性比较差，他们见王大皇帝不发话解散，竟然自己就开溜了。不仅如此，由于广大乌桓群众法制意识淡薄，又缺乏必要的道德修养，竟然一路抄盗劫掠延边百姓作为遣散费。这下王莽大怒，立刻还以颜色——“诸郡尽杀其质”。

乌桓人不是石头里蹦出来的，大家都有妻儿老小，现在一看家属都被杀死，自然恨王莽入骨。匈奴当即出手拉拢“其豪帅以为吏，余者皆羁縻属之”，这样一来乌桓又变成匈奴附庸，王莽算是为敌人拉到了铁杆的壮丁。

恰逢此时鲜卑族也开始壮大起来，匈奴自然不会放过这批生力军，立刻威逼利诱令其成为附属。

在刘秀上台之后，呼都而尸频繁地驱使乌桓和鲜卑人南下入寇。乌桓由于与中原结怨所以分外卖力，再加上他们久居塞旁，部落距离汉朝边境甚近，通常是早上起来酋长吆喝一嗓子:“今天去汉人那里发洋财！”于是一群胡儿们策马而出，“朝发穹庐，暮至城郭”。

乌桓人手段狠毒，以至于沿边五郡百姓家家遭难人人挂孝，很快便导致“郡县损坏，百姓流亡”的局面发生，尤其是代郡以东地区已经变成了白骨遍地的无人区。

西域来求救，刘秀可以装缩头乌龟，但是乌桓之乱令他不能不做出反应，毕竟已经到了“匈奴、乌桓寇扶风，援以三辅侵扰，园陵危逼”的严重地步了。从公元 37 年开始，刘秀令大将王霸等人率六千弛刑（因为充军或服劳役而被赦免的囚徒）修治从代郡到平城全长三百多里的飞狐道，沿途“堆石布土，筑起亭障”，以备匈奴、乌桓入寇。

公元 45 年，伏波将军马援请缨率三千骑兵出五阮关奋击乌桓。乌桓人的斥候早就探知动静，于是“汉军至，虏遂散去”，经过一番努力后汉军好歹干掉一些腿慢的乌桓人：“追斩百级而还。”

本来好歹算是获胜了，谁知乌桓人是诱敌深入，趁汉军撤退时“复尾击援后”，汉军大溃奔逃，马援拼命逃回塞内一看，人马已损失了三分之一有余。要知道马援可是东汉名将，挟平息交趾叛乱余威而来，竟然遭此惨败。

在整个战争期间乌桓人总计与汉军大小数百战，汉军竟然没有获得过一次胜利。在东汉初年的相当长时间内，呼都而尸利用乌桓人重创了东汉王朝。而他最狠的一手还不在于此，而是“以其人之道还治其人之身”的以汉制汉手段，这才是对刚恢复的汉帝国最具威胁的打击。

以汉制汉这一手匈奴并不是第一次使用，早在冒顿时期匈奴就扶持过韩王信等汉帝国叛臣，如今呼都而尸则将这一手段发扬光大，一口气勾结了安定郡三水县的卢芳、代县的张晔、渔阳郡的彭宠和五原郡的李兴等汉族军阀割据者。

呼都而尸出钱出人帮助这些军阀们不断攻击汉军，蚕食汉帝国的领土。在相当长时间内，这些割据势力和匈奴的联合侵扰搞得中原大地鸡犬不宁。在上述军阀当中，尤以卢芳最受呼都而尸重视，因为他是一位天才的“传奇故事作家”。

卢芳是安定郡三水县人，在王莽统治末期，他抓住当时“天下咸思汉德”的民心倾向，编造了一个自己原是汉武帝曾孙刘文伯的传奇故事。

卢大作家自我考证出如下家族历史：当年伟大的汉武帝刘彻为了树立汉与匈奴两族人民之间的牢固友谊，毅然决然地做出了“汉番和亲”的壮举，他迎娶了归降的匈奴谷蠡浑邪王的姐姐为皇后，还生了三位皇子。“江充之乱”中，太子被诛，母后坐死，剩下的两个儿子次子叫刘次卿，亡命到长陵；幼子刘回卿，亡命到三水县境内的属国胡骑之中，得到浑邪部的保护。再后来大将军霍光平定了内乱，迎立次卿为皇帝，也恭迎回卿返京享福，回卿已经深深爱上了属国生活，他宁愿选择留下和属国胡人们共同生活。刘回卿的孙子叫作刘文伯，也就是卢芳本人……

这个三流的、漏洞百出的民间传奇竟然在北边的汉族和其他少数民族中不胫而走，很难解释的是卢芳无法自圆其说为何由刘文伯改名换姓为卢芳。只能说这是一位划时代的成功“大忽悠”，广大无知群众纷纷信以为真，这里面竟然也包括呼都而尸。

在王莽倒台时的大起义风潮中，拥立一位宗室之后是时髦的做法，所以三水地区的属国西羌、匈奴诸部一致举兵宣布拥立大汉传人卢芳，讨伐王莽伪政权，并割据了安定地区。刘玄攻占长安后曾封卢芳为骑都尉，命令他镇抚西陲。刘玄死后，三水地区的番汉贵人首领们经过会商，“以芳刘氏子孙，宜承宗庙，乃共立芳为上将、西平王”。

卢芳被尊为西平王后第一个举措就是“使使与西羌、匈奴结和亲”，既然匈奴认为卢芳既是刘彻的嫡曾孙，又是浑邪王的亲外曾孙，那么自然对他青睐有加，毕竟东汉王朝的刘秀血脉与西汉皇室相距甚远。

呼都而尸对卢芳的使者表态说：“匈奴本与汉约为兄弟。后匈奴中衰，呼韩邪单于归汉，汉为发兵拥护，世世称臣。今汉亦中绝，刘氏来归我，亦当立之，令尊事我。”

于是派句林王率数千骑迎接卢芳，卢芳与哥哥卢禽、弟弟卢程俱入匈奴。卢芳到了单于庭后，自然又把这传奇故事如评书般讲述一遍，呼都而尸大为感动，“遂立芳为汉帝，以程为中郎将，将胡骑还入安定”。就在此时，五原人李兴、随昱，朔方人田飒，代郡人石鲔、闵堪等纷纷起兵称霸一方。可惜卢芳的把戏具有不可复制性，况且也不可能人人都是评书表演艺术家，所以这些好汉们只得自称为“将军”。呼都而尸大单于格外关心汉族人民的战争，他派遣无楼且渠王入五原塞，与李兴等“和亲”，告诉这些将军们大单于打算“令芳还汉地为帝”。李兴、闵堪等人自然明白该做什么，于是大家振臂高呼：立志在呼都而尸道皋若鞮单于栾提舆陛下指导下和真龙天子原刘文伯现卢芳陛下领导下，把分裂推向新的高潮！

口号喊完后，李兴、闵堪率领着自己的乌合之众们到单于庭迎接“天子”卢芳，大伙风光入塞后定都九原县。

一时间卢芳的伪政权“掠有五原、朔方、云中、定襄、雁门五郡，并置守令”，这帮好汉们一点都顾不上安抚百姓、建设根据地之类的小事，只顾忙着“与胡通兵，侵苦北边”。

建国一年之内，卢芳便发现光有编故事说评书的本事无法控制他手下的好汉们，于是内讧频出也就不奇怪了。卢芳手下的“将军”们有的被杀死，有的投降了刘秀。卢芳苦苦支撑了六年后，自知“羽翼外附，心膂内离”，最后只得带着十余骑亡人匈奴，呼都而尸不得不承认自己看走了眼。公元 40 年，刘秀方面向呼都而尸提出一项交易：我出钱你出人（卢芳）。呼都而尸也终于不再相信卢芳的故事，他打算榨取这个江湖骗子的最后一点剩余价值，于是答应和刘秀签署供销合同。

卢芳也不是白出来混的，他发觉呼都而尸这老家伙打算把自己卖了就做好准备，一被遣返入塞就宣称自己是主动请降。之后卢芳再度发扬大忽悠的本事，竟然令刘秀默认他的宗室身份封他为代王，赐缯两万匹。

这边卢芳再度封王，那边呼都而尸还眼巴巴地等着刘秀送钱过来，刘秀以为卢芳是自动归顺自然不肯付钱，呼都而尸认为是刘秀在耍自己，于是大怒，开始更加猛烈地入寇。就在这一年的冬天，卢芳奉诏朝见刘秀。当他走到时又被阻止令他明年再入朝。卢芳在归途中害怕这是刘秀怀疑自己不忠，索性率部再度叛变。经过与汉军数月混战后，呼都而尸念及旧情派遣数百骑将卢芳及其家人接到塞外，卢芳留匈奴十余年后病死，一代大忽悠的传奇也宣告结束。

值得一提的是，卢芳起兵时的主力便是属国胡人。这些属国胡人自西汉便与边地汉人“杂居错处”，属于匈奴中受汉化影响最深的族群。属国胡人从汉人那里学习农耕技术，逐步从游牧生活转向更舒适的农耕定居生活或至少是半游牧半农耕生活。《后汉书・羌胡传》中说“属国降羌、胡数千人，居山田、畜”，这个属国指的是安定属国，山则是青山，也就是说原来居住在安定属国内的数千羌、胡人在青山一带进行农耕和放牧，这是匈奴人向农耕或半农耕状态转化的铁证。

汉化的属国胡人同样受到西汉末期土地兼并而导致的破产之苦，于是趁着王莽末年的动乱纷纷揭竿而起。这些人素有匈奴人的彪悍，更因为长期作为汉军出战而熟悉中原军队作战特点，所以成为极难扑灭的火焰。

呼都而尸自然不会错失这些天然的同盟者，他在属国胡人暴动之后立即派遣句林王前往联络接应，于是这些属国胡人便成为匈奴扰乱中原的马前卒。等到卢芳覆灭之后，属国胡人暂时回归乡里，但不久后再度由于“积苦县官徭役”而起来造反。这次的首领是胡人驳马少伯，此人“素刚壮”有勇力，他率胡人们反叛后立即与匈奴通使联合，这些起义者屯聚在青山附近等待时机。刘秀闻讯派长史陈欣率三千骑前往镇压，驳马少伯投降后被徙于冀县。

虽然在东汉初年属国胡人屡有造反，但是这些已经汉化了的匈奴人并没有大规模地回归草原，这也是令呼都而尸颇为无奈的事情。毕竟农耕文明远远领先于游牧文明，要这些已经接受定居生活相对舒适的匈奴人再变回去已经是不太可能的事情了，这种情况与匈奴上层轻视汉帝国的狂妄形成了鲜明的对比。

东汉王朝在匈奴帝国的铁蹄阴影下立国，在四面受敌群雄割据的情况下成长。刘秀采取了先安内再攘外的策略，逐步削平群雄统一天下后，又忙于整顿内政，稳定秩序，恢复生产，无力顾及外患。经过战乱之后，东汉王朝面临的局面是“海内人口只剩十之二三”，“边陲萧条”，沿边民众死亡一空，而边防建设方面则是“障塞破坏，亭燧灭绝”。因而当呼都而尸稳坐单于庭得意扬扬地从三个战略方向向刘秀压迫过来时，刘秀采取的基本上是咬紧牙关单纯防御和权且忍让的政策。

具体来说，东汉王朝抵御匈奴的策略分为三个方面：一、加固边防要塞，以阻碍胡骑南下。刘秀先令骠骑大将军杜茂率诸郡充军刑徒镇守北部边境，又“发边卒筑亭候，修烽火”，还令扬武将军马成组织夫役“缮治障塞，自西河至渭桥，河上至安邑，太原至井陉，中山至邺，皆筑保壁，起烽燧，十里一候”。又派人造巨型战车：“可驾数牛，上作楼橹，置于塞上，以拒匈奴。”二、放弃西汉时代的边防线，内迁边民以避匈奴。因河东地区屡遭匈奴袭扰，刘秀以“中国未安，

经过战乱之后，东汉王朝面临的局面是“海内人口只剩十之二三”，“边陲萧条”，沿边民众死亡一空，而边防建设方面则是“障塞破坏，亭燧灭绝”

米谷荒贵，民或流散”为理由内迁边民。于是雁门、代郡、上谷三郡吏民均迁徙至常山关、居庸关以东“以避胡寇”，但这样做的结果是匈奴立即步步紧逼南下，“匈奴左部遂复转居塞内，朝廷患之，增缘边郡兵数千人，大筑亭候，修烽火”。三、放弃西域，做战略收缩，避免与匈奴决战。

虽然刘秀一再退让，但呼都而尸并不满足，他定要如冒顿逼迫刘邦称臣般令刘秀降服。在此期间汉匈双方并没有断绝外交往来，刘秀不断派使者“赂遗金币，以通旧好”，而呼都而尸则“骄踞，自比冒顿，对使者辞语悖慢”，在这种情况下刘秀只得忍辱负重地继续撑下去。于是在长城内外，胡骑肆意驰骋；西域南北道，尽匍匐于匈奴脚下；昔日旧部乌桓、丁零，重为忠仆鹰犬……呼都而尸在草原的单于庭中，似乎看到了开国时期的历代先单于那些雄健伟岸的身影，他感觉自己的草原帝国已经复兴，当代冒顿非自己莫属。但是他忘记了，自己的规模只抵得上冒顿辉煌时的一半，游牧之国兴亡只在瞬间。由于汉民族内部早已在政治、经济、文化、语言、生活方式、风俗习惯等方面形成了牢固的统一模式，所以匈奴的分化政策对汉帝国并不能起效。倒是匈奴帝国立国百余年却始终没有形成共同的民族意识，反而在汉民族生产、生活方式的影响下继续分化，所以一旦出现波折，现在的繁荣就注定只是昙花一现。

4. 南与北 公元 46 年，在位二十八年之久的呼都而尸去世。在此之前，这位自比冒顿的单于大人对弟弟举起了屠刀。按照昔日呼韩邪“传国与弟”的吩咐，呼都而尸之后应该将单于位传给王昭君的儿子伊屠知牙师，伊屠知牙师时任的官衔右谷蠡王自然也应该提升为王储左贤王。

但是狂妄自私的呼都而尸不愿单于位落到亲汉的弟弟手中，他希望把宝座传给儿子，“遂杀知牙师”，呼都而尸的儿子乌达鞮侯踏着被害者的血迹坐上了左贤王之位。这件骨肉相残的悲剧说明匈奴内部的继承体系再度被破坏，诸王争立的局面又要浮出水面。眼见得该上台的伊屠知牙师被杀，呼韩邪的子孙们都开始各自打起了算盘。本来按照呼韩邪的安排，大家是风水轮流转都有单于位子坐，当然前提是要能活到轮到自己的那一天。现在眼看单于位要被呼都而尸一家霸占，自然会有不少人怨恨不已。

这其中表现最明显的一位，便是乌珠留之子右薁鞬日逐王比。早在呼韩邪北迁单于庭之后，在漠南地区就形成了一个以八部大人为中心的政治集团，后归右谷蠡王伊屠知牙师统率。伊屠知牙师遇害后，漠南八部大人及乌桓均归比统辖。当初乌珠留试图传位给儿子苏屠胡却未得逞，如今比见叔叔知牙师被杀后便口出怨言道："单于继位，以兄弟言之，叔叔右谷蠡王自然当立；以孙子言之，我是乌珠留单于长子，自然当立。哪里轮得到乌达鞮侯这小子！"

俗话说病从口入，祸从口出，比放出不满呼都而尸的话后未免虚心"遂内怀猜惧，庭会稀阔"。这样一来呼都而尸自然怀疑起来，由于比的驻牧地临近乌桓，有四五万之众，所以呼都而尸不便轻易下手诛杀比，就先派两位心腹骨都侯去监视。

当呼都而尸去世后，左贤王乌达鞮侯被立为单于。可惜乌达鞮侯是个短命鬼，当年就去世了，于是呼都而尸的弟弟左贤王蒲奴又立为单于。比眼见得单于位果然没自己的份，愤恨至极，决定要采取行动。恰逢匈奴帝国遭到了罕见的灾祸，"连年旱蝗，赤地数千里，草木尽枯，人畜饥疫，死耗太半"，蒲奴单于"畏汉乘其敝，乃遣使诣渔阳求和亲"，刘秀派中郎将李茂报聘。与此同时乌桓见匈奴势衰便不愿再依附匈奴，并联合其他国家出兵攻击匈奴，蒲奴难以抵挡，只得率

右薁鞬日逐王比脱离蒲奴单于自立为王，于是匈奴再度陷入南北分裂的内战状态

部众向北迁徙，对漠南实际上失去了控制。

统率漠南的比趁机行动，他在公元 47 年秘密派汉人郭衡带着匈奴地图求见汉帝国的西河太守请求内附。比的动作不够隐秘，监视他的两位骨都侯看破了他的伎俩，便在五月龙城大会时报告给蒲奴知道："薁鞬日逐素来欲为不善，若不诛，且乱国。"

恰好比的弟弟渐将王正在单于帐下，他立刻飞驰而去告诉哥哥。比一拍大腿说这下坏了，不过事到临头已无退路，他召集自己管辖的南边八部众共四五万人，打算等两位骨都侯回来的时候先动手干掉他俩。两位骨都侯都是滑头，回来后见势不妙，翻身上马跑回去向蒲奴报了警。蒲奴闻讯后大怒：反了你小子了！于是，派万骑前去逮捕叛国贼比。

应该说匈奴高层人士对于这次叛国事件布置周密、处理及时，只可惜遇到了执行难的问题：这一万骑"国安人员"跑去准备逮捕犯罪嫌疑人比时，一看南边八部的四五万老少爷们大娘大婶们全都明火执仗地在比身边"围观"。虽然匈奴人生性粗犷目不识丁，不过还是会数数的。

大伙儿一看原来比手下军队数倍于自己，干脆来个好汉不吃眼前亏都撤回来了。这样一来比与蒲奴算是彻底决裂了，不过让他心中忐忑不安的是：刘秀会像当年刘询接纳祖父一样接纳自己吗？

自公元 18 年起，比便率八部众驻牧在南边，沿北地、朔方、五原、云中、定襄、雁门、代郡、上谷等郡游牧。由于地处汉匈交界处，所以这八部众受汉化影响最深，再加上不少汉人为了躲避战乱等原因进入八部内与匈奴杂居，更是为匈奴牧民带去了汉文化和经济等全方位的影响。

八部众在日常生活中与汉族频繁进行手工业品、农产品和畜产品的互换贸易，使得他们对汉人的认识与漠北匈奴差距极大。这八部匈奴人数虽少，却是呼韩邪亲汉精神的直接继承者。而比因为争夺单于位与蒲奴分裂更成为匈奴内部亲汉与仇汉群体总决裂的导火索，游牧民族统一民族意识薄弱的特点也促成了南北分裂的形成。

公元 48 年春，匈奴南边八部大人商议未来出路问题。由于当年呼韩邪在类似情况下附汉而兴，于是大伙儿商议立比为呼韩邪单于，借助祖父的称号来与汉帝国交涉。于是比派使者到五原塞下上书刘秀请求内附，声称：“愿永为蕃蔽，捍御北虏。”

刘秀闻讯激动得不能自已，他正苦于匈奴连年入寇无法应对。而今匈奴分裂，南匈奴自愿为汉保卫边塞，这真是天佑中华——此刻的比与昔日的呼韩邪景象何其相似！

不过刘秀手下的大臣们则怀疑比附汉的诚意，大伙儿纷纷表示不如趁匈奴内乱出兵把蛮子们一勺烩了，为国家永除后患。

刘秀很清醒地认识到自己的国力并没有恢复而“北狄尚强”，所以采纳五官中郎将耿国的建议，同意南匈奴通好的请求，确定了扶持南匈奴，抗击北匈奴的基本策略。与此同时，刘秀还趁机“以币帛赂乌桓”，对他们进行拉拢。

同年冬十月，比自立为呼韩邪单于，即醢落尸逐鞮单于。从此匈奴正式分为南北二部，两个彼此敌对的分支分道扬镳朝着不同的历史方向前进。为了便于读者区分，本文从此后也不再单独使用单于尊号，改为使用南、北单于加名或号的方式。

由于南单于比的归附，汉帝国的北境再无侵扰之患；而乌桓与鲜卑见南匈奴附汉后，也开始遣使到洛阳朝贡。既然得到了汉帝国的支持，比立即决定攻打北匈奴作为自己的投名状。

第二年春正月，南单于比派弟弟左贤王莫率兵攻击北单于蒲奴之弟薁鞬左贤王，南北两位左贤王的对决结果是南方大获全胜，将北左贤王一举生擒。莫乘胜猛追，“又破北单于帐下，并得其众合万余人，马七千匹、牛羊万头”，北单于蒲奴大为“震怖”，为避南匈奴兵锋而退却近千里。

眼见得蒲奴接连大败，北匈奴的薁鞬骨都侯与右骨都侯遂率众三万余人来归南单于比，一时间南匈奴声势大振。到了三月，南单于比遣使至洛阳“奉藩称臣，献国珍宝”，请求朝廷派使者监护，表示愿遣侍子入朝，复修呼韩邪单于故约。刘秀对此自然是求之不得，于是在公元 50 年春汉中郎将段彬等出使南匈奴，在距五原西部塞八十里处立南单于庭，设置“护匈奴中郎将”率兵护卫南单于，当然同时也是为了看住南匈奴。

虽然如昔日呼韩邪般得到了汉帝国的支持，可是在汉使向南单于比递交诏书时还是发生了耐人寻味的“小事件”：汉使者对比说，“单于应当跪倒伏拜受诏才对”，结果比面有难色，他环顾四周大臣良久，才伏地称臣。

比拜受之后通过译晓向使者解释说：“单于新立，诚惭于左右，愿使者众中无相屈折也。”

结果比属下的骨都侯等大臣听见后尽皆泪流满面——即使他们再亲汉，也还是自视为一代天骄的匈奴人！冒顿等英豪依旧是他们骄傲的祖先，如今再度向汉跪拜称臣对于他们的自尊心是何等的摧残和折磨！

汉使将这些情况都看在眼里，他们小心翼翼地避免伤害这些刚归附的南匈奴人，回洛阳后立刻向刘秀奏报此事。刘秀经过一番考虑后诏令南单于比迁入云中塞内居住，以免他在塞外无法控制手下。

虽然刘秀做出了相关安排，可还是无法完全消除南匈奴内部的不稳定因素。到了夏天，被俘获的北匈奴薁鞬左贤王与五位南匈奴骨都侯合谋率部众三万余人北归——这些人正是在比跪拜时痛哭流涕的大臣们！

北归的这些叛臣们抵达距离蒲奴单于庭三百余里的地方时又改了主意，五位骨都侯共立薁鞬左贤王为单于。不过在一个月之后，这些出走的匈奴人之间便互相攻击，五位骨都侯皆死，左贤王自杀，诸骨都侯子各拥兵自守——整场戏以悲壮开篇却以闹剧收场。到了冬天，五位骨都侯之子又决定南归，他们率领三千部众出发后被北单于蒲奴的军队追击而“悉获其众”，南单于比得悉后派兵营救却被击败。于是刘秀命将南单于庭再度迁徙至西河郡美稷，又命中郎将段彬等驻居西河郡设置官府，由西河长史率两千骑兵、弛刑五百人协助段彬等护卫南单于，这批警卫部队“冬屯夏罢”成为常例。

由于不再担心匈奴从北境入寇，刘秀将以前因战乱内徙的边民迁回故地；同时又令南匈奴部众可在北地、朔方、五原、云中、定襄、雁门、代郡、上谷等八郡内外放牧居住，南匈奴诸部众要协助诸郡县戍守，侦察北匈奴动静，担负起护卫北境的任务。

于是南单于比“使韩氏骨都侯屯北地，右贤王屯朔方，当于骨都侯屯五原，呼衍骨都侯屯云中，郎氏骨都侯屯定襄，左南将军屯雁门，栗籍骨都侯屯代郡，皆领部众为郡县侦罗耳目”。

南匈奴人与汉人在边郡杂居导致了彼此接触互相通婚的情况出现，从此后匈奴人开始了与汉族融合的历程。除此之外杂居还令南匈奴人逐渐学会农耕技术，他们如昔日的属国胡人一样逐步摒弃游牧生活转向半游牧半农耕生活，从而更加速了自身的汉化过程。公元 50 年秋，南单于比说到做到遣子入侍。刘秀依东汉诸侯王之制，授南单于比黄金质玺绶与汉诸侯王冠带、衣裳，此外还有“盭緺绶，安车羽盖，华藻驾驷，宝剑弓箭，黑节三，驸马二，黄金、锦绣、缯布万匹，絮万斤，乐器鼓车，棨戟甲兵，饮食什器”。又从河东郡转输粮食二万五千多斛、牛羊三万六千多头赈济处于饥荒和疫病中的南匈奴部众。除此之外，汉中郎将还在比身边安置了官吏和五十名弛刑士兵，这些人“持兵弩随单于所处，参词讼，察动静”。

此后每年南单于都会送侍子入朝“奉奏诣阙”，也就是向皇帝上贡礼物并汇报情况。而监护南匈奴的汉中郎将也同时派人陪同侍子入朝，顺便向皇帝汇报南匈奴情况。与此同时汉帝国也将前一年的侍子送还单于庭，一来一去两支队伍经常“交会道路”。

此外每到新年到来祭拜完汉室祖庙之后，东汉皇帝都会派出使者到南单于那里“赐彩缯千匹，锦四端，金十斤，太官御食酱及橙、橘、龙眼、荔枝；赐单于母及诸阏氏、单于子及左右贤王、左右谷蠡王、骨都侯有功善者，缯彩合万匹”。

汉帝国向南匈奴提供的财政支持耗费颇大，据《后汉纪·和帝纪》记载，用于南匈奴的费用每年竟高达钱一亿九千万之巨。而南匈奴也在自己传统的每年三次龙城大会祭祀祖先神灵的宗教活动中增加了内容——“既内附，兼祠汉帝”。

公元56年南单于比去世，刘秀派中郎将段彬率军前往吊丧，段彬在比灵前“祭以酒米”，随即“分兵卫护之”以确保南匈奴不会因为领袖之死而瓦解回归北匈奴。在比的同母弟左贤王莫继位后，刘秀又“遣使者赍玺书镇慰，拜授玺绶，遗冠帻，绛单衣三袭，童子佩刀、绲带各一，又赐缯彩四千匹，令赏赐诸王、骨都侯已下”。

从此开始，历代南单于去世后汉帝国都会派使者“吊祭慰赐”，另赠大量的彩缯锦缎令新单于分赏诸王、骨都侯以下，这样的礼尚往来成为惯例。

由于南单于比是因为争位而率部分裂的，所以他对于南匈奴的单于继承制度格外重视。为了避免自己的新王国再度因为同样的原因四分五裂，同时也为了表示自己才是延续祖父呼韩邪遗训的正宗传人，比规定了一套改良版的单于继承法则：比传位于弟莫，莫又传位于弟汗。汗是同母三兄弟中最小的一位，他不再传位给其他异母兄弟而是将单于位传之于比的儿子适，适又传位于莫的儿子苏。苏在位“数月复薨”，遂以适之弟长立，这在匈奴的继承制度中是允许的。长又传位于汗的儿子宣，宣传位于长之弟屯屠何，屯屠何又传位于宣弟安国，安国又传位于适之子师子，师子又传位给长之子檀。

这种循环式的继承法则，从表面上看似乎具有传位于弟的特征，但所传之弟又大都是前单于之子，而且继承顺序也基本按照前单于继位的顺序排列，因此，这种特殊的继承制度是巧妙地将传弟与传子交叉结合在一起，传弟之中有传子，传子之中又见传弟。通过这种方式，南匈奴避免了昔日匈奴帝国时代由于传位制度不明确而导致的父子、兄弟、叔侄之间骨肉相残和母阏氏干政等现象，比创立的这一制度在南匈奴实行了九十八年之久。

南匈奴在汉帝国庇护下逐步开始展露勃勃生机，而在漠北的北匈奴处境则十分困难，南匈奴的自立不仅使其丧失了漠南一大片水草丰润的土地，经济上陷入窘境，势力大衰，而且还时常受到北面丁零、东面乌桓与鲜卑、南面南匈奴的夹击，迫使北匈奴的势力逐渐向西部转移，以加强对西域诸国的控制。北匈奴内部情势也一再不稳，先是北匈奴护于丘率众千余人降汉，后来北匈奴六七千骑入五原塞入寇云中至原阳时，又被汉与南匈奴合力击退。在这种形势下，北单于蒲奴十分惶恐，他“颇还所略汉人，以示善意”。每当他发兵攻击南匈奴时都小心翼翼以免使汉军有干涉的借口，北匈奴骑兵每当经过汉军的边塞亭障时，总要声明是为了攻击“亡虏右薁鞬日逐王（指南单于比）”，绝不敢侵犯汉民！

由于奉了刘秀不得起衅的严令，汉军将士也只是监视他们过境而去，用现在流行的话来说就是专业“打酱油”围观南北匈奴内讧。

为了摆脱困境，北匈奴于公元 51 年首次遣使至武威郡请求和亲。刘秀命群臣廷议，一时间争论不休，似乎骑墙派两面下注的论调很有市场。这时皇太子刘庄站出来说：“北单于见到南单于新归附我朝，害怕被汉与南匈奴合力攻击才摆出一副求和亲请归义的架势来。如今汉没有出兵协助南匈奴，反而与北匈奴和亲，定会令南单于失望产生二心。一旦北匈奴看到我们与南匈奴关系破裂，他们也不会再提归顺之事了。”

刘秀听后深表赞同，于是令武威太守拒绝其使。北匈奴一看使者被挡回来，不但不恼怒反而接二连三地派出和亲使团。尤其是在公元 52 年时，北单于蒲奴不仅派名王做使者“贡马及裘，更乞和亲，并请音乐”，还提出要“率西域诸国胡客与俱献见”。他这样做是因为感觉国力日衰，而南匈奴则逐步壮大，所以一边派有身份的贵人长途跋涉驱赶大群牛羊到洛阳请求互市贸易，以显示国力富强畜产多；另一方面则开始打西域牌，提醒汉帝国整个西域都已被北匈奴控制，如果反复拒绝北匈奴善意的话，那么西域诸国可能会成为北匈奴联兵入寇的伙伴。

在这种情况下刘秀再令大臣们商议对策，司徒掾班彪分析说：“匈奴一向欺软怕硬，又有外强中干的毛病。我认为其礼物越重越殷勤反而表明国力越虚弱，遣使来访越频繁表明对我们的恐惧越大。北匈奴请求和亲不过是为了向西域诸国立威以显示汉承认自己控制西域，切断西域诸国亲汉力量归汉的念头。如果真如他们自夸得那么强盛的话，北匈奴早就入寇劫掠了。不过如今还是以羁縻策略为上，我们继续打酱油围观时局发展吧。”

于是蒲奴接到了刘秀的回复信件，此信颇长，所以择其要点如下：单于希望与汉和亲归顺的迫切心情朕知道啦，如今南单于率众归附大汉，多次请命北伐消灭你们，朕认为斯言不可独听，所以不准。北单于你连续朝贡请求和亲，朕拒而未许，是为了成全单于的忠孝之义。昔日里呼韩邪与郅支的命运各不相同，单于定然知晓。大汉承天命总率万国，日月所照之地皆为臣妾。所以西域属匈奴便是属汉，何须率西域诸国俱来朝见？单于你连年遭遇兵乱，国内虚耗贫困，何必硬挺着献马裘充大瓣蒜？如今朕回赠单于杂缯五百匹、弓一张、箭四支；赐献马的左骨都侯和右谷蠡王杂缯各四百匹、斩马剑各一柄，回去好好打猎牧马过日子吧。

为了安抚南匈奴，第二年刘秀额外赐南单于比羊数万头以表示自己还是更看重南匈奴的。

公元55年，执着的蒲奴再度遣使求和亲，刘秀“赐以彩缯，不遣使者”。事到如今，蒲奴已经很明白刘秀的态度，他连续不断派使者前往有两个目的：其一，借助使者频繁到汉帝国活动的情况来令南匈奴产生怀疑，从而离间南匈奴与汉；其二，既然和亲不可能，那么至少要达到互市贸易这个目的以解决国内的经济问题和得到渴求的中原产品。尤其是后一个目的迟迟得不到实现使得北匈奴逐渐暴躁起来，后来竟至于发兵寇边。

在武力威胁之下，汉明帝刘庄于公元 64 年答应开放互市贸易，但是这项举措却产生了汉帝国始料不及的连锁反应。南北匈奴与汉帝国三方角力的天平随即也被打翻，新一轮的刀光剑影又要在草原上演。

5. 明月出天山 南单于比率南匈奴附汉与他的祖父呼韩邪率部附汉有很大不同，那就是呼韩邪附汉时只求自保，而比附汉时指望的是汉帝国出兵帮助自己统一匈奴，所以屡屡上书建议和汉联兵攻击北匈奴，相应的北匈奴不断请求和亲，并反复离间南匈奴与汉的关系也是为了能够去除南匈奴的外援，将其收服。而汉帝国保护南匈奴的做法令北匈奴怨恨，所以它在不断攻击南匈奴之时也开始入寇骚扰汉境作为警告和报复，甚至发展到以入寇逼迫汉帝国答应互市。

至于汉帝国则是冷眼旁观，试图保持这种南北匈奴分裂对峙的局面。当然，由于南匈奴称臣于汉，并且处于弱势地位，所以汉在处理与南北匈奴关系时还是采取了厚此薄彼的做法。例如北匈奴请求东汉朝廷赏赐自己西汉时曾赏赐呼韩邪的乐器一事，这并不是因为北单于是汉族流行音乐爱好者，而是借此表示汉承认自己是呼韩邪的继承人，也就是匈奴正主。汉帝国洞悉其意，所以对北匈奴宣布“念单于国尚未安，方厉武节，以战攻为务，竽瑟之用不如良弓利剑，故未以赍”，相反却赐给南匈奴乐器以示器重。

但是汉帝国无论如何也不能允许南北匈奴再度统一，因为他们不愿重演匈奴再度崛起后对中原的严重威胁。此外，汉帝国对于北匈奴入寇的行为也极为痛恨，却由于受到刘秀政策的限制而必须保持克制。就这样在互相牵制的矛盾中二十余年过去了，随着国力对比不断改变和新一代领导人的登场，一切都会变得不同。

首先出现问题的是南匈奴内部，由于南匈奴的须卜骨都侯等贵人发现汉与北匈奴通使，联想到自己对汉忠诚臣服却得不到汉军助击北虏，因此“怀嫌怨欲畔”，他们秘密联络北匈奴，商量好接应事宜。前往北匈奴的越骑司马郑众在出塞时察觉有异，于是汇报朝廷要有所准备，“以防二虏交通”，汉军立即在五原和西河两郡设置重兵防备。到了公元65年秋季，北匈奴果然派两千骑兵入朔方“作马革船，欲度迎南部畔者”。结果北匈奴发现汉军已经做好拦击准备，只得悻悻而去。

由于这次未能达到目的，北匈奴便以入寇汉境作为发泄。他们大举进攻河西诸郡，“焚烧城邑，杀略甚众”，逼迫河西地区大白天也得紧闭城门防御。到了公元72年更是发展到征发西域各国随同入寇河西，并在第二年又入云中和渔阳大肆烧杀。

刘庄在忍无可忍之下终于要动手反击了，“乃大发缘边兵，遣诸将四道出塞，北征匈奴”。

早在这次出兵之前，驸马都尉耿秉就已经上书刘庄指出：“中国虚费，边陲不宁，其患专在匈奴，以战去战可也”，要求汉帝国主动攻击北匈奴以消灭入寇威胁。此时的东汉王朝经过刘秀的“光武中兴”和刘庄十多年的苦心经营后，已经成为百姓殷富、府库充实、国力强盛的大国，具备了相当雄厚的战争潜力。

由于多年戒备北匈奴等敌对势力入寇，汉帝国一直注重加强边防建设，北边汉军训练有素，防御体系完备牢固，特别还有南匈奴、乌桓和鲜卑等胡骑辅助，所以是有把握对北匈奴一战的。而反观此时的北匈奴则相当仰仗西域这只右臂支持，通过对西域的奴役源源得到人力、物力补充，实力虽比刚分裂时有所恢复，但毕竟无法与汉相比。

由于西域曾在西汉时代依附中原并受惠良多，所以随着东汉王朝的强盛，西域诸国归汉之心也会更加强烈，屈从于匈奴的状况终难长久。所以北匈奴貌似强大，实际上已是强弩之末。

就这样，收复西域再度切断匈奴右臂已成必然。

对于北匈奴而言，此刻的西域也成为维持帝国生存的生命线。因为北匈奴向南被南匈奴和东汉阻挡，这个方向无法发展；东边是背叛了的乌桓，由于被其多次击败所以匈奴人也不敢再去招惹；向北是茂密的森林地带，那里不适合游牧民族居住，并且土著丁零人也不友善；于是只有向西，征服西域、控制西域、发展西域，北匈奴的“西部大开发”策略在刘秀放弃西域的政策配合下进展顺利，而西域诸国输血般的人力物力支持反过来令北匈奴得以对东汉王朝发动一次又一次的入侵。

此时的西域南北道分别由两个北匈奴傀儡于阗王和龟兹王称霸，北匈奴更是派遣使者常川在于阗国设立常驻办事机构监督，基本上把这里当作本土般进行统治。因为汉军始终没有能进行有效的反击，所以导致北匈奴愈加骄横。就在公元65年郑众出使北匈奴时，北单于蛮横无理地要求郑众对自己行跪拜之礼。郑众不肯屈服，北单于便将郑众关押起来不给饮食和取暖。在这种情况下郑众拔刀自誓决心以死抗争。北单于怕把事情闹大了落得与郅支杀谷吉一样无法收场，于是才释放郑众并派使者送其归国。

在这种情况下刘庄决定彻底摒弃父亲留下的“打酱油”政策，新一轮的汉匈大战随即拉开了序幕，东汉王朝君臣选择的战场就是西域的天山。耿秉提出“先击白山，得伊吾，破车师，通使乌孙诸国”以断匈奴右臂，同时“伊吾亦有匈奴南呼衍一部，破此，复为折其左角”，最后再直接攻击北匈奴本部的战略设想。

这个设想把进攻的主要目标定在西域东部的白山（今新疆天山北麓）地区，主要出于两点考虑：

一、这里分布着车师前、后部及匈奴呼衍王统治下的伊吾卢城，此处“地宜五谷、桑麻、蒲萄，其北又有柳中，皆膏腴之地”，具有重要的经济地位；同时这里又位于汉通往西域的交通要冲，乃“西域之门户”，战略位置亦十分显要，“故汉常与匈奴争车师、伊吾，以制西域焉”。若能夺取天山，则可打开通往西域的门户，进而控制西域诸国断北匈奴右臂。而北匈奴呼衍王部长期驻牧于伊吾，进可向东攻击河西诸郡，退可扼守汉通西域的咽喉，所以要通西域就必须现将其击破。呼衍王若破则西域形式顿时扭转，北匈奴的南部势力便被削弱，也就是“折其左角”。

二、先击天山破车师夺伊吾之地，后攻北匈奴本部的部署避免了两线作战带来的不利局面，便于集中优势兵力各个击破敌军。

公元73年二月，汉帝国的军旗再度在塞外迎风招展。

此次汉军分四路出击：奉车都尉窦固与骑都尉耿忠率酒泉、敦煌、张掖三郡汉军及卢水羌兵

汉明帝刘庄像

汉明帝决心解决北匈奴这个威胁，于是汉帝国的军旗再度在塞外迎风招展

一万二千骑出酒泉塞；太仆祭肜与度辽将军吴棠率河东北地汉军、西河羌及南匈奴胡骑一万一千骑出高阙塞；骑都尉来苗与护乌桓校尉文穆率太原、雁门、代郡、上谷、渔阳、右北平、定襄等郡兵及乌桓、鲜卑胡骑一万一千骑出平城塞；而耿秉、秦彭则率武威、陇西、天水士兵及羌兵万骑出居延塞。

北匈奴对于此次汉军出塞似乎有些始料未及，进击汉军沿途各部之敌均望风而逃。此时任南单于的是号为胡邪尸逐侯鞮单于的长，他派左贤王信配合汉军出朔方高阙进攻北匈奴的皋林温禺犊王。结果皋林温禺犊王见势不妙便穿越大漠撤退，而汉军和南匈奴军队配合不好丢失了目标都空手而还。唯有窦固这一路出了成绩，他一举击溃猝不及防的北匈奴呼衍王，斩首千余，在占据了伊吾卢城后留兵屯守而还。

刘庄的这次出击基本上落了个雷声大雨点小的结果，由于他过于平均分配军力，结果使得主攻和助攻方向配置相同，没有形成合力。被吓了一跳的北单于立即做出反扑，他派军进入云中和渔阳疯狂杀戮以报复汉军出塞。

云中太守廉范手头没有几个兵可以用，却用巧计吓退了匈奴：天黑后他命令士兵们点起满营火把，令敌军误会汉军援兵已至。到黎明北匈奴欲退时，廉范挥军向敌营猛冲，不明就里的北匈奴军队被斩杀数百人后彻底崩溃，他们自相践踏，“死者千余人”，由此不敢再侵犯云中。

虽然第一次出击没多大收获，不过汉帝国再度插手西域的举动却令诸国震动不已。就在窦固率军驰骋于天山之后，他派出的另一路人马在外交战线上创造出更耀眼的功绩，这路人马只有三十六人，为首者名叫班超。公元 73 年夏，出身于史学世家的班超率部出阳关，向西域绝尘而去。在此之前，他是一个默默无闻的政府公务员，具体工作是负责抄写政府公文。在没有印刷技术的时代，这是一项极其枯燥的工作。班超一边伏案劳作一边幻想自己若能一朝时来运转青云直上建功封侯该如何过瘾，一般来说这是广大白日梦爱好者的共同现象——在失落的现实中幻想自己文能提笔安天下，武能上马定乾坤。更何况班超的家庭是出过风云人物的，著名的《汉书》就是由他的父亲班彪始创，再由他的哥哥班固集大成，最后由他的妹妹班昭补璧，集三班之力而成的。班超本人虽然人到中年还一事无成，不过在这样的家庭中成长令他从小就熟悉匈奴与西域的人文历史。

终于有一日，班公务员再也按捺不住心中的激情，他愤然投笔于地感叹道：“大丈夫即使没有别的志向，也应当效法傅介子、张骞，立功于绝域，万里取封侯，怎么能在笔砚之间消磨时光！”

班超不同于一般宅男的地方就在于他说到做到，真的跑去从军，在窦固军中做了个假司马。由于他在第一次天山战役中率领一路偏师表现出色多有斩获，所以窦固交给他一项新的任务：出使西域。于是前公务员班超与从事郭恂率领一支小得可怜的队伍再度踏出阳关，从而揭开了东汉王朝再通西域的序幕。

此时北匈奴已经在西域经营多年，所以班超要蹚的这趟水是极深的。经过考虑后班超决定先易后难，把目标放在匈奴控制相对薄弱的南道诸国身上。

位于南道东端的鄯善国成为班超出使的第一站，这里也是中原通往西域的必经之地。由于窦固击败呼衍王的消息已传遍西域诸国，所以鄯善王广对不请自来的班超一行极为客气，招待起来那真是大块吃肉大碗喝酒甚是豪爽。

但这热情没持续几天又忽然消退不见，汉帝国的使团成员们大惑不解而在机关里混迹多年的班超却早练就了洞悉人情世故的本事，他召集部属们说："宁觉广礼意薄乎？此必有北虏使来，狐疑未知所从故也。"

对于鄯善这类墙头草国家而言，向来采取的是"事大主义"靠抱强国粗腿来维持生存。而中原王朝已放弃西域数十年，仅以天山一场小胜并不足以使鄯善消除对匈奴的畏惧，所以虽然广还没有做出最后抉择，但局势对于汉使已经非常不利。

班超出其不意地问鄯善侍者说："匈奴使者都来好几天了，现在住在哪里呀？"

侍者猝不及防之下，被班超盘问出实情。

于是班超先是非法扣押了东道主的服务员，接着召集随从三十六人痛饮美酒，等大伙儿都喝高了的时候，班超把酒杯一摔就说："诸位与我来此绝域，无非是欲立大功以求富贵。如今虏使仅到数日鄯善王广就对我们礼敬即废；如果这家伙打算把我们给卖了，都抓起来送给匈奴的话，大伙儿都死无葬身之地了！你们说该怎么办？"

众人酒劲涌上来，都豪爽地说："今在危亡之地，死生从司马！"

班超说："不入虎穴，焉得虎子！所以当今之计唯有趁夜以火攻虏，北虏不知我们虚实必大为恐慌，定可一举殄灭。杀光这些北虏之后，则鄯善王破胆，功成事立矣。"

这时有部下提出异议说："应该和从事商量一下吧？"班超大怒说："犹豫什么？死活就在今天了！从事不过一员俗吏，参与这样的大事定会惊恐泄密，大家要是因此而败，算什么壮士？"看着班司马一副再有异议立刻杀人的态度，大伙儿便一致称是。等到天黑后，班超率领属下一起奔向北匈奴使者驻地。正好刮起大风便于纵火，班超命令十个人拿着鼓藏在敌人驻地之后，约好一见火起就猛敲战鼓并大声呐喊，又令其他人拿着刀枪弓弩埋伏在门两边伏击逃出之敌。

安排好后班超便顺风纵火，一时间烈焰冲霄而起，三十六人前后鼓噪声势喧天。北匈奴人没料到居然有人敢袭击匈奴使团，措手不及之下像没头苍蝇一般乱跑，刚一出门就遭到汉军袭击，班超亲手杀了三个匈奴人，他的部下也杀死了三十多人，其余的匈奴百余人都葬身火海。

第二天，班超将此事报知郭恂，郭先生先是吃惊接着愤懑。班超很清楚他的心理，立即安慰说：“老郭不要担心，功劳大家都有份！”于是郭恂喜形于色，大夸班超：老班你真敞亮，你太帅了……

丨 班超画像

班超又请来鄯善王广，递上一份大礼——匈奴使者首级。

可怜的老广大惊失色：“你，你，你们竟敢在我这儿明火执仗地杀人放火，这下可没法向大匈奴交代了！”

班超好言抚慰，动之以情晓之以理：反正你已经被拉上贼船了，跟着我大汉一条道走到黑吧！事已至此，老广只得表示归附汉朝，并同意把儿子送到汉朝做质子。于是鄯善至此归顺汉帝国，班超因此不仅被刘庄由假司马提升为“真”司马（汉代官名凡加“假”者，均表示副职），还被继续委以重任：既然你这么有本事，就为朕接茬把剩下的西域诸国都一勺烩了吧……

窦固不放心打算给班超多派些手下以壮声势，班超谢绝说：还是就这些人吧，干这活危险性太大，多带人的话一旦出事岂不是损失更多？于是他仍率三十六名壮士沿南道而行，这次的目标赫然便是称雄南道并被匈奴严密控制的于阗国！

与鄯善王广不同，此时于阗王广德因新破莎车正在兴头上，他以为自己国势强盛雄踞南道，再加上与北匈奴关系密切，所以算是西域的“南霸天”。因此广德对班超等人的到来根本不欢迎——也根本不敢欢迎，因为北匈奴的常驻使者就在于阗住着呢。

于阗国人对于自己原始跳大神的宗教是很虔诚的，当然在班超等人看来是“巫风炽盛”。于阗巫师似乎知道班超等人对自己看不顺眼，于是在跳大神时代表神灵训斥广德：“我们做神仙的都看不惯你与汉友善，汉使不是有匹䯄马吗？还不赶紧拉来宰了祭祀我！”

广德作为一个虔诚的信徒，自然是愿意为神仙效劳的，于是他派人强索班超

班超能成功一是他文武双全，深谋远虑；二是有强大的汉帝国在身后撑腰

的乘骑说要杀马祭神。班超心想这次要我的马献祭，下次就该要我的人了吧？他假意答应但是提出还是请巫师大人自己前来取马，巫师得意扬扬而来还来不及打招呼就被班超一刀砍下首级。班超一向有送给友邦人士人头看的爱好，这次也不例外——一颗血淋淋的人头立刻送至广德面前。

广德没想到自己居然遇见这么狠的角色，大为惶恐之余又想起鄯善国刚发生的可怕事件，于是思前想后一番一拍大腿：把北匈奴镇抚使者的脑袋砍下回赠班超！

看着广德做事这么上道，班超自然也投桃报李一番。他好言宽慰广德，并大赞于阗人民归附汉朝之后的美好未来。与此同时还厚赠财物让广德深刻体会到实在的黄金远胜过虚无的神灵，最后大大方方地留班超在于阗进行镇抚活动——如此一来南道诸国尽皆跟风归顺汉帝国遣子入侍了。

南道诸国既然归附，班超的目标自然就瞄准了北道诸国。

北道诸国临近北匈奴，最强的龟兹王建更是匈奴所立。

于是在公元 74 年春天，班超在初步稳定于阗后率部出发，由偏僻小路进入疏勒境内。

汉使队伍在距兜题所居的涅盘槖城九十余里处停下来，班超仅派部下田虑一人前去劝降，他对田虑说：“兜题不是疏勒人，所以他的手下不会为他拼命。如果他不投降只管抓回来就是了！”

田虑不是蓝波一般的彪悍壮汉，兜题见这样一个“轻弱”的汉人孤身而来果然毫无戒心，他傲慢地拒绝归降勒令田虑滚蛋。田虑趁其不备突然上前将兜题劫持并捆绑起来，而左右卫士的表现竟然是惊惧逃散——一切都如班超所料。于是乎田虑拎着兜题华丽地纵身上马飞奔出城，剩下一群疏勒军民在一旁“打

酱油”围观并纷纷表示自己情绪稳定，生活基本不受影响。

紧接着班超率部大模大样地进城来召集疏勒群臣，宣布伪政权领导人兜题已经下台，然后立已故疏勒王的侄子忠为王。疏勒人早已深恨兜题，纷纷请求班超杀之。班超认为杀之无益，不如释放以示汉朝恩德，于是遣送兜题回龟兹。

忠上台后自然将龟兹视为死敌，汉帝国在西域多了一个靠得住的朋友。

就在班超横行西域诸国的同一年十一月，刘庄派遣窦固和耿秉、骑都尉刘张率一万四千骑出玉门关进军西域再入天山。

汉军先在蒲类海击败北匈奴呼衍王属下的白山部，又将目标对准依附北匈奴的车师。车师国在匈奴支持下吞并了郁立、单桓、孤胡、乌贪訾离等邻国，气焰正嚣张。车师国有后王、前王，前王即后王之子，二王王庭相距五百余里。窦固认为汉军距离后王途远路险跋涉辛苦，便想先攻容易打的前王。耿秉则认为先攻后王，前王自服。

耿秉是胆大心细之人，他性格勇壮，喜欢简便行事，行军作战时经常身先士卒冲在最前面，驻扎休息时也不修筑营垒，而是远远派出斥候巡逻警戒，一旦有警“军阵立成”，对于这样的主将，“士卒皆乐为死”。看着窦固犹豫不决，耿

班超纪念公园浮雕：班超与西域首领结盟

秉索性上马“率兵北入”，其余诸军只得跟随前进。于是耿秉挥军疾进大败车师后王的部队，“斩首数千级，收马牛十余万头”。后王安得大为震恐，不过毕竟是老江湖了，他率数百骑欢天喜地一路高呼“欢迎亲人大汉军，打倒匈奴反动派”的口号出城前来迎接耿秉。耿秉志得意满等待受降，没想到窦固手下的苏安抢先跑到安得面前说：“老安你找错人了，你应该向汉军主将奉车都尉窦固投降才对！”安得出于外交惯例中对等接待的原则让其部将去迎接耿秉，自己回去打算洗洗先睡了。

耿秉大怒之下率手下精骑来到窦固面前说：“车师王降，迄今不至，请往枭其首！”窦固大惊，连忙阻止。耿秉厉声道：“受降如受敌。”于是挥军直入。

安得一看来者不善，连忙跑出去“脱帽抱马足而降”。车师前王随即也降，至此车师全境都被平定。

阻塞六十五年之久的汉通西域之路再度被打开了，东汉王朝立即重新设置西域都护，其中都护陈睦及戊校尉耿恭在车师后部的金蒲城屯驻，己校尉关宠在车师前部的柳中城屯驻，用以镇抚西域，捍御北匈奴。耿恭到任后立即“移檄乌孙，示汉威德”，乌孙大昆弥自然知道与汉交好的益处，于是献名马朝贡并遣子入侍。

看起来一切都很顺利，似乎西域就要彻底倒向汉帝国，然而北匈奴很快做出了反应。

北匈奴面对汉帝国在西域的一系列动作自然不会无动于衷，在经过一番准备后匈奴人的反击也随之上演。公元 75 年二月，北单于遣左鹿蠡王率兵两万进攻车师后部。

这次安得没来得及再度上演“迎接亲人匈奴军”的戏码就被北匈奴击杀，气势汹汹的左鹿蠡王随即挥军猛攻耿恭坚守的金蒲城。耿恭是耿秉堂兄，他比弟弟更为沉稳机智。在安得被攻击时，耿恭派手下司马率兵三百人援救，结果半路上遇到匈奴大队骑兵而全军覆灭。等到左鹿蠡王部来到金蒲城下时却遭到前所未有的生物武器袭击——耿恭令军士以毒药涂抹箭头后射出，还向匈奴人宣扬：“汉家箭神，其中疮者必有异”，结果当匈奴人抢救自己的伤员时果然“视创皆沸”。

虽然早在伊稚斜单于时期匈奴就有使用病死牛羊向中原传播瘟疫的记录，可现在中原人用不道义的毒箭还是令淳朴善良的匈奴人民大惊失色。恰逢天降暴风雨，城上的强弩毒箭随风雨攒射，汉军又忽然出城猛击，杀伤敌军甚众。这下北匈奴人“震怖”地互相说：“汉兵神，真可畏也。”干脆撤围而去。

耿恭认为疏勒城旁“有涧水可固”，于是在五月率军到此城据守。到了七月北匈奴卷土重来，学乖了的匈奴人这次不愿再度品尝毒箭滋味，而是先断汉军水源然后围城等待。耿恭这下颇有些失算的惆怅，更郁闷的是汉军在城中“穿井十五丈不得水”，人们被逼得去喝榨出来的新鲜马粪汁！

这时候一幕传奇大片上演了——耿恭祈祷说：“闻昔贰师将军拔佩刀刺山，飞泉涌出；今汉德神明，岂有穷哉。”说完他向井跪拜为全军将士性命而祈祷，片刻之后清水泉涌而出，汉军士气大振山呼大汉万岁！他们雀跃地走上城头把水泼向城下目瞪口呆的匈奴人。这种情况实在令北匈奴人泄气，大伙儿以为定是有神明相助汉军，这次还是算了，回去洗洗睡吧……

耿恭这边暂时消停了一些，但是到十一月，焉耆与龟兹两国在北匈奴的撺掇下发兵攻陷汉西域都护府，杀死都护陈睦和汉军两千多人。此时柳中城也被北匈奴围困，关宠紧急上书求救却毫无回馈——刘庄在这紧要关头忽然驾崩，令他的帝国陷入一片暂时性的瘫痪之中。

于是在朝廷议而不决、救兵久拖不至的情况下柳中城也被北匈奴攻陷，只剩耿恭的疏勒城仍在坚持。就在这种火烧眉毛的情况下，车师认为汉帝国已经无力救援，于是叛汉与北匈奴共同围困疏勒城达数月之久。幸亏车师后王夫人是汉人后裔，“常私以虏情告恭，又给以粮饷”，所以始终未被攻陷。但在经历数月围困之后，城中已是山穷水尽，到了“煮铠弩，食其筋革”的地步。耿恭与士兵们宣誓同生共死，所以全体守军皆无二心誓死不降，但历经连续苦战后也只剩数十人了。

北单于知道耿恭已到穷途末路，他喜欢这样的硬汉，“必欲降之”。于是派出使者到城下与耿恭谈判说：“还是投降吧，我匈奴必定封你为白屋王，单于还要把亲生的居次嫁给你，那是大大的水灵啊！”

耿恭思考片刻后说你要有诚意就上城来谈判，于是使者进到城中正要再度劝说，不料被耿恭一剑刺倒，“炙诸城上”，变成了烧烤。使者的随员们望见主官竟然落得如此下场，都悲愤地号哭而去，北单于气得歇斯底里起来，“更益兵围恭”，但这帮吃人的汉军着实可怕，始终还是“不能下”。

耿恭在绝地中苦苦支撑时，新任的汉帝国掌门人汉章帝刘炟在长安召开御前会议讨论对策。校书郎杨终和司空第五伦认为此时中原大旱饥民遍地，干脆放弃西域不出兵救了。司徒鲍昱则责备说：朝廷派人到危难之地，却在关键时刻抛弃了他们。这样一来以后谁还会为国出征效力？应该调发敦煌和酒泉等郡的兵力前往救援才是。听了这话后刘炟决定还是出兵救援，否则以后打起仗来连人都拉不到了……

公元 76 年正月，骑都尉秦彭与谒者王蒙、皇甫援发张掖、酒泉、敦煌三郡及鄯善兵共七千人向车师攻击前进。汉援军打破柳中城，又攻交河城，一共斩首三千八百级，俘虏三千余人，虏获驼驴马牛羊等三万七千头。由于汉军多带旌旗倍道而来，北匈奴军队不明就里遁逃而去，这下墙头草车师国又归降了汉帝国。

援军很快发现关宠及其手下早已战死了，由于这次汉军也是虚张声势而来，于是诸将竟打算不管耿恭就回师跑路！

幸亏先前耿恭曾派军吏范羌回敦煌领取寒衣，所以这次出征范羌也在军中。他见诸将欲退便抵死不从，这下诸将不敢前进也怕擅自撤退会被论罪，无奈只得分兵两千给范羌去营救耿恭。

范羌率军从天山北道进军，他们踏过一丈多深的大雪，历尽艰辛才到达疏勒城下。当时正是夜间，城中汉军听到兵马声以为是匈奴攻城，于是一个个骷髅般的战士手握刀箭出现在城头准备拒战。

范羌在城下大呼：“我是范羌，朝廷派援兵来救大家啦。”

此言一发城中皆呼万岁！守军开门与援军抱在一起失声痛哭——此时城中仅余二十六人。

第二天，耿恭放弃疏勒城东归。沿途敌兵追赶骚扰，汉军且战且行。当大家终于抵达玉门关时，守卫疏勒城的壮士仅剩十三人幸存。当这些衣服洞破褴褛、形容憔悴枯槁的人们出现在关内时，见者无不为之落泪。

中郎将郑众安排耿恭等人洗沐更衣，然后上奏刘炟：“耿恭以单兵固守孤城，当匈奴之衢，对数万之众，连月逾年，心力困尽。凿山为井，煮弩为粮，出于万死无一生之望。前后杀伤丑虏数千百计，卒全忠勇，不为大汉耻。恭之节义，古今未有。宜蒙显爵，以厉将帅。”

太尉鲍昱也夸赞耿恭的节义超过了苏武，应该赐予爵赏。于是刘炟任命耿恭为骑都尉，耿恭的司马石修为雒阳市丞，张封为雍营司马，军吏范羌为共丞，其余九人皆提拔为羽林军士。

在此役之后，刘炟不愿再用兵西域，于是罢除西域都护与戊己校尉，刚刚恢复与中原联系的西域北道交通又告中断。西域北道的控制权再度落入北匈奴手中，西域南道也由于焉耆与龟兹两国作乱而面临倾覆危机。

耿恭等人的传奇告一段落，大汉在西域还有一个仅存的帝国代表，他就是班超。

西域都护不存在了，耿恭也被救走了，整个西域只剩下一个孤立无援的班超。他与疏勒王忠互为犄角首尾呼应，据守架橐城。虽然势单力孤，但班超在这里坚持了一年多，屡次击退龟兹和姑墨的联合进攻。

当刘炟决定撤出西域的诏书终于抵达班超手中后，他只得无奈地率部离开。得知班超要走，疏勒举国忧恐，都尉黎弇大哭道：“汉使弃我，我必复为龟兹所灭耳。诚不忍见汉使去。”说完竟然自刎而死。班超只得垂泪而去，他途经于阗时自广德以下的贵人们皆号泣：“依汉使如父母，诚不可去！”于阗人互抱班超马腿不放他走，毕竟广德曾砍了匈奴使者做投名状，北单于岂能轻易饶过他们！

班超当初许诺过于阗降汉的好处，如今好处没来，倒引来亡国灭种的危机。在这种情况下班超硬走难免激起事变，而他把平生的理想都押在西域之上，就此离去也实在不甘心，于是班超慨然回到疏勒为自己的国家做一个遥远的守望者。当他离开疏勒国时，有两座城市叛变复降龟兹。叛乱者与尉头国联兵图谋作乱时，班超旋风般赶回捕斩叛乱首领，又率部击破尉头国杀六百余人，于是疏勒复安。

公元 78 年，班超率疏勒、康居、于阗和拘弥等国士兵一万多人进攻姑墨。这帮西域联军攻破姑墨石城斩首七百级，进而孤立了龟兹。

班超感觉形势一片大好，连忙向刘炟上书请求汉帝国派兵支持，并指出龟兹王是北匈奴所立，所以破龟兹便是破匈奴。他尤其建议：“今宜拜龟兹侍子白霸为其国王，以步骑数百送之，与诸国联兵，岁月之间，龟兹可擒。以夷狄攻夷狄，计之善者也。”

刘炟阅后不由动心，于是他大笔一挥批准由与班超志同道合的假司马徐干率大军前往支持，这支由弛刑徒和志愿者组成的大军兵员总计一千人整……

这边徐干率军出发，那边班超又碰到了反叛者：莎车复降龟兹，疏勒都尉番辰也趁机造反。班超不得不在长达三四年的时间里奔波镇压，他在徐干支援下痛击番辰，斩首千余级，俘虏甚多。第二年刘炟又派来援军八百，于是班超征发疏勒、于阗兵进击莎车。就在此时久经考验的老朋友却背叛了班超：莎车王对疏勒王忠许以重礼策反，见利忘义的忠便反叛班超据守乌即城。班超二话不说立马宣布撤销叛徒忠的一切职务，改立其府丞成大为新疏勒王。接着悉数征发疏勒人中没有叛汉的力量大举进攻乌即城，班超围城半年未克，此时康居却又派精兵救忠。班超眼看抵挡不住，就利用新与康居通婚的月氏王采取外交手段解决问题：他“使使多赍锦帛遗月氏王”，月氏王是实在人，收了钱就办事，把亲家康居王说服退兵。康居王于是召唤军队护送忠一同归国，乌即城也随之投降。

故事至此还未结束，三年后，贼心不死的忠从康居王那里借兵还居损中，又与龟兹密谋一番后遣使对班超表示：“老班，俺知道错了，让俺回家吧。”班超知道忠是诈降，他假意答应将忠诱来一刀砍了，随即击破忠的部众，杀七百余人，这样一来西域南道终于被再度打通。次年，班超大发于阗等国军马二万五千人再次进击莎车，这次龟兹王派遣其左将军率本国军并征发温宿、姑墨、尉头三国军共计五万余众援救莎车。

在这场联军对联军的战争中，班超先是佯装分散撤退诱使敌人分兵追击，接着集中全部军力直扑莎车营地。这次莎车再也无法令班超“刹车”，一战下来莎车被杀五千余人后被迫投降。龟兹援军只得匆匆退军而去，班超再度威震西域。

公元 87 年，月氏王派人找到班超说：我打算与汉和亲，先送上狮子和珍宝做聘礼，你看如何？班超谢绝说大汉不缺珍宝，皇上的动物园早已有狮子，只缺公主，所以月氏王还是就地解决个人问题吧……

月氏王知道后大怒，他认为自己早前帮过班超大忙，此番和亲被拒绝实在是没有面子，于是心怀怨恨图谋报复。三年后，月氏副王谢率七万大军东越葱岭攻打班超。班超手头兵力只是人家的零头，所以手下都很恐慌。不料班超却对月氏兵多表示非常高兴：“月氏兵虽多，然数千里葱岭领来，非有运输，何足忧邪？

但当收谷坚守，彼饥穷自降，不过数十日决矣！”

于是班超率部坚壁清野，而气势汹汹的谢既不能攻克坚城，四野茫茫又无处抢掠粮草，顿时慌乱起来。谢在无计可施之下只得派使者携带金银珠宝向龟兹求救，结果月氏使者派出去，汉军使者走上门。

班超送上的还是一贯的惊喜礼物——月氏使者人头，他早就派兵埋伏在通往龟兹的必经之路上等候。谢大惊之下顿时进退无据，他的大军已面临全军饿死的绝境，只好遣使向班超请罪，希望能放他们一条生路。班超立刻表示这不过是茶杯里的风波而已，他放月氏人回国之后月氏王大为震慑，遂与班超和好如初。

月氏远征军乖乖回家之后，龟兹等国终于感到绝望，他们感觉自己已经无力抵抗汉帝国势力范围在西域的拓展。而一直罩着这些国家的老大北匈奴也已是自顾不暇，因为正面战场上正发生着惊天动地的变化。

公元 91 年，北匈奴兵败金微山后开始西迁，班超最后统一西域的时机也完全成熟。

十月，北道的龟兹、姑墨、温宿见匈奴势力已经退出西域，于是立刻向班超投降。

十二月，汉帝国恢复西域都护府，任命班超为都护，设都护府于龟兹它干城；徐干为长史，屯居疏勒。至此，西域仅有焉耆、危须、尉犁三国因曾攻杀都护陈睦害怕获罪不敢投降。

公元 94 年秋，班超调集龟兹、鄯善等八国兵七万多人，进行征服西域的最后一战。

班超设计诱捕焉耆王等人押至陈睦被害处斩首，随即发兵攻略焉耆王城，屠杀五千多人，俘获一万五千多人、牲畜三十多万头，更立曾为汉朝侍子的元孟为焉耆王，尉犁、危须也重立新王。

至此，班超大功告成，西域五十余国重归汉帝国控制。

六百余年后，诗仙李白挥笔写下了名作《关山月》：

明月出天山，苍茫云海间。

长风几万里，吹度玉门关。

汉下白登道，胡窥青海湾。

由来征战地，不见有人还。

戍客望边色，思归多苦颜。

高楼当此夜，叹息未应闲。

正是有班超、耿恭等壮士气吞万里如虎的气概，汉家才能在西域这虎狼之地立足。西域此后纵使再有风波涌起，可当年“匈奴右臂”扼住汉帝国呼吸的局面却再也不会复原了。

6. 三百年梦碎 公元76年，被三年前刘庄的四面出击吓跑的北匈奴皋林温禺犊王率部众重归涿邪山一带游牧，南单于长知道后立即派遣轻骑与汉边防军及乌桓兵出塞共击之，一战下来斩首数百级，降者三四千人。

长还来不及庆贺这场小小的胜利，他的部众又遭到大蝗灾，南匈奴大饥。刘炟及时赈济南匈奴灾民三万余人，南匈奴再度挺过了难关。反观北匈奴境内则始终天灾人祸不断，正如后来南单于向汉帝上书建议北伐时所说的：由北匈奴来降的右须日逐王鲜堂轻表示北匈奴内部已经离心离德，许多部落都打算南下降汉，只不过耻于自己发动，所以还没有行动罢了，如果能出兵进攻必有响应。

在这种背景下，公元73年汉帝国那次并不算成功的四路出击起到了临门一脚的作用。公元83年北匈奴果然再度发生分裂，三木楼訾部落在大人稽留斯等率领下到五原塞降汉，一次便带来“三万八千人、马二万匹、牛羊十余万”。

这次叛变的规模仅次于当年南单于比率部分裂匈奴帝国的程度，所以给北单于带来的恐慌可想而知，在第二年他便匆忙派使者请求再度互市以表示亲善。刘炟同意后北单于派大且渠伊莫訾王等“驱牛马万余头来与汉贾客交易”。

汉帝国在北匈奴贵人所经郡县设官邸，对他们进行赏赐拉拢活动。南单于长知道后当然大为不满，他没有向汉帝国抱怨，而是“遣轻骑出上郡，遮略生口，钞掠牛马，驱还入塞”。

公元85年，南匈奴在位时间最长的单于长去世，宣即位为新单于。就在这一年正月，北匈奴大人车利、涿兵等亡来入塞，这些归降者竟然先后有七十三批到来。南单于宣遣兵千余人游猎至涿邪山，恰巧遭遇北匈奴的温禺犊王，一场混战后南方大胜，“获其首级而还”。对此北单于自然大为恼火，他打算以入寇作为报复。由于刘炟并不打算在此时挑起战端，所以他和起了稀泥：汉帝国并不责令南匈奴退还北匈奴的人和牲畜，而是出多倍的价格将这些人畜赎出后还给北匈奴。对于南匈奴汉帝国按照其斩杀虏获北匈奴数量记功赏赐，以保持其攻击北匈奴的积极性。

南单于宣得到汉帝国赞许后再令薁鞬日逐王师子率轻骑数千出塞掩击北匈奴，斩获千人而还。嚣张一时的北匈奴已经是“党众离畔”，趁它衰弱时南匈奴部攻其前，丁零寇其后，鲜卑击其左，西域侵其右，北匈奴在漠北已经无法支撑下去，只得远远躲到安侯河以西去。北匈奴部众见南部同胞“为汉所厚”，南下归附数千人。

公元 87 年，昔日的仆从部落鲜卑人入左地大破北匈奴，连北单于优留都被斩杀。一时间北单于庭大乱，“屈兰、储卑、胡都须等五十八部，口二十万，胜兵八千人，诣云中、五原、朔方、北地降”。祸不单行的是漠北再遭蝗灾打击，人民饥馑。北匈奴高层不但不想法渡过难关，反而因为由谁继承优留的位子而再度分裂，优留被斩杀后贵人们曾在慌乱中立其弟为单于，不久后骨都侯再立优留的异母哥哥右贤王为单于，北匈奴部众看到国家再度陷入兄弟争立的局面，纷纷四散而去。

公元 88 年刘炟去世后，南匈奴单于屯屠何上书临朝听政的窦太后，请求趁北匈奴连年天灾、内部大乱之机，“出兵讨伐，破北成南，并为一国”。

这与东汉初期不允许匈奴统一的态度有所冲突，于是窦太后征求耿秉的意见。耿秉认为机不可失，他分析道：首先汉军缺乏深入草原机动作战的能力，所以要想彻底击败北匈奴就必须依靠南匈奴来“以夷伐夷”；其次班超在西域苦苦支撑生死不明的情况下，北伐匈奴可以扭转不利局面，有力地策应西域战事；最后就是今日北匈奴四分五裂不堪一击，如果进攻是可以确保获胜的。

耿秉的主张与当时东汉王朝的主流看法完全相悖，绝大多数大臣都认为北匈奴没有入寇何必劳民伤财地万里远征，何况又是在国家大丧的情况之下。正好此时发生了窦太后哥哥窦宪因犯杀人罪请求出塞击匈奴赎罪的情况，于是窦太后封哥哥为车骑将军令其出击。

在公元 89 年夏季，车骑将军窦宪和执金吾耿秉在朝臣的一片攻击指责和反对抗议声浪中率八千骑出击北匈奴，汉军与南匈奴左谷蠡王师子率万骑会合后出朔方鸡鹿塞，南单于屯屠何亲将万骑出满夷谷，度辽将军邓鸿率羌胡八千骑与南匈奴左贤王安国率万骑出稒阳塞，三路大军约定在涿邪山会师。

窦宪率大军出塞之后，分遣副校尉阎盘、司马耿夔等与左谷蠡王师子率精兵一万余骑，于稽落山大败北单于军，北匈奴部众四处溃散，北单于率残部逃遁。窦宪于是率大军紧紧追击，接连大破北匈奴诸部，直追至私渠比鞮海，此战斩首名王以下一万三千多级，掳获牲畜近百万，前后招降温犊须、日逐、温吾、夫渠王柳鞮等八十一部共二十余万人。

窦宪统率大军出塞三千多里势如破竹，他乘兴与部属登上燕然山，令幕府中护军班固作铭后勒石纪功。班固在《封燕然山铭》中颂扬汉军皆为“鹰扬之校，螭虎之士”，汉家儿郎千里奔袭，“陵高阙，下鸡塞，经碛卤，绝大漠”，穿黑甲打红旗的壮士们“蹑冒顿之区落，焚老上之龙庭”。此次远征北匈奴既雪“高、文之宿愤，光祖宗之玄灵”，又可“安固后嗣，恢拓境宇，振大汉之天威”，此役之后“一劳而永逸，暂费而永宁”……

窦宪班师时派遣军司马吴汜、梁讽，带着金帛赠送北单于以“宣明国威”。这次大战后“虏中乖乱”，于是汉使所到之处“辄招降之，前后万余人”。

吴汜和梁讽在西海找到了失魂落魄的北单于，他俩“宣国威信，致以诏赐”，而北单于唯有“稽首拜受”。

梁讽趁机劝说北单于效法呼韩邪归汉，以保国安民。北单于听后颇为喜悦，他率残部与汉使俱还，到私渠海时听说汉军已入塞，北单于便派遣其弟右温禺鞮王奉贡入侍，自己留在草原上观望。

窦宪认为北单于自己不来缺乏诚意，于是奏请送还其侍弟。北单于看到汉帝国不接受他送去的侍弟，于是复遣车偕储王等贵人到居延塞请求朝见。

第二年春，窦宪派班固与梁讽前往迎接，但与此同时南匈奴却在获得汉帝国同意后派遣左谷蠡王师子等率八千骑出鸡鹿塞击北匈奴，汉中郎将耿谭也派遣从事率军支持。两军夜围北单于营地，北单于大惊之下率精兵千余人仓促应战。在混战中北单于受伤坠马后再度跳上马背只率数十轻骑逃走。匈奴帝国的玉玺被缴获，北单于的阏氏及儿女五人都被俘获，此战斩首八千级，虏获数千口而还。

此战后南匈奴因为不断接受北匈奴部众投降而“党众最盛”，拥有人口二十三万七千三百，拥兵五万一百七十人。另一方面，出塞迎接北单于的班固直到私渠海都没有再找到北单于。窦宪得到报告后认为“北虏微弱”，汉帝国已经不必再对其进行政治争取而应趁势彻底消灭了。

于是在公元 91 年，汉军左校尉耿夔，司马任尚、赵博等将率精骑八百出居延塞五千里直击金微山，大破在那里苟延残喘的北单于。汉军“克获甚众”，斩阏氏、名王以下五千余人，北单于率数人逃亡到乌孙。

至此匈奴帝国彻底毁灭，距当年冒顿兴起的时代已经过去三百年了。这个苍狼帝国的勃勃雄心，在此时彻底破灭了……

北匈奴毁灭后其部众主要向四个方向流散：

一、北单于部

北单于自金微山一战彻底失败后，与残部远走乌孙又转徙至康居。当年追随他西逃的人数量不明，这些北匈奴人在公元 4 世纪中叶与南俄草原顿河以东的阿兰聊人发生战争，于公元 374 年攻灭阿兰聊国。此后分三期向西攻入欧洲，这也就是下一章要讲的故事。

二、于除鞬部

北单于逃走后其弟右谷蠡王于除鞬自立为北单于，于除鞬率领右温禺鞮王、骨都侯等八部两万余人盘踞在蒲类海，随即遣使请求归附。大将军窦宪奏请立于除鞬为北单于，汉和帝刘肇同意。于是在公元 92 年，汉帝国派耿夔为使者为于除鞬“授玺绶，赐玉剑四具，羽盖一驷，使中郎将任尚持节卫护屯伊吾，如南单于故事”。本来汉帝国有心扶持于除鞬返回漠北单于庭，结果恰逢窦宪被刘肇处死。第二年，于除鞬擅自叛汉逃回漠北，刘肇派遣长史王辅与任尚将其追上诱还后斩之，其部众也全被歼灭。

三、鲜卑部

当北匈奴败走之后，漠北草原被新兴的鲜卑人逐步占据。《后汉书·乌桓鲜卑传》中说：“和帝永元中，大将军窦宪遣右校尉耿夔击破匈奴，北单于逃走，鲜卑因此转徙据其地。匈奴余种留者尚有十余万落，皆自号鲜卑，鲜卑由此渐盛。”《三国志·魏志》也说：“北单于遁逃后，余部十余万落，至辽东杂处，皆自号鲜卑兵。”这两处“落”的意思是“户”，如果以每户五口人计算，那么就是五六十万人之多。鲜卑由此而兴起，到3世纪时最强大的鲜卑三部宇文部、拓跋部和慕容部中，宇文部就是北匈奴宇文部落的后裔。

四、在漠北坚持的北匈奴人

虽然帝国毁灭了，可仍有一些北匈奴人留在故土。他们一直在漠北坚持到5世纪初期，还保持着比较强大的实力。当柔然族兴起后，这些北匈奴人才被吞并。

东汉中后期南匈奴的社会制度则有了极大的改变，由于汉化程度加深，南匈奴改变了匈奴人传统上的全民皆兵制度，而转采“胜兵”军制。所谓胜兵就是身为常备军的职业军人，由于有专门的胜兵担负作战任务，所以其余丁壮人口及老弱妇孺就可以安心从事农牧业和手工业生产，这是社会生产制度进步的表现，也是农业在匈奴社会经济中比重加大后造成的影响，更是效仿汉帝国军事制度的产物。南匈奴的胜兵最盛时占人口约四分之一，相比汉帝国军民比例而言还是高得惊人的。由于要养活如此庞大的常备军，南匈奴民众承担的赋税徭役同样高得惊人。社会的两极分化愈演愈烈，从汉帝国动辄赈济南匈奴“贫民”数万人的记录来看，南匈奴的贵人与平民已经逐步转向地主和贫雇农之间的关系了。尤其是后来南匈奴逐渐从沿边诸郡南下，大多深入集中在并州中部的汾水流域，更是为后来匈奴人由畜牧业转向农业生产提供了有利的环境。不过南匈奴人也不是省油的灯，在北匈奴消失了之后，南匈奴内部的分裂和对汉帝国的叛乱时有发生，不过历史再也没有给他们重建昔日那个强大帝国的机会。

7.最后的单于 南匈奴终于看到了北匈奴毁灭的这一天，可是南单于屯屠何却没能实现自己重建匈奴帝国的野心。因为汉帝国不会重犯放任匈奴复兴的错误，每一代南单于都在汉帝国监护官吏的干涉下失去了对国家的绝对控制权。

当外敌消失后，南匈奴人性格中的野性就开始与汉帝国的桎梏碰撞起来，不习惯或者说不甘心于藩属地位的南匈奴在以后的岁月中与汉帝国时有摩擦，这种内部的动乱和对汉帝国的叛乱时起时伏，在漫长的岁月中一直持续到汉帝国消亡的那一天。

公元 93 年，南单于屯屠何去世，左贤王安国继位，南匈奴的骚动就此而起。原因就在于安国“初为左贤王而无称誉”，而左谷蠡王师子则“素勇黠多知”，于是在前单于宣及屯屠何的时代中师子皆受重用，汉天子也对他另眼相看，按理说师子是比安国更合适的单于继承人，但是为了严格遵守比立下的传位规矩，所以只能由排在前面的安国接任单于。

这下弄得南匈奴“国中尽敬师子，而不附安国”，这是任何一个统治者都无法容忍的，于是安国痛恨师子，“欲杀之”。在一个崇拜英雄的国家里，屡遭臣民白眼的无能君主要想除掉已经身为左贤王的英雄继承人是需要克服很多困难的。不过南单于安国还是找到了同志：很多刚投降过来的北匈奴人在塞外时曾被师子率军袭击“驱掠”，于是“皆多怨之”。安国联络这帮与师子有血仇的同胞，打算找机会干掉让自己如鲠在喉的师子。而师子察觉情况不对后也“别居五原界”，不再出席龙城大会。汉帝国派来监督的皇甫棱明知这种情况，也站在师子这一边，于是安国“怀愤益甚”。终于发展到安国率新归降的北匈奴人攻击师子，而汉帝国监护官吏处置不当，最后安国的舅舅等贵人害怕累及自身而格杀安国。

这下师子被立为南单于，而那些与安国联合谋图师子的新归降者立刻骚动起来，先是有“降胡五六百人夜袭师子”，结果被保卫南单于的汉军击退。于是“新降胡遂相惊动，十五部二十余万人皆反畔”，这些叛乱者“胁立前单于屯屠何子薁鞬日逐王逢侯为单于”，一边杀掠官吏百姓一边焚烧驿站庐帐，携带辎重出朔方向漠北而去。

南单于师子和中郎将杜崇被逢侯派出的万骑围困在牧师城中，汉军与乌桓、鲜卑合计四万援军来救，经过一番混战后叛乱者丢下一万七千多具尸体出塞而去，汉军追之不及。

经此一乱后匈奴再度分裂，南匈奴也元气大伤。逢侯之众也是北单于西走后漠北唯一出现过的以“北匈奴”之名与汉对抗的势力。

眼见得似乎要再度出现“南北匈奴”对峙的局面，汉帝国决定立刻扑灭这股危险的火焰。

逢侯的北匈奴日子过得也很窘迫，到达漠北后这些匈奴人就分为左右两部，逢侯自领右部驻牧于涿邪山下，左部屯朔方西北，相距数百里。

公元 96 年冬季，北匈奴左部便“自相疑畔，还入朔方塞”，汉帝国将这一万四千余人接纳安置在北边诸郡。

南单于师子也没闲着，他在国内四处缉捕残留的安国党徒，结果逼得右温禺鞮王乌居战率数千人反叛出塞躲在山谷中为寇，成了汉帝国边郡军民的一害。到了秋天，还是汉军出兵击败乌居战，将他的部众和其他归降者共两万余人安置在安定和北地。

在此期间，由于漠北草原已经被鲜卑部落占据，所以逢侯部众一再被鲜卑痛击，在“饥穷”“无所归”的情况下，窜逃入塞者络绎不绝。

公元 98 年，南单于师子去世，单于位传给了檀。南单于檀上台后频繁出击逢侯屡屡获胜，“收还生口前后以千数，逢侯转困迫”。逢侯在无计可施的情况下先后于公元 104 年和公元 105 年两年连续遣使求和亲，“修呼韩邪故约”。

前一次刘肇还在世，他只是厚加赏赐，却不答复逢侯所请。后一次新皇帝汉殇帝刘隆还在襁褓中自然更加无法答复，所以逢侯的使者再领一份赏赐后依旧失望而归。眼见得和亲不成，在漠北又被鲜卑人反复打击难以立足，逢侯便把目光投向了西域。

此时的西域并不太平，公元 106 年诸国反叛汉帝国，“频攻围都护任尚、段禧等”。此刻婴儿皇帝夭折，新即位的汉安帝刘祜并无实权，听任邓太后做主放弃了西域。这下可成全了逢侯，他立即将手伸进西域，一举收服诸国。

本来西域诸国自从北匈奴被驱逐出西域后便再也不用缴纳各种沉重的赋税了，现在逢侯派遣使者来挨家挨户地通知：这些年来拖欠的租子都给我缴清了！匈奴使者不仅要求诸国缴纳自脱离北匈奴后积欠的各种赋税，还将其价值任意提高，勒令限期清缴，否则就派兵清剿。

那些主动叛离汉帝国的西域国家这才傻了眼，他们试图跟这些凶恶的匈奴“还乡团”套近乎：大哥，自己人啊……匈奴“税务员”们把牛眼一瞪呵斥道：什么自己人，依法纳税人人有责！

面对逢侯无休止的勒索和压榨，西域诸国苦不堪言，但西域都护府是被他们自己折腾走的，与汉的联系早已断绝，再想事汉已无门路，此刻唯有后悔不迭。逢侯统治西域诸国后不仅勒索财物，更强迫他们出兵进攻汉境，“共为边寇十余岁”。

就在北单于逢侯不断入寇河西走廊的同时，南单于檀这边也闹出了新的事端。

公元109年夏季，南单于檀入朝朝见刘祜。当他们回来后，随其入朝的属下汉人韩琮挑唆檀：“关东地区发大水，中原人民饥饿死尽，正可以一举消灭汉帝国。”

檀深信其言，遂勾结乌桓大人一同起兵叛乱，檀亲率大军将中郎将耿种围困在美稷攻打数月。第二年春季时，南单于檀“遣千余骑寇常山、中山”。代理度辽将军梁慬令辽东太守耿夔率两千汉军为先锋在鲜卑部配合下出击南匈奴，南匈奴薁鞬日逐王率三千余人迎击。耿夔率两千汉军自击其左，令鲜卑攻其右，南匈奴被打败，汉军“追斩千余级，杀其名王六人，获穹庐车重千余两，马畜生口甚众”。

就在此战后，鲜卑人竟然以“马多羸病”为理由不愿再为汉打仗，也叛变出塞而去。耿夔不能独进，只好作罢。梁慬自己率八千余人援救耿种，与南匈奴左将军和乌桓大人大战一场，汉军“破斩其渠帅，杀三千余人，虏其妻子，获财物甚众”。南单于檀眼看连战连败，干脆亲自率七八千骑迎击，梁慬一马当先，“被甲奔击”，于是汉军奋战，“所向皆破”，檀见势不妙只好逃回虎泽。

到了三月，诸路汉军共一万六千人围攻虎泽。看着汉军“诸军并进”，南单于檀“大恐怖”，他这时才发现韩琮是个靠不住的大忽悠，于是愤而问道：“汝言汉人死尽，今是何等人也？”檀毕竟是搞政治的，当机立断派遣左薁鞬日逐王乞降，梁慬接受这些叛乱者投降，并“大陈兵受之”以示威慑。表演艺术家檀先令人把自己捆起来，然后光头赤足走到梁慬面前，屈膝下拜，以额触地，表示极度的忏悔。

梁慬将其训斥一番然后宣布赦免他并“遇待如初”，南匈奴交还先前掠去的百姓以及被羌人掠去后转卖到南匈奴的汉民万余人，并上缴人质后汉军收队走人，而南匈奴也老实了一阵子。

后来鲜卑连续寇边，耿夔与南匈奴温禺犊王呼尤徽率领北匈奴新降者连年出塞奋击鲜卑。由于鲜卑活动猖獗，所以耿夔“征发烦剧”，北匈奴人天性并不喜欢做炮灰，自然怨声载道，“新降者皆悉恨谋畔”。等到南单于拔即位后新降部落中的一部在大人阿族等带领下反叛，他们胁迫呼尤徽一同出塞北去，呼尤徽说：“我老矣，受汉家恩，宁死不能相随！”阿族等人一听，便说既然你活是大汉的人，那就死是大汉的死人好了。幸而有人出言搭救，呼尤徽才幸免于难。阿族等带着老幼辎重逃亡后，汉中郎将马翼率汉军与胡骑联兵追击，大破阿族，叛乱者或被斩首，或投河自杀，死亡殆尽。

虽然南匈奴内部的叛乱再次被平息，可是鲜卑入寇的问题依旧没有解决。由于朔方以西障塞均已年久失修，所以鲜卑由此多次入塞进攻南匈奴。

南单于拔忧恐之下上书汉顺帝刘保请求修复障塞，刘保便再度“遣黎阳营兵出屯中山北界”，并在沿边诸郡增兵协防南匈奴，并修复障塞帮助南匈奴自保。

从平息檀的叛乱之事中可以看出南匈奴心中反汉之心从未泯灭，而鲜卑和乌桓更是时叛时服，风波不断。尤其是鲜卑人占据了北匈奴留下的地盘后实力大增，对于汉境的骚扰大为增加，而与匈奴、乌桓之间更是不断相互攻击。

公元117年，盘踞在漠北的北单于逢侯部再度被鲜卑击破，其部众分散，皆归鲜卑，只有单于大人自己无所依靠。流浪数月后，逢侯带着百余骑南逃至朔方塞对着守将表示：我错了，请让我归汉吧……

汉帝国怕逢侯再勾结匈奴人作乱，于是将他安置于颍川郡。逢侯是最后一位世系明确的北单于，他之后虽然仍有号称北匈奴与北单于的势力出没，但其世系都已不明确了。逢侯势力虽然完蛋了，此时又有一位北匈奴呼衍王率部控制西域，驻牧于蒲类海。这个呼衍王应该是当年被窦固和耿秉击走的那位呼衍王的继承者，车师后王立即投靠北匈奴势力，尽管这个北匈奴已经是昔日帝国的残片而已。

公元120年，长史索班曾率千余人屯伊吾以招抚西域，于是车师前王及鄯善王来降。但是数月后北匈奴呼衍王又率车师后王军就联兵来袭攻杀索班，又击走车师前王。鄯善王被逼急了，紧急求救于敦煌太守曹宗，曹宗便请朝廷出兵收复西域击走匈奴，但邓太后不许，只有徒呼奈何。在这种情况下“北虏连与车师入寇河西”，甚至逼得汉帝国内部有人提议“闭玉门、阳关，以绝其患”的地步。

公元123年，班勇被任命为西域长史，领兵五百出屯柳中城。作为汉帝国驻西域的最高行政长官，班勇具有一个独特的优势：他是威震西域数十年的传奇英雄班超之子。班勇以实际行动印证了虎父无犬子之说，他首先进至楼兰招抚鄯善王，继而迫降龟兹、姑墨、温宿三国。趁着西域诸国憎恨北匈奴横征暴敛的情绪，班勇征发诸国联军万余人进攻车师前部，赶走了北匈奴的伊蠡王收复车师前部，第二年又率领联军击破车师后部，斩杀车师后王军就和北匈奴持节使者，班勇立故车师后部王子加特奴为车师后王。

公元 126 年，班勇率诸国联军进击呼衍王。呼衍王战败后逃到枯梧河，其部众两万余人都附汉归降。此战中捕获一条大鱼：北单于堂兄。班勇令加特奴亲手杀之，使车师与匈奴结仇。北单于得悉后果然率万骑攻入车师后部至金且谷，汉军闻讯前往迎击，北单于便率军退去。

公元 127 年，最后一个反抗汉帝国的西域国家焉耆被张朗率领的三千汉军攻破，焉耆王元孟投降。自此西域再度被平定，但北匈奴在西域的影响力并没有就此消失。为了不让北匈奴利用伊吾卢地作为入侵车师的跳板，公元 131 年，汉帝国在此恢复开设屯田，设置伊吾司马管辖。

公元 134 年，汉车师后部司马率加特奴手下一千五百人，在阊吾陆谷出击北匈奴，将其从车师邻近地区肃清。此战大获全胜，“坏其庐落，斩数百级，获单于母、季母及妇女数百人，牛羊十余万头，车千余两，兵器什物甚众”。第二年春季，北匈奴呼衍王率兵入侵车师后部进行报复，敦煌太守发西域诸国兵马，及玉门关侯、伊吾司马等部合计六千三百骑援救车师，双方在勒山大战一场后汉军败退。到了秋天，呼衍王再率两千人攻破车师后部。

公元 137 年秋，敦煌太守率军出击呼衍王，在巴里坤击溃北匈奴军队，嚣张一时的呼衍王也被斩首。

这次胜利令汉帝国长出一口气，以为河西自此太平了。没想到十四年后又一位呼衍王再度率部入侵西域，三千北匈奴胡儿呼啸而来闯进伊吾卢地，伊吾司马毛恺率汉军五百人在蒲类海之东与呼衍王血战不敌全军覆灭，呼衍王乘胜攻伊吾屯城。夏季，敦煌太守司马达率敦煌、酒泉、张掖属国胡骑和汉军共四千余人前往营救，司马达出塞至蒲类海，呼衍王见势不妙率部远逃，这是北匈奴最后一次出现在西域。

呼衍王的下落如何，他与西迁欧洲的北匈奴人有何联系，都已成为不解之谜。

北匈奴彻底退出了西域，而南匈奴方面是否会长治久安下去呢？

答案显然是否定的。

公元133年夏季，南匈奴左部句龙王吾斯、车纽等叛汉，他们率三千余骑入寇西河，又将右贤王拉下水入伙，于是叛军多达七八千骑。吾斯等人决定既然起事就玩票大的，他们“围美稷，杀朔方、代郡长史”，一时间弄得人心惶惶。

马援的侄孙护羌都尉马续与中郎将梁并、乌桓校尉王元连忙征发缘边兵及乌桓、鲜卑、羌胡合两万余人前往讨伐，吾斯等人“遂更屯聚，攻没城邑”，反而把声势越弄越大。这下汉顺帝刘保怒了，他遣使斥责南单于休利，“开以恩义，令相招降”。休利并未参与这场叛乱，他“脱帽避帐”向汉使谢罪。但是休利不是一个有能力的单于，他虽然忠于汉帝国却实在没有能力控制部属，也无力招降吾斯一党。新任护匈奴中郎将陈龟便逼迫单于休利与其弟左贤王自杀，又打算把单于近亲都迁徙到内郡安置以防他们叛乱，这下南匈奴内部更加混乱，“而降者遂更狐疑”。

大将军梁商认为这次叛乱“难以兵服，宜用招降”，他建议刘保开出归顺悬赏，明码标价来诱使叛乱者投降。这招果然灵验，“右贤王部抑鞮等万三千口诣续降”。

虽然有被胁迫者陆续投降，但主谋者仍在疯狂活动。秋季，吾斯等立车纽为单于，接着“东引乌桓，西收羌戎及诸胡等数万人”，一时间叛军势大，连先前协助汉军作战的羌胡也反叛了，他们连续攻破京兆虎牙营、杀上郡都尉及军司马，接着横扫寇掠并、凉、幽、冀四州，汉帝国被折腾得死去活来。

中郎将张耽征发幽州乌桓诸郡营兵，在马邑击败车纽，“斩首三千级，获牲口、兵器甚众”。车纽与手下诸豪帅骨都侯见势不妙便乞降归顺，而吾斯仍然率其部曲与乌桓合伙四处劫掠。

公元142年秋季，吾斯又勾结南匈奴贵人左薁鞬台耆、且渠伯德等结伙反叛。

公元143年，刘保在洛阳册立兜楼储为南单于，是时“天子临轩，大鸿胪持节拜授玺绶，引上殿。赐青盖驾驷、鼓车、安车、驸马骑、玉具刀剑、什物，给彩布二千匹。赐单于阏氏以下金锦错杂具，軿车马二乘。遣行中郎将持节护送单于归南庭。诏太常、大鸿胪与诸国侍子于广阳城门外祖会，飨赐作乐，角抵百戏。顺帝幸胡桃宫临观之”。

这种大张旗鼓的庆祝活动自然是为了显示汉帝国对于新单于的支持和树立新单于的威望，其景象似乎与当年呼韩邪来朝称臣时有几分相似。不过此一时彼一时，那时的呼韩邪是先做了单于才来称臣，而此刻的兜楼储则是完全由汉帝国推上台再护送回单于庭，其臣属程度完全不一样了。

就在新单于风光上任后，中郎将马寔招募到刺客刺杀了叛乱首领吾斯，但其残部仍旧持续叛乱。公元 144 年春季，马续引来鲜卑五千骑助战，在谷城击退吾斯部众，斩首数百级。

汉帝国坚定地采取“以夷制夷”政策，虽然历经请羌胡羌胡反、发乌桓乌桓叛的打击，依旧引来鲜卑助战平叛。而南匈奴的叛乱则始终没有被镇压下去，公元 155 年，南匈奴左薁鞬台耆、且渠伯德等再度叛乱。公元 158 年，南单于休屠各部联结诸部一同叛乱，这些叛乱者与乌桓、鲜卑勾结起来入寇缘边九郡。张奂暗中诱降乌桓部，使其击杀休屠各部各渠帅平息了叛乱。此事过后，张奂以南单于居车儿不能统理国事为由将其扣押起来，另请立左谷蠡王为单于。汉桓帝刘志则下诏责备张奂说：“《春秋》大居正，居车儿一心向化，何罪而黜！其遣还庭。”

居车儿去世后继位的是他的儿子某，南单于比开创的将传弟与传子交叉结合的继承制度至此结束。公元 177 年，南单于某与中郎将臧旻从雁门出塞进击鲜卑部落联盟首领檀石槐，结果大败而还。不久某去世，其子呼征继位。呼征与中郎将张修不和，才即位两年就被张修擅自杀死，更立右贤王羌渠为南单于。张修随即被汉帝国以“不先请而擅诛杀”的名义治罪，用囚车送到洛阳。

这件事说明汉帝国不仅对于南单于多加监护，对于派至南匈奴中的官吏也是严加控制的。张修擅自处死南单于很可能引起新的叛乱，所以最后他被处死抵罪，而南单于羌渠在位时却又遇到了另一场大祸。公元 188 年四月，前中山太守张纯发起叛乱，他率领鲜卑大举入寇边郡。汉灵帝刘宏诏发南匈奴兵，配幽州牧刘虞讨伐平叛，南单于羌渠派左贤王率领胡骑前往幽州。由于南匈奴人害怕单于发兵不止，所以不愿做炮灰的“右部虾落与休着各胡白马铜等十余万人反”，这些叛乱者一举攻杀南单于羌渠。羌渠死后由其子右贤王于扶罗继位，但是杀害羌渠的那些人自然害怕新单于报杀父之仇，所以他们推举须卜骨都侯为单于。由于于扶罗率部在中原协助汉军镇压黄巾军，所以被国人所拒无法归国即位。眼看不仅老爹被杀，连自己的王位都不保，于是打算亲赴洛阳上演一出“秋菊打官司”，力争得到汉帝国的支持。恰好这时刘宏驾崩，黄巾大起义正在中原各地如火如荼地展开,汉帝国已经名存实亡,各路诸侯纷纷割据称霸。于扶罗眼看打官司是没戏了，眼前的乱局倒是可以趁机参与其中捞一把，于是出身于匈奴贵族家庭的于扶罗毅然率领数千胡骑参加了农民起义军白波军，“合兵寇河内诸郡”。

白波军是黄巾军余部，在黄巾军主力失败后又重新起义。而于扶罗参与进来的时期中原百姓已经久经劫难，大都群聚在村寨坞堡内以武力方式自保，所以于扶罗不仅没捞到什么油水，还接连受挫损兵折将。于扶罗打算退兵回南匈奴辖区时南匈奴人依旧不接纳他，他只得带着部众流落到河东郡平阳县一带。而须卜骨都侯单于在位一年后去世，南匈奴人也没有再拥立新单于，“南庭遂虚其位”，以年老的氏族首长主持日常事务。于扶罗在河东待了一段时间后决心重新寻找出路，他投靠到袁绍帐下却不被信任，又辗转投靠袁术。可惜在大萧条的时代有前途的工作实在难找，于扶罗连换几位东家都不能东山再起，最后在公元 188 年郁郁而终。

于扶罗去世后，单于位由其弟弟呼厨泉继任，仍在平阳居住，以于扶罗子刘豹为左贤王。呼厨泉虽然号为南单于，可是和哥哥一样被族人反对无法归国，还数次被鲜卑劫掠。

公元 196 年，汉献帝刘协自长安东归时，右贤王去卑与白波帅韩暹等保护皇帝，阻击李傕、郭汜的追击。

公元 202 年，曹操派钟繇率军围攻平阳，呼厨泉便归顺曹操。

曹操将不断在黄河流域诸郡蔓延扩展的呼厨泉部众视为心腹大患，他认为南匈奴势力的扩大是对曹魏政权统一北方的莫大威胁，所以为了防止匈奴东山再起，曹操采取了分散呼厨泉部众和限定他们的居住范围等办法加以控制。

公元 216 年，呼厨泉率领诸王到邺城朝见，曹操趁机授予他官职后将其留下，而派遣去卑归平阳监国执政。后来曹操又将呼厨泉部众三万余户分为五部，左部一万余户安置于太原郡的故兹氏县；右部六千余户安置在祁县；南部三千余户安置在蒲子县；北部四千余户安置在新兴；中部六千余户安置在太陵县。这五部均立其贵人为帅，并派汉人为司马进行监督。

丨 虽然汉化程度日渐加深，但匈奴仍旧不是一支被驯服了的力量

这样一来南单于的权力被彻底架空只剩名号了，诸王侯也失去部属如同平民一般，完全失去了兴风作浪的能力。南匈奴五部帅虽然在名义上统治其众，但是他们都被安置于晋阳、汾水之滨严格控制着，匈奴古老的氏族部落组织结构也仅在名义上保留，南匈奴五部的实际控制权完全在曹魏政权的司马手里。此外，曹魏政权的并州刺史梁习以强力手段对并州一带的南匈奴人加以控制：

一、授予南匈奴各部贵人以官职，使其到各地官府就任，从而与部众彻底脱离关系；

二、从南匈奴牧民中抽调丁壮，以“义从胡”或“勇力吏兵”的名号分发到各地驻防作战，他们的家属则迁徙到邺城居住为质；

三、大力鼓励南匈奴人弃牧从农，使得他们被土地拴住，与汉人同化。

《晋书·四夷列传》中曾对西汉末年与东汉末年的匈奴状况做过对比：“前汉末，匈奴大乱，五单于争立，而呼韩邪单于失其国，携率部落，入臣于汉。汉嘉其意，割并州并界以安之。于是匈奴五千余落入居朔方诸郡，与汉人杂处……其部落随所居郡县，使宰牧之，与编户大同，而不输贡赋。多历年所，户口渐滋，弥漫北朔，转难禁制。后汉末，天下骚动，群臣竞言胡人猥多，惧必为寇，宜先为其防。建安中，魏武帝始分其众为五部……于是匈奴震服，积年不敢复反。”

经过曹魏政权的一系列社会制度改造后，南匈奴作为一支独立的政治力量已经不存在了，只有被不同程度汉化的匈奴族百姓在所居郡县接受地方官吏管理，编入官府户籍与汉族百姓待遇趋同，但享受不缴纳贡赋的优待。

随着曹魏政府积极推进农耕化“勤劝农桑”，匈奴人大都接受从事农业生产，但这些没有土地的匈奴最后不是成为汉族地主的农奴就是成为他们的奴婢。

直到三国初期，经过曹操主持的一系列社会制度改造后，南匈奴作为一支独立的政治力量才不复存在了

《晋书》中记载在太原等郡以匈奴和其他胡人为田客的汉族官僚地主居然多达数千人，而《三国志》中也记载当曹魏的并州刺史陈泰上任时，京城官僚贵族人士多表示希望委托他购买匈奴奴婢。

这些匈奴奴婢或农奴所受待遇极为低下，于是在匈奴人心中除了民族矛盾外又增加了对汉族官僚地主的仇恨，这种仇恨在不久的将来就会被点燃，进而揭开新的战争序幕。

公元 220 年，魏文帝曹丕逼迫刘协禅让登基后，曾授呼厨泉魏玺绶、青盖车和宝剑等。随着刘协退位，汉帝国终于宣告寿终正寝，而南匈奴这个仅在字面意义上存在的藩属国家也随之烟消云散。

俱往矣，但匈奴的后裔们还要继续书写属于自己的传奇。

第四章 上帝之鞭

SHANGDI
ZHIBIAN

千年匈奴史

第一节 一路向西

1. 迁徙之旅 自从在公元 91 年被汉帝国彻底击败后，残存的北匈奴人便赶着牛羊唱着牧歌迈开了寻找新家园的脚步。这是浪漫主义的表达方式，现实主义者会说这些匈奴友人是一边骂娘一边逃窜的。

上一章说过北单于逃出漠北后去了乌孙，他们在乌孙的牧场草原停留了一段时间休养生息。接着精壮人员去康居，老弱仍然留在乌孙。到了南北朝时期，兴起于漠北的游牧势力柔然屡次侵扰乌孙，而乌孙“大小昆弥皆弱”，无力抵抗外敌入侵，只得向西迁徙，没有继续西迁而留下来的那部分北匈奴人趁机在乌孙故土建立了一个新的国家悦般。

《魏书·西域传》中记载:“悦般国，在乌孙西北，去代一万九百三十里。其先，匈奴北单于之部落也……地方数千里，众可二十余万。凉州人犹谓之单于王。”

柔然缘于东胡，曾是鲜卑的附属部落之一。他们在 5 世纪上半叶入主漠北，继而攻打西域诸国。悦般国曾与柔然交好，“其王尝将数千人入蠕蠕（柔然）国，欲与大檀（牟汗纥升盖可汗）相见”，但后来两国反目，屡次交战。

北魏太武帝拓跋焘曾经希望联合悦般夹击柔然，他在公元 437 年派遣董琬、高明出使西域期间曾会晤悦般王。到了公元 448 年，悦般王遣使赴北魏求援，希望东西合击柔然。然而柔然始终没有停止侵扰悦般，最后逼迫悦般迁徙离去。

悦般在西域活动的时间不长，它在中国史籍中一闪而过便消失不见。

此时北匈奴人已经到了中亚地区。康居对于匈奴人并不陌生，当年郅支与呼韩邪争位时曾盘踞在康居横行一时，若不是汉帝国的甘延寿与陈汤率军将其击杀，郅支很可能会在康居建立一个强盛的游牧国家。郅支虽死，但是他的部众散落在康居附近生活，所以这里对于西迁的北匈奴人而言也是具有吸引力的国家。在康居停留之后，匈奴的后裔们继续向西迁徙，最后出现在阿兰聊。

阿兰聊也称阿兰奄蔡，位于康居以北两千里处，也就是顿河以东高加索山以北的南俄大草原上，这里的风俗与康居类似。阿兰人属于伊朗人种，居住在四轮或六轮的大篷车里。阿兰人擅长养马，其国力不算弱小，拥有控弦之士十余万人。但是这一切并不能阻挡匈奴人西迁的脚步，公元 4 世纪中叶，阿兰聊遭到了灭顶之灾。自称为“胡”的匈奴人呼啸而来——他们将沉寂多年的嗜血天性发挥得淋漓尽致。

在中国的历史资料中将这些人称之为“匈奴人”，而他们自己则如同在东方的祖先一样自称为“胡”。古罗马历史学家阿米亚努斯这样形容这股来自东方的入侵力量：“匈奴人从顿河以东向阿兰人展开进攻，阿兰人对于匈奴人予以顽强的抵抗，两军大战于顿河上。阿兰人以战车为主，敌不过勇猛突驰的匈奴人骑兵，结果大败，国王被杀，国家被征服，一部分阿兰人逃散到周边各地，但大部分阿兰人被匈奴人接收为同盟者，阿兰武士被吸收到匈奴人的队伍中去，成为匈奴人军队的重要组成部分。”

由此看来西方游牧民族与东方游牧民族的习性是共通的，那就是加入到强者队伍中成为强者的一部分——正如匈奴人在兴起时征服的诸多部落最后都自称为匈奴。

就这样公元 374 年，阿兰聊彻底灭亡，其部众大部分融入匈奴中，随之继续向西一脚踹开了西方世界的大门。

其实在公元 290 年匈奴人便出现在西方历史记载中，美国学者麦高文在他的《中亚古国史》中记载：公元 290 年时亚美利亚国王泰格兰纳斯的军队中不仅有阿兰人雇佣兵，还有匈奴人士兵。到了公元 356 年时，波斯北部边境也遭到了匈奴人的入侵。

阿兰聊的毁灭预示着这股来自东方的游牧洪流已经决堤而来，沿途的一切国家和民族要么离开，要么毁灭。阿兰聊灭国后，它西方的邻居东哥特还来不及做出反应就在同一年遭到入侵：公元 374 年，匈奴人首领巴拉米尔乘胜渡过第聂伯河攻入东哥特人的国度。位于黑海北岸的东哥特是一个由日耳曼人所建立的庞大国家，当匈奴人的大军攻入东哥特的领土后，被东哥特人征服的部落趁机造反，内乱令东哥特人屡战屡败，一年后便彻底失败。

东哥特年迈的国王亥耳曼纳奇兵败自杀后，其继承人威塞米尔也被匈奴人杀死。不少东哥特人投降并加入匈奴人，其余部分则向西跑路进入他们的远亲西哥特人的地盘避难。

顺服于匈奴人的东哥特人此后长期为匈奴人效力，他们曾多次与西哥特人或罗马人作战，因此被匈奴人认为是可靠的盟友，互相通婚也很普遍，巴拉米尔在征服东哥特之后就曾娶东哥特公主阿玛玲为妻。

匈奴人的出现与征服行动在欧洲引起了巨大的震动，他们预感到这股来自东方的恐怖力量是无法抗衡的。在约旦尼斯的《哥特史》中记载着：“一个至今为止不为人知的种族从遥远世界的角落里冒出来，像一阵从高山中骤然降下的暴风雪，将一切挡在他们前进道路中的物体连根拔起、毁灭殆尽。”

哥特人普遍将匈奴人视为两脚的禽兽，是巫婆和魔鬼的后代，他们具有超人的力量，因此是无法与之抗衡的。根据哥特历史学家约尔达内斯的记述：一位没有远见的哥特国王发现了几名女巫后，便将她们驱逐到了亚洲腹地。这些女巫与当地邪恶的魔鬼与精灵交配，产生了一个“发育不良的，愚笨而且孱弱的部落，他们几乎算不上是人而且没有语言，只留存下一种令人厌恶却有些类似人类说话的交流方式”。这个半人半妖的部落在追踪一头母鹿时穿过刻赤海峡，于是他们在新发现的土地上横冲直撞，最后突袭了不幸的哥特人。

虽然冒顿的后裔们定然不肯接受这样的传说，不过哥特人编出来自己吓唬自己的传说还是起了奇效的。在这种封建迷信思想作用下，当匈奴人继续进攻西哥特时，西哥特人的恐惧使他们无法抵抗。

一开始西哥特人试图凭借德聂斯特河天险顽抗，但匈奴人军队留少数人在河对岸佯攻，大部却从上游趁夜偷渡德聂斯特河后侧击西哥特军队，于是西哥特人立刻崩溃，满怀恐惧地逃离了他们的田地和村庄。

这些难民宁愿忍受贫穷与饥饿，也不愿意面对匈奴人，甚至到了一两个匈奴人骑兵就可以屠杀一整村百姓的地步：匈奴人来到村中喝令村民出来然后彼此绑缚，最后用匕首割断每一个人的喉咙。

这样一来西哥特王国也崩溃了，数十万人渡过多瑙河逃入罗马帝国境内——虽然他们的旧领袖阿塔纳里克曾与东罗马帝国皇帝瓦林斯达成协议不得渡过多瑙河。但现在西哥特人顾不上当初的条约了，一来当前的人民领袖已经变成了菲列迪根，二来西哥特人只祈求罗马帝国能够允许他们渡过雨后暴涨的多瑙河，在色雷斯山谷中重新安家过太平日子。

瓦林斯经过考虑之后与菲列迪根达成了一项交易：西哥特人可以渡过多瑙河，但是要交出武器并在罗马边境省份生活，以备在罗马遭到入侵时当兵保卫帝国。由于罗马帝国早就开始招募蛮族士兵来补充自己的军团，甚至还任命了一些蛮族将军，所以西哥特人也被视为是合适的炮灰人选。于是在公元376年的春夏之交，一无所有的西哥特难民渡河进入罗马境内。而等待他们的是罗马地方行政官员们的慷慨迎接：许诺中的粮食、土地和房屋早就被贪官污吏们中饱私囊，取而代之的是一个又一个阴险的圈套。例如有一次罗马地方官卢皮奇努斯从乡村抓到了一批狗——他当然不是为了扑灭狂犬疫情而努力，当这些狗出现在饥肠辘辘的西哥特难民面前时，卢皮奇努斯宣布这就是提供给他们的赈灾粮食。当然天下没有免费的午餐，要想吃这些狗的话，西哥特人就必须提供自己的族人给卢皮奇努斯做奴隶。

西哥特人在愤怒中酝酿着叛乱，而东哥特难民的到来更是为局势火上浇油，于是卢皮奇努斯邀请菲列迪根等西哥特部落首领到行省首府马西安诺堡商议援助方案。慷慨的卢皮奇努斯操持了一场盛宴，但城墙外聚集的西哥特民众们却在流言蜚语中暴躁起来，他们收缴了一小队罗马士兵的武器。

卢皮奇努斯得知消息后立刻处死菲列迪根的侍从作为报复，就在他打算进一步杀光西哥特人时，菲列迪根冷静地指出：现在唯一能够重建和平的方法是让他完好无损、自由地回到他的人民那里。卢皮奇努斯别无选择，只能释放了他的客人，而菲列迪根“立刻策马逃离，去煽动战争的火焰”。

于是西哥特人与罗马的战争开始了，这些一无所有的叛乱者四处劫掠，他们的所作所为比传说中的匈奴人大军更加残暴。

这样一来瓦林斯只好亲自上阵镇压叛乱，公元 378 年 8 月 9 日，瓦林斯与菲列迪根在阿德里雅堡展开决战，西哥特的重装骑兵将罗马重装步兵砍成了碎块。一万余名罗马士兵战死，法伦斯也在其中。

这一战动摇了东罗马帝国的根基，帝国辖区内的蛮族再也不听使唤了。这场战争持续了四年，当菲列迪根死后，新任罗马皇帝狄奥多西与新任西哥特首领阿坦那利克签订合约：帝国被迫给予西哥特人多瑙河南岸的土地和半独立的地位；而西哥特人则在自己首领的带领下许诺为罗马而战。

就在西哥特人与东罗马帝国展开混战时，匈奴人优哉游哉地控制了从乌拉尔山到额尔巴阡山之间辽阔的草原牧场。接着他们通过额尔巴阡山山口进入匈牙利平原，并征服了周边的日耳曼部落。在这里他们建立了自己的王国。匈奴人王国的出现标志着他们漫长的西迁旅途终于告一段落，这些以散漫的部落状态散布在欧陆大地上的匈奴人与冒顿昔日的帝国差异巨大。不同的匈奴部落时而联合时而分散，甚至单独迁徙或与敌人联合。

就在东哥特人陆续渡过多瑙河之时，有一小部分匈奴人部落也随之而去，罗马帝国被迫默许这些匈奴人在境内生活，匈奴人在潘诺尼亚和下摩西亚地区驻扎下来。在这一时期匈奴人是相对安分的，因为他们需要消化掉投降并加入的阿兰人和哥特人。当他们占据南俄罗斯草原后，匈奴人的人口开始急剧增加，战争消耗得到迅速弥补。

不过小部分的匈奴人骑兵仍然在骚扰邻国：除了进入罗马帝国的少数人以外，另一股匈奴人于公元 384 年进攻美索不达米亚，攻占了爱德沙城；还有一股匈奴人在公元 396 年侵入了波斯帝国。不过这些都是不疼不痒的骚扰罢了，匈奴人的主力在南俄罗斯草原上休整，为下一步的大规模入侵积蓄力量。

2. 最伟大的骑射手 在继续匈奴人的征服史之前，我们回顾一下这支匈奴后裔是如何击败西迁路上无数强大的敌人的。如果说在与汉帝国的战争中匈奴拥有游牧民族的强大机动能力和骑射本领的话，那么被其击败的阿兰人也同样是精于骑射的游牧民族，并且人口众多，极为强大。

公元 2 世纪曾同阿兰人交战的希腊历史学家和将军阿里安指出，阿兰骑兵最喜欢用伪装撤退的战术使敌人进入伏击圈——这种战术后来也被匈奴人学会并加以完善。阿米亚努斯说他们是牧牛的游牧民，住在由树皮做顶的马车上并且崇拜一把插在地上的剑，这种信仰后来也为匈奴人所接受。

罗马史书中的阿兰人被描述成有着浓密胡须和蓝色眼睛的欧洲人模样，他们骑着坚强矮小的马，是令人畏惧的骑手。阿兰人热衷战争，善用剑和套马索，常在战场上发出令人胆战的啸叫声。

阿兰人是残暴的蛮族，青年人会斥骂老人，因为他们没有在战斗中死去。阿兰人将被屠杀的敌人剥皮并制成马衣，而且他们中还有出色的女武士，以至于后世的历史学家怀疑阿兰人的女战士就是希腊传说中的亚马逊人。

还有其他被征服的许多游牧部落也是如此，毕竟骑射是生存的基本能力，他们为何全都无法击败同样依赖骑射并且处于迁徙中的匈奴人呢?

答案可以从技术和精神两方面来分析。首先是匈奴人的武器：弓。匈奴人的弓看起来同祖先匈奴人使用的弓相当神似，它是不对称的，上半部分比下半部分长。这种不对称的结构对弓的力量、射程或者准度没有任何影响，而缩短的下半部分便于惯用右手的射手从马脖子上拿过弓向右发射，以保证可以流畅地左右开弓。匈奴人的弓比祖先所用的更大，拉开弓弦时声音也更响；这样做的目的当然不是为了方便在草原上演出摇滚乐，而是为弓增加更大的力度以使射出之箭具有更大的穿透力，匈奴人的弓能够在有效射程内穿透欧洲人使用的以皮革、骨头或青铜做的鳞甲。

从匈奴人的墓葬中发掘出的弓与其他欧陆游牧民族的截然不同，在弓的边角上带有独特的“翼”。这些长约三厘米的“翼”朝着射击相反的方向弯曲并固定住弓弦。这些“翼”为弓提供了木材本身无法企及的硬度，功能就如指甲之于手指。这些“翼”将弓的长度增加了关键的一小部分，这种额外的长度起到杠杆作用，使得射手能用更小的力气拉开一张更重的弓，因为这弯曲的“翼”扮演了一个滑轮的角色。当射手拉弓时“翼”展开增加了弓弦的长度。发射时“翼”卷起来缩短了弓弦的长度，这样不需要更长的弓和更长距离的拉动就可以增加箭的加速度。

这种“翼”是现代复合弓滑轮系统的鼻祖，它给予了匈奴人射手更长的“手臂”，让他们能够将箭射得更远，更有穿透力。虽然增加的距离可能只比欧洲人的弓多几米，但这关键一点距离已足够让匈奴人的箭在敌人还无法发射时就先射中对手了。

根据漠北出土的壁画等文物，匈奴人可能为最早使用马镫的民族，在蒙古博物馆中还有匈奴墓葬中出土的铁马镫。匈奴人使用的可能是用皮革或绳索做的马镫，有了马镫的帮助匈奴人可以更有效自如地控制马匹冲击。

相对于用铠甲包裹全身的欧洲重骑兵，轻装上阵的匈奴人放弃了防护力以换取最大程度的机动力和火力，他们每人都有一把弓、六十支箭以及挂在腰间的一柄剑。在匈奴人的前锋部队后面跟着一长队马车，里面是备用武器和至少十万支箭——这种行军队形与昔日汉帝国面对的匈奴大军何其相似！

当匈奴人进攻时会在敌人射程外分为每千人一队，然后以左右包抄的方式奔向敌军，每个战士从自己的箭袋中抽出六七支箭放在持弓的手上，将它们抵着弓的外沿握紧。当距离敌军阵线大约二百米距离时，欧洲军队往往会因为紧张而盲目地射箭攻击，这些箭由于距离太远所及基本上是无效的。

匈奴人以四十公里左右的时速逼近到距离一百五十米时才开始第一波射击，目标集中在敌阵中一百米左右的狭窄区域。在这个距离中匈奴人三棱铁尖头箭的飞行速度可达到每小时二百公里以上，它的穿透力与火枪子弹不相上下，第一波敌军随之被射倒。当距离一百米时匈奴人开始第二轮射击，同时将马变换方向保持与敌人的阵线平行奔驰，匈奴人射手从马鞍上侧身连续射击，在几秒钟之内把手里的箭射完。当奔驰到敌军阵线尽头时匈奴人再度拨转马头往回平行奔驰射击，每千人在一分钟内可以射出一万两千支箭，尽管命中率不会特别高，但这暴雨般的箭足以将敌军阵线射得千疮百孔。

匈奴人射手射光携带的箭后便会返回马车补充，接着重复刚才的过程。

由于重骑兵和重步兵作战必须保持良好的队形，所以他们的敌人只能忍耐着一边以盾牌保护自己一边逼近匈奴人，这时候只要一个人倒下出现一个缺口而没有后续人员来填补的话，那就会有匈奴人的箭雨蜂拥而入，而防御的堤坝往往也会土崩瓦解。

当然，敌军不是固定靶子，尤其是当他们纪律严明并有后方的弓箭手和标枪、投石器支援时还是比较难啃的，这时匈奴人便会以伪装溃退的方式来引诱敌军使其坚固的防线破裂，一旦出现这样的缝隙，匈奴人便会冲进敌阵拔剑砍杀。

在短兵相接时他们还有游牧民族的“军民两用产品”套马索。阿米亚努斯记载道：“当敌人抵挡来自剑的伤害时，匈奴人就把用织物编成的套索扔向敌人，使他们被缠住，四肢不能动弹，无法骑马和走路。”一旦敌人被套马索困住，便成为毫无还手之力的靶子了。

多年以后，当来自东方的另一股游牧大军蒙古人袭击欧洲时，采取的也是同样的办法。欧洲人在漫长的时间内一直没有有效对付这种战术的方法，只有火药时代来临后这一切才会改变。

除了先进的武器和战术外，匈奴人在精神层面上也与众不同。他们首先是一群难民，迫切需要找到合适的牧场来养活自己。其次他们是一个强大帝国的后裔，在每一个匈奴人心中都有一种以战争来证明自己和为祖先恢复荣誉的情绪。而在迁徙的道路上匈奴人没有什么东西可以与沿途的主人们进行贸易交换，更无法使用那些已经被占据的草原牧场。所以匈奴人只能通过暴力手段来抢夺，硬挤进别人的生存空间。这样做的结果只有两个：一是胜利将原住民击走或征服；一是失败全族覆灭。于是匈奴人由迁徙的游牧民族变成了强盗集团，他们被自身的命运捆绑成为一种骇人的毁灭力量，这种力量让他们永远不得停歇地征服、前进。

正因为这种宿命般的民族习性，使得匈奴人在短暂的休整后继续向西出发。虽然罗马帝国与西哥特人勉强达成了和平共处的协议，但是匈奴人却没有放过他们的打算，作为一个习惯于掠夺和侵略的游牧国家，匈奴人很快便会让罗马帝国知道自己是多么可怕的对手。

3. 欧洲的胡儿 早在阿德里雅堡之战时，幸存的罗马士兵便报告说有一小队轻装骑射手出现在战场上，这些西哥特人的奇怪盟军数量不超过几百人，几乎毫无盔甲保护，却被用来保卫哥特人的主力。这是匈奴人派出的侦察部队，他们渡过多瑙河试探罗马这个庞大帝国的实力。在目睹了西哥特人与罗马帝国的战争之后，匈奴人得出结论：这是一个庞大而富裕的帝国，同时也是一个不堪一击的肥羊。

匈奴人派出“踩盘子”的斥候只带回少量的战利品，不过匈奴人的首领们却毫不在意，他们认定这个帝国的一切财物都是属于自己的，现在暂时由罗马人保管，需要时拍马去取就是了。所以从公元 395 年开始，匈奴人便连续攻入色雷斯地区抄掠，正如当年他们祖先对汉帝国的所作所为一样。

到了公元 400 年，匈奴人在首领乌丹率领下进入东罗马帝国，但有趣的是他们是作为罗马皇帝的朋友而来的。原来此时的东西罗马皇帝分别是亲兄弟阿卡狄乌斯和霍诺留，而朝政大权则分别被哥特人鲁菲纳和汪达尔人斯提里克把持。由于对伊利尔利卡地区的归属存在争议，所以鲁菲纳和斯提里克两人尖锐对立。当匈奴人入侵东罗马边境时，斯提里克趁机率军进入东罗马。由于鲁菲纳鼓动皇帝阿卡狄乌斯做出了强烈反应，所以斯提里克将部众交给手下的哥特将军干纳斯后返回西罗马，而干纳斯继续率军来到东罗马首都君士坦丁堡。

鲁菲纳看到同胞率军而来放松了警惕，他与阿卡狄乌斯出城劳军时却被老乡干纳斯一刀砍掉脑袋，于是干纳斯成为东罗马的实际控制者。

由于哥特人信仰的基督教阿利安教派被信仰天主教的东罗马人视为异端，所以干纳斯并不受欢迎。再加上他与皇后关系不和，导致从皇室到民间全都憎恨他和他率领的哥特军队。这种仇恨最终爆发为一场动乱，干纳斯的手下被君士坦丁堡人屠杀，他本人只得仓皇逃到多瑙河下游寻找匈奴人的支持。

乌丹笑眯眯地接待了干纳斯，过了几天阿卡狄乌斯接到匈奴人“快递员”送来的神秘大礼，打开包裹一看是干纳斯的头颅！这是匈奴人王对东罗马皇帝的致敬，虽然他本人也是来掳掠东罗马的……

乌丹不仅在东罗马方面进行感情投资，还曾与西罗马结盟：当东哥特王拉达盖斯率领四十万部众渡过多瑙河侵入罗马后，一路向着罗马城而去。拉达盖斯宣称要焚烧罗马并杀死元老院成员祭神——他是异教徒，对于已经信仰基督教的罗马人没有丝毫怜悯。在这种情况下西罗马与乌丹达成了镇压暴乱的一致意见，乌丹率领自己的匈奴大军在弗洛伦萨附近击杀拉达盖斯。乌丹说到做到，打败拉达盖斯后就率部回到潘诺尼亚。当然，顺便劫掠了一把。

总之，乌丹对东罗马的骚扰远远大过对西罗马的折腾，当东罗马的色雷斯地方长官向乌丹求和时，乌丹自信满满地宣称：“太阳所照的地方，我愿意的话都可以征服！”《罗马编年史》也将这位匈奴人王称之为“多瑙河以外所有蛮族的统治者”。

不过东罗马人也不是干挨打不还手的受气包，在公元 408 年乌丹再度侵入东罗马劫掠时，东罗马决定给这个狂妄的强盗头子一点颜色看看。于是满载而归的匈奴人主力遭东罗马军队突袭，匈奴人损失很大，乌丹本人差点儿被杀。

经此一败后，乌丹偃旗息鼓，再也没有入侵过东罗马。

数年后，一对名叫俄塔和卢阿的兄弟又成为新的匈奴人领袖。俄塔在入侵莱茵河流域的柏干提人时战败被杀，于是王位传给他弟弟卢阿。卢阿即位后连续入侵色雷斯和马其顿尼亚，到了公元 431 年时东罗马皇帝狄奥多西二世不得不正式答应每年向卢阿缴纳三百五十磅黄金做保护费，并允许匈奴人进入几个指定城镇进行互市贸易。

第二年卢阿又提出新的谈判要求，原来由于不满卢阿的高压统治，很多匈奴人叛逃到东罗马帝国境内，卢阿要求引渡这些人；此外由于匈奴人王国只是一个松散的部落联盟，所以临近东罗马边境的许多匈奴人部落都自行与东罗马签订合约，一般都约定东罗马缴纳若干保护费，如果发生战争则由匈奴人兄弟们过去帮着砍人云云。现在卢阿打算把所有好处都揽到自己一人手里，所以宣布各部落与东罗马的合约无效。狄奥多西二世连忙派遣使者前往，结果当他们抵达匈奴人王国边境时才得知卢阿已死，现在由他的两个侄子布雷达和阿提拉共同执政。

公元 435 年，布雷达和阿提拉在马盖斯附近的草原上会晤了东罗马使者。由于两位匈奴人王拒绝下马会谈，所以大家只好按照匈奴人的传统骑在马上完成了整个谈判。

东罗马人肯定觉得不习惯，不过幸好谈判用时不长，一切顺利——因为全部都得按照匈奴人领袖的意思办：

一、卢阿要求引渡的匈奴人叛国者都应立即被抓捕遣送，尤其是避居君士坦丁堡的两位匈奴人部落王子必须被用钉子钉死；

二、废除一切与其他匈奴部落订立的条约，承认只有他们二人才有订立条约的权力；

三、每年交付给匈奴人的保护费进行合理上调：由于以前有一位国王而现在有两个，所以保护费上涨百分之百；

四、东罗马帝国在多瑙河岸开设市场，向匈奴人王国供给物资；

五、在匈奴人王国的东罗马俘虏若逃跑的话，每跑一个就向东罗马罚款金币八枚。

东罗马使者哪敢反驳，立刻全盘接受新条款。阿提拉表示从此以后两国人民就是同志加兄弟，为了增强东罗马友邦人士遵守盟约的自觉性，阿提拉执意邀请两位使者参观匈奴人进攻西徐亚人与日耳曼部落的屠杀表演。

布雷达和阿提拉并不是所有匈奴人的领袖，因为在漫长的迁徙道路上有很多匈奴人留在被征服地区生活，尤其是在顿河流域以西还有不少独立的匈奴人部落游牧，这些匈奴人的人口总数超过了住在欧洲的同族们。于是布雷达和阿提拉开始了征服所有匈奴人部落的军事行动，公元 435 年他们就征服了索拉斯基的匈奴人部落。公元 444 年布雷达去世，阿提拉又征服了另一位匈奴人领袖阿卡特斯特。

现在阿提拉是匈奴人唯一的王，匈奴人王国的势力范围已经扩大到南到里海南岸近于地中海，北至北海和波罗的海，东抵顿河，西达高卢、大西洋沿岸。从小亚细亚到多瑙河、莱茵河流域的蛮族们都在匈奴人的马蹄下匍匐，被征服者卑躬屈膝地向新主人献媚讨好，向它供奉财物、输送壮丁，就如同当年被匈奴帝国征服的西域和东胡、丁零人一样。

六百余年前的英雄冒顿在冥冥中注视着自己在欧洲的传人阿提拉，这个野心勃勃的匈奴后裔即将在世界历史上写下属于自己的浓厚一笔。

第二节 上帝之鞭

1. 神秘的阿提拉 阿提拉究竟有着怎样的家族传承，他究竟是如何成长的，这些问题都是没有记载的不解之谜。在阿提拉的使者与狄奥多西二世谈话时曾提到过阿提拉的父亲名叫蒙祖，不过这些并不影响这位匈奴人王在其臣民心目中的威信。

欧洲人总怀疑布雷达是被弟弟派刺客杀害的，不过从阿提拉此后一直厚待哥哥的遗孀这一点来看，似乎兄弟俩感情不错。此时匈奴人的生活已经受到欧洲人的深刻影响，所以阿提拉并没有收继自己的嫂子。他自己的妻子众多，这些妃子们分居在不同的王宫内。阿提拉的皇后名叫西璐佳，当丈夫不在京城的时候，就由她来招待外国使节并请布雷达的遗孀作陪。西璐佳在招待外国使节的时候有时会邀请对方参观自己的宫室，甚至行欧洲式的拥抱礼节。

东罗马使者们记下了这神秘匈奴人宫殿的装修布置：阿提拉并不住在帐篷里，而是住在木质的宫室中，唯有浴室采用石质。事实上这宫室是一座由木材制成的城堡，木城环山而造，占地很广。匈奴人王及其妻子们住的房屋内梁柱有雕刻装饰，地板上铺着地毯，家具则是由希腊艺术家负责设计制造，由此可见匈奴人已经深深被罗马帝国的奢侈享乐风气同化。匈奴贵族们还很喜欢学些拉丁语，并用来与外国使节交流。

看起来这个游牧民族无论走到哪里，都在不断地与比自己先进的文明交流融合。

罗马历史学家普利斯库斯在公元448年曾作为使者拜访阿提拉，他在《出使匈奴王庭记》中形容了匈奴人的豪华盛宴：

使者进门前，必须先停下来祝贺匈奴皇帝身体健康和国家兴盛。酒宴在大厅中举行。在阿提拉的座位边摆放着两排小桌子，每桌围坐着三四人左右。阿提拉的儿子和叔父，以及一些他喜欢的蛮族国王和贵族们都应邀作陪。酒席右边的座位是高位，那里坐着哥特国王。东西罗马帝国的使者们被并排安置在左边——毫无疑问这是一种侮辱。阿提拉首先举杯祝贺使者们健康，使者们忙不迭还礼。于是这样几次三番之后，畅饮继续。

普利斯库斯回忆说：“他为我们准备了豪华的盛宴，用上了十分名贵的银碟为盛载食物。但相对于我们的奢华餐具，阿提拉只用上了一个木盘。无论在何处，他都表现得十分简朴，就连酒杯也是木质的，相对而言我们则使用着各式各样的金质或银质酒杯。阿提拉的衣着也是非常简朴和整洁：他随身携带佩剑，穿一对西徐亚式的靴子，他的马辔也没有任何黄金或宝石修饰，与其他的西徐亚人一样。木质地板上只简单地铺着羊毛席子……”

阿提拉不追求其他享受，唯一的爱好就是痛饮美酒。

他的宫廷前庭常开，方便随时出去驱驰骑射。在宴会时大家遵守雅利安人和匈奴人的传统开怀畅饮，并有两位匈奴歌手歌唱助兴。一般来说歌词大意都是说“我王阿提拉英明神武，率领大军东征西讨无往不胜”云云。在歌唱时众人皆凝神恭听，匈奴人的武士们听到高潮处面露豪气，得意扬扬，而老人们则潸然泪下，为不能再上战场黯然神伤。颂歌唱罢便是喜剧表演，摩尔人和西徐亚人扮作丑角，以光怪陆离的衣饰和古怪滑稽的神态来取悦座上客，他们夹杂着拉丁语、哥特语和匈奴语以博来宾欢心，于是宴会厅里笑声大作，声震云霄。

但在这种场合中唯独阿拉提沉默不语，他面不改容以沉静不移的态度看着身边发生的一切。这位匈奴人王动作矜持以保持自己的优越感，当他打算施威

阿提拉博物馆中的阿提拉蜡像

于他人时会习惯性地转动自己凶狠的眼珠——普利斯库斯认为阿提拉其貌不扬："他的身材矮短，胸部广阔。头很大，眼睛小，有一双灰色的瞳孔。他的鼻子是扁平的，脸是黑色的。"

俗话说人不可貌相，海水不可斗量。阿提拉酷爱战争，喜欢征服。在欧洲人传说中他是一位极其邪恶残暴的君主。可是他有仁慈的心并且遵守诺言，他的敌人都相信他做出的宽恕许诺与和平保证，虽然这种保证只是短期内有效。匈奴人认为自己的国王不只是一个公正而宽大的君主，还是一位慈祥的父亲，因为他只要一看见自己的幼子，无论在任何场合中都会满面笑容。

阿提拉非常迷信，所以"战神之剑"事件给了他无穷的勇气：一个匈奴牧民报告说发现他的牛群里有一头小牝牛跛着脚行走，他好奇地循着血迹而行，最后发现是那头小牛在吃草时不慎踏到一把剑而被刺伤。这位牧民挖出剑呈献给阿提拉，阿提拉认定这就是传说中的"战神之剑"，认为这是上天指定他要统治世界的象征，并会使他在往后的征战中无往不利。

虽然匈奴人人口很少，可是阿提拉能够从被征服民族那里征发到五十万到七十万大军——虽然由于军粮供应问题他一般不这样做。阿提拉宣扬自己每战必胜，不过凡是通过外交胁迫或军事压力可以达到目的他都不会选择贸然开战。他坚守匈奴人作战时机动灵活的传统，作战时顺利便进攻，不利便逃走，丝毫不会为了百战百胜的名号而硬撑。

阿提拉如乌丹一样相信自己是世界上最伟大的君主，他对罗马人说："在罗马帝国的广大疆土中，任何难以攻克的堡垒和城市都不存在。假如我们喜欢的话，我们都可以将它从地面上抹平。"

由于他对罗马的战争令欧洲人胆战心惊，所以他也被称之为"上帝之鞭"。

2. 上帝之鞭 阿提拉在征服罗马帝国之前曾经打过波斯的主意，因为此时的东罗马帝国已经被他的频繁入侵和勒索搞得名声扫地、财政破产。不过阿提拉曾被波斯人拒之门外。相传他曾与波斯人战斗到飞箭遮住了阳光的程度，可最后还是以匈奴人大败而告终。

遭受重大损失的阿提拉立即决定在东罗马身上弥补损失，于是他挥军攻击君士坦提亚堡。这座堡垒是东罗马人建立在多瑙河市场附近的，而市场正是阿提拉要求东罗马人开设的。匈奴人赶走或杀死在这里做生意的东罗马商人，并将堡垒一举攻克。当东罗马方面胆战心惊地询问原因时，阿提拉宣布：马尔格斯的主教进入匈奴人王国后亵渎了匈奴人皇家墓地并偷窃了国王的财宝！阿提拉大王严正声明自己是失主不是施主，所以东罗马方面必须立刻逮捕盗窃犯主教及其同党，并退赔赃物！

东罗马皇帝狄奥多西二世拒绝了这一无理要求，马尔格斯主教大人闻讯后毫无疑问感到大为欣慰。可当他们听说附近城市顷刻间便被匈奴人大军攻破洗劫的可怕消息后又改了主意，主教亲自派人同匈奴人首领商议谈判后找到了最后的解决方案——市民们开城门投降，主教本人跑路……

就这样东罗马帝国的边境堡垒被迅速突破，匈奴人大军席卷东罗马全境，经过大地震折磨、连续两次被大举入侵和三次会战失败后，东罗马丢掉了七十座城市，匈奴人的骑兵一直深入到达达尼尔海峡和希腊的温泉关，严重威胁到东罗马帝国首都君士坦丁堡的安全。

虽然狄奥多西二世赶工在六十天内修好了首都的城墙，但是他的百姓们却毫无斗志，甚至有不少人提议为了避免匈奴人毁灭城市，大伙儿还是干脆开城投降吧。

狄奥多西二世闻讯愤而表示头可断血可流，一寸城门也不能开！于是东罗马人龟缩在首都里，眼睁睁地看着自己的野战部队被匈奴人一扫而光。

阿提拉围困了君士坦丁堡很长时间，但始终也没能找到突破城墙的办法。于是在公元 448 年双方终于签订和约，新和约如下：

一、东罗马割让从多瑙河南岸到色雷斯的大片国土给匈奴人王国并将居民全部撤走，这些地方的面积按照匈奴人的计算方法为：十五天的旅程。

二、为了补偿匈奴人王国的战争花费，立即支付六千磅黄金给阿提拉先生。此外保护费提高到每年两千一百磅黄金。

三、立即将被俘的匈奴人释放并交出为东罗马而战的所有匈奴人（包括匈奴人王国治下的欧洲蛮族），而被匈奴人俘虏的东罗马人则需要每人支付十二枚金币的赎金。

可怜的狄奥多西二世唯有全盘接受，这三条中的第一条和第三条都造成了巨大的灾难，第三条使得那些帮助东罗马帝国的蛮族部落憎恨狄奥多西二世背叛、出卖自己，而第一条更是令无数东罗马的臣民背井离乡，家破人亡。

在这惨无人道的大搬迁过程中，色雷斯境内的阿詹玛斯城居民拒绝匈奴人与东罗马的“联合拆迁执法”。阿提拉闻讯大怒，要求狄奥多西二世做出解释。而狄奥多西二世则表示自己已经对那里的人民失去控制，还请阿提拉自己去同阿詹玛斯城的居民做交涉。

为了避免遭到再次入侵，狄奥多西二世派出一个使团前往匈奴人王国谈判。使团由马克西明率领，普利斯库斯正是作为此行随员而得以见证历史的。使团从君士坦丁堡出发向西走了十三天，行进千余里才抵达东罗马帝国的新边境，接下来的三百里道路上不时可见被匈奴人攻占后夷平的城镇废墟。最后他们渡过多瑙河进入匈奴人的地盘，而阿提拉的手下立刻让这些使者们感受到羞辱和愤慨。匈奴人的游骑兵盘踞在使团周围，勒令东罗马人不得在景色宜人的地方宿营休息，说这会对处于远方的阿提拉王庭不利。接着使者们又被反复盘问欲与阿提拉会谈的内容，当使者们拒绝告知的时候，匈奴人勒令他们立刻返回君士坦丁堡。

当然，这些刁难最后都被东罗马人的银弹攻势所化解。一路上使者们吃到很多从未见过的食物和饮料，这也使我们得以对匈奴人的日常饮食有所了解：他们喝的不是葡萄酒而是蜜酒，还有一种叫作卡玛斯的大麦蒸制的饮料，至于主食则是黍米而不是面包。匈奴人对远方来客的饮食供应充足，不过这些陌生的食物还是让东罗马人叫苦连天。当他们终于到达王庭的时候，便参加了刚才所描绘的那一场宴会。

宴会结束后几天阿提拉邀请马克西明谈话，他对于不满意的问题态度粗暴，但最终还是达成了协议，一些罗马俘虏被允许以较低的价格赎身。但是此刻又发生了一件事——东罗马帝国的使者中隐藏着刺客！

狄奥多西二世的当权宦官克莱萨菲亚斯试图唆使出使东罗马帝国的匈奴人使者艾德孔刺杀阿提拉并许诺给他大量的黄金作为酬劳。一开始艾德孔鬼迷心窍地同意了，但随后便意识到这是一笔有命赚没命花的不义之财。艾德孔回到匈奴人王国后便向阿提拉和盘托出此事。克莱萨菲亚斯秘密嘱咐使者中的维基斯阿斯将一袋黄金转交艾德孔，维基斯阿斯带着儿子来到阿提拉的王庭后派遣儿子给艾德孔送钱，结果父子二人都立刻被捕并送到阿提拉面前。在杀死儿子的威胁下，维基斯阿斯全部交代了自己的罪行。

阿提拉接受他以二百磅黄金赎罪的祈求，并派使者带着克莱萨菲亚斯的金子赶赴君士坦丁堡。匈奴人使者把金子挂在脖子上直闯进宫廷中，厉声喝问克莱萨菲亚斯是否还认得自己的钱袋？另一位使者则呵斥狄奥多西二世说："狄奥多西有一位可敬的父亲，阿提拉同样是光荣的贵族蒙祖之后。可是狄奥多西已经丧失了父亲的光荣，他曾同意进贡奉献，做一个阿提拉的忠仆。他应该尊敬无论在命运和价值上都比自己尊贵的主人，而不应该如一个邪恶的奴隶那样秘密谋害他！"

狄奥多西二世被这个晴天霹雳惊呆了，他目瞪口呆地听着阿提拉的最后通牒：条件就是立刻奉上克莱萨菲亚斯的狗头，否则就毁灭他的帝国，当然也包括他本人在内。

东罗马皇帝回过神来之后当机立断做出决定——不是一刀宰了惹是生非的克莱萨菲亚斯而是派出一个最高级别的求饶使团，带着能凑出的全部礼物去哀求阿提拉饶恕自己。

阿提拉在特兰哥会见了使团，他发现在瑟瑟发抖的东罗马使者中包括了两位贵族执政官、一位财政大臣和一位大将。这是东罗马方面从未派出过的达官贵人，现在就匍匐在他脚下祈求宽恕。阿提拉感到自尊心得到了极大的满足，再加上礼物格外厚重，使者们又巧舌如簧使得匈奴人王龙颜大悦，于是阿提拉宣布赦免狄奥多西二世、维基斯阿斯，甚至连罪魁祸首克莱萨菲亚斯也被饶过了。

除此之外，阿提拉还保证遵守和平条约，并释放大量俘虏，开恩放弃了多瑙河南岸的一大片领土——反正这里的人民和村庄城镇都已经被他抢光、烧光、杀光了。

公元 450 年狄奥多西二世去世，他的姐姐巴尔吉莉阿继位后立即杀死了克莱萨菲亚斯。作为罗马历史上第一位女皇，没有丈夫是万万不行的。巴尔吉莉阿选定元老院议员马尔西安作为自己的丈夫共同统治已经破败到极点的帝国，而马尔西安的第一项国策就是改变以前忍辱偷生的国策，他反对继续向阿提拉奉献大笔财物求和，反正国库已经早被匈奴人掏空了。

马尔西安认为应该用从国民那里搜刮来的钱财整顿军队，要知道为东罗马效力的蛮族士兵们是不见军饷不打仗的。至于阿提拉，应该派使者让他知道东罗马再也不会给钱了，想抢就来吧。

彪悍的马尔西安说到做到，他派遣使者阿波罗尼亚斯去见阿提拉。阿波罗尼亚斯依照惯例带了礼物，毕竟马尔西安没蠢到在整顿好军队前就把阿提拉招惹来。可是这次阿波罗尼亚斯表示只有在见到阿提拉本人后才能交出礼物，这令匈奴人大为吃惊。毕竟与以奴隶自居的狄奥多西二世王国比起来，新的东罗马帝国皇帝要强硬得多。

阿提拉认真思考了一番目前的局势，被自己洗劫到赤贫地步的东罗马帝国已经是光脚的不怕穿鞋的了，再要去进攻他们没有多少油水可捞还会逼得他们来个鱼死网破。那么是不是匈奴人就此金盆洗手老实在国土内放马种地呢?

当然不是，因为还有一条大鱼就在地平线那边活蹦乱跳呢，那就是西罗马帝国。

早在卢阿统治匈奴人的时代，西罗马帝国就曾派遣人质到匈奴人王国。

西罗马的人质中有个叫作埃提乌斯的孩子，他的祖先是蛮族，父亲是罗马的官员，后来还得到伯爵的封号。少年时代的埃提乌斯是个人质专业户，他先是在哥特王阿拉列的军营中为人质多年，后来又来到卢阿的王庭。埃提乌斯是个机灵的人，他与卢阿相处甚好，同时也与布雷达和阿提拉成为朋友。后来埃提乌斯试图插手西罗马帝国的帝位之争，他说服卢阿发兵六万以支持自己看中的人选约翰。虽然最后约翰还是败北，不过埃提乌斯却以匈奴人为后盾迫使摄政王普拉西任命自己为高卢的军事长官。

当然埃提乌斯没忘记给祖国带来实惠，在卢阿时期匈奴人很少骚扰西罗马帝国，这里面就有埃提乌斯付出的努力。当卢阿死后，埃提乌斯仍与布雷达和阿提拉保持友好关系，三人之间书信礼物往来不绝。

到了公元 450 年的时候，已成为西罗马帝国最高军事长官的埃提乌斯日子过得并不顺利。首先是年轻的皇帝瓦伦丁尼安三世昏聩无能，一切都听从母亲普拉西提娅的安排。偏偏这位太后又同埃提乌斯彼此看不顺眼，所以整个帝国危机重重。就在此时,阿提拉的求婚信寄来了,他请求娶皇帝的姊妹霍诺利娅公主为妻。

霍诺利娅在东西罗马都是家喻户晓的人物，这不是因为她的风华绝代倾国倾城，而是因为她在十六岁时就与宫廷侍从淫乱而怀孕，她的母亲普拉西提娅愤而将其送到君士坦丁堡软禁达十年之久。

霍诺利娅在君士坦丁堡听说有位可怕的匈奴王阿提拉天下无敌，为了拯救自己便设法将一枚戒指送给阿提拉，并表示自己愿意嫁给匈奴王。当时阿提拉身边并不缺女人，对丑闻缠身的霍诺利娅更加不感兴趣，不过当他开始打西罗马帝国主意的时候，霍诺利娅就成为一个极好的开战借口了。

于是阿提拉向瓦伦丁尼安三世正式提亲，并且特别表示嫁妆不必特别丰厚，他只要西罗马一半的土地和人民就足够了……

瓦伦丁尼安三世很快回信阿提拉，表示自己不打算做便宜小舅子，此项“提婚不合法”。与此同时在普拉西提娅的授意下，瓦伦丁尼安三世赶紧把招惹是非的霍诺利娅流放。

一封回绝信打发不了阿提拉，他于公元 451 年凑齐了一支号称有五十万人的大军向西罗马帝国出发。在这支军队中充斥着阿兰人、萨克逊人、东哥特人、勃艮第人和赫鲁利人等蛮族壮丁，自然也少不了匈奴人骑兵。而西罗马帝国的统帅埃提乌斯则忙着从那些不怎么可靠的蛮族中寻找盟友，他招揽到凯尔特人、法兰克人和勃艮第人。

阿提拉为了麻痹西罗马帝国，遂宣称自己是为了帮助讨伐西哥特人而来，但是这种谎言连小孩都欺骗不了。元老院议员阿维都斯受命说服西哥特王狄奥多里克，这位狄奥多里克是埃提乌斯的老冤家，两人曾多次交战。但是阿维都斯鼓动他的如簧之舌，描述西哥特人的祖先曾如何受到匈奴人的伤害，直到今天阿提拉仍然尽力把西哥特人从多瑙河边驱逐到比利牛斯山区，这些历史宿怨立即使西哥特武士中的愤青们激动起来。阿维都斯又代表上帝宣称：每一个基督教徒都有责任把上帝的教堂和圣徒的遗骨从邪恶的蹂躏下解放出来，他又向那些贵族们表示每一个已在高卢定居下来的西哥特人也需要保护自己的农庄不被匈奴人侵害。狄奥多里克在这些事实面前完全屈服了，他立即宣称自己作为埃提乌斯和罗马人的同盟者，准备不惜牺牲自己的生命和王国以求保证高卢的共同安全。

于是阿提拉的威胁使得西哥特人与罗马人捐弃前嫌，凑起一支大军准备与匈奴人决战，参与其中的有法兰克人、莱提人、阿摩里卡人、布雷翁人、萨克逊人、勃艮第人、萨尔马提亚人、阿兰人和里普阿里人。这支军队抢先在阿提拉之前赶到了奥尔良地区，以阻止匈奴人军队继续前进。

跨越两千公里而来的阿提拉大军攻陷重镇梅斯，但奥尔良城却久攻不克。当阿提拉得知自己的老友埃提乌斯已经赶到时，不由得相当吃惊。经过考虑后他下令回渡塞纳河，在适合骑兵作战的沙隆平原等待决战。

埃提乌斯和狄奥多里克率军紧紧追击而来，联军的前锋不停地对阿提拉的后卫部队发起冲击，于是在漆黑的夜晚，复杂的道路上到处都成为战场。法兰克人和格皮达人进行了一次遭遇战，结果导致一万五千人战死。

而这种小规模的血战，不过是为一场决定欧洲命运的大战拉开序幕而已。

沙隆周边的卡塔洛尼亚平原长约二百四十公里，宽约一百六十公里。会战前西哥特王子托里斯蒙德抢先占领了战场制高点中央高地，试图夺回高地的匈奴人仰攻失利，于是阿提拉下令巫师占卜未来，据说结果显示出主要敌手将会死亡，而匈奴人会战败。

不过阿提拉是不会被这不祥的预言吓退的，毕竟出来混这么多年了，如果在这时撤退以后还怎么号召这些仆从国？他向他的士兵们宣布：受到苍天庇护的战士在敌人的箭矢面前不会受伤；但永无失误的命运之神却会让箭射穿胆小鬼、败类的心脏。阿提拉为了鼓舞士气，向全军训话说：“我自己要投出第一支标枪，哪个可怜虫要是不肯照我的样子做便必死无疑！”

吉本所著的《罗马帝国的衰亡》中记载着阿提拉布阵时的盛况：“那些野蛮人的士气，被他们无所畏惧的领导人鼓动了起来。阿提拉立即让他的军队排成了阵势。他亲自站在正中间的位子上。那些对他的帝国表示臣服的民族，鲁吉安人、赫鲁利人、图林根人、法兰克人、勃艮第人则排列在两翼，铺满了卡塔洛尼亚田野。军队右翼由格皮达人的国王阿尔达里克统领。统治着东哥特人的英勇的三弟兄则被安置在左翼，以便对付同族的西哥特人。”

而西罗马联军方面则显得不那么自信，大家商议后将阿兰王桑基邦置于正中，这是因为这位国王此前曾与阿提拉勾结密谋反叛，所以将他放在可以被两翼夹击的中央位置监视起来。埃提乌斯居左，狄奥多里克居右，托里斯蒙德仍在中央高地。

这是一场早期的世界大战，参战者有东亚人、中亚人、西亚人和欧洲人，看起来似乎是东西方之间的决战；阿提拉一方普遍信仰自己的原始宗教，而西罗马一方则大多信仰不同教派的基督教，所以又像是不同宗教间的博弈；匈奴人是游牧民族，西罗马人则是农耕民族，这又好像是两种文化间的碰撞；至于那些分别帮助西罗马和匈奴人的阿兰人与东西哥特人之间又好像是同一民族的内战……

战役在六月二十日打响，经过一番弓箭、标枪和投石器的互相猛攻后，阿提拉率先率领中军猛攻联军中军，阿兰王桑基邦想逃又不敢，硬着头皮打，结果没过多久就被冲破。

于是阿提拉集中火力攻击西哥特军队，指挥战斗的狄奥多里克冷不防被东哥特贵族安德基斯投出的标枪刺死，匈奴人认为这正印证了占卜的结果。高地上的托里斯蒙德看到父亲战死后率部冲下来复仇，东哥特人也陷入混乱。这时阿提拉所率领的中军由于推进太快而与左右两翼分离成为孤军，于是被联军团团包围，这下形势逆转。阿提拉见脱身不得便趁着夜幕降临用战车围成圆圈防守，他自己将随身携带的财宝和马鞍堆在阵地中央宣布如果失败就纵火自焚。

战斗持续到第二天清晨，双方死伤甚重。托里斯蒙德与埃提乌斯会师后寻找到父亲的遗体，立即在战场上举行葬礼。一些西哥特人为国王哭泣，另一些则在歌唱和欢呼，因为这葬礼是在被击败的阿提拉面前举行的。

接着西哥特武士们将先王的长子托里斯蒙德用一面盾牌抬起来，在狂热的欢呼声和敲打武器声中他被推举为新的西哥特王。

托里斯蒙德即位后的第一道命令就是：干掉阿提拉！于是狂热的西哥特人海啸一般涌向阿提拉的营地，阿提拉毫不畏惧地下令所有的号手和鼓手都奏起军乐，匈奴人从营地中射出暴风雨般的飞箭，将西哥特人的攻势一次次挫败。最后联军不得不坐下来开会商讨对策，最后大家决定围困阿提拉，要么饿死他，要么逼迫他接受屈辱的投降条件。不过以阿提拉的个性而言，他肯定会选择突围战死。

眼看西哥特人定要将被围困的阿提拉除掉，埃提乌斯这位西罗马大将便打起了小算盘：如果阿提拉一死，西哥特人定然成为新的霸主，从而严重威胁西罗马帝国的生存。不如放阿提拉走，这样可以利用分而治之的手段保全帝国。

盘算好了以后，埃提乌斯主动找杀红眼的托里斯蒙德谈心说：“小伙子，干得不错呀。不过你那些留在后方的兄弟们知道父亲死了会不会有啥想法？”

面对阿提拉入侵的威胁，西罗马元老院议员阿维都斯成功说服西哥特王狄奥多里克加入抵抗的行列

卡塔洛尼亚平原的战场上，孤军深入的阿提拉被围困在营地当中，立志为国王复仇的西哥特人正疯狂进攻

经过埃提乌斯这么一说，托里斯蒙德立刻感到那些靠不住的兄弟们说不定会趁机瓜分首都土鲁斯的财宝，更可怕的是可能还会兴兵作乱抢夺王位。于是他也不报仇了，率领军队掉头就走。这样一来联军四散，都回家洗洗睡了。

被围困的阿提拉看着占优势的敌军忽然四散而去，不由得大为怀疑：这到底是个什么情况？他在营地里困守数天后才下令撤退，临行前自焚未遂的阿提拉先生抛出一句施瓦辛格在《终结者》系列中的著名台词：“我还会回来的！”

沙隆之战就此结束，平原上躺着无数尸体，死者大多是双方军队中的欧洲蛮族士兵。后人估算出两个数字：十六万二千人或三十万人战死。无论是哪一个数字对匈奴人王国而言都是极大的损失，阿提拉一路退回莱茵河流域休整。

高卢远征虽然失败，但在埃提乌斯遣散联军行动的帮助下这位匈奴王的声望并没有多大损失。不久后他再度卷土重来，这次的目标是意大利本土。

公元 452 年，阿提拉再度向西罗马帝国提出公主新娘和嫁妆的问题，自然依旧踢到了铁板，于是匈奴人的大军再度滚滚而来。这次西哥特人不再是西罗马帝国的盟友，托里斯蒙德和埃提乌斯由于在上次胜利后分赃不均，两人已经拍桌子翻脸。托里斯蒙德明确表态：“大叔，我们之间的感情破裂了！”

对于阿提拉从巴尔干翻越阿尔卑斯山而来，埃提乌斯显然毫无准备而大为狼狈，更何况现在高卢也成为遍地硝烟的战场。但是西哥特人没有忘记老王是被谁杀死的，所以对托里斯蒙德命令他们配合匈奴人攻打西罗马非常反感。托里斯蒙德的兄弟们趁机谋划叛乱，第二年就把这位国王杀死篡位。

虽然阿提拉这次声明是为了索要霍诺利娅公主，不过西罗马的百姓很明白他是索命来了。匈奴人在意大利长驱直入，但在攻击亚得里亚海滨重镇阿基利亚时却遭到挫折。由于这座城市居民富裕人口众多，所以抵抗意志极为坚决。

匈奴人虽然不擅长攻城技术，但是他们用黄金收买了西罗马的技术人员，并且驱赶着数万战俘和被掳掠来的百姓去破坏城墙。于是阿基利亚城下成为一场古代工程技术博览会，匈奴人使用成批善斗的山羊，移动炮楼，抛掷石头、标枪和火焰轮番试验，并搭上了无数条人命。但是阿提拉在城下围攻三个月都打不下来，军队怨气冲天，使他不得不打起了退堂鼓。

正当他准备撤围时，看到一只老鹳带着幼鸟从一座楼塔上的鸟巢飞离，生物兼建筑学家阿提拉立即断定这座楼塔定然已经摇摇欲坠，正适合他手下的匈奴人

面对阿提拉的大军，罗马大主教利奥一世挺身而出，成功劝说他放弃进攻罗马

强制拆迁队。被重新鼓动起来的匈奴人以疯狂的作风猛攻这座楼塔并由此破城而入。入城之后为了报复上次远征高卢的失利，阿提拉的手段格外残酷：匈奴人在屠城劫掠后纵火焚烧，将整座城市彻底夷为平地。

匈奴人继而挥军攻下阿尔提纽、孔格迪亚和巴度等沿海城市，又连克维星萨、凡罗纳、巴甲姆等内地城市，上述城市无一例外地被屠城纵火只留下一片片废墟。西罗马人胆战心惊地形容："凡是阿提拉马蹄践踏过的地方，连草也永远不会生长！"

在这种情况下米兰和巴维亚见势不妙连忙主动联系匈奴人投降，在交出全部财物后换得饶恕全城百姓性命的许诺。当阿提拉走入米兰的一栋贵族宫室时，看到一幅画上画着恺撒坐在宝座上而西徐亚王跪在他脚边。艺术鉴赏家阿提拉对此感到不满，他立即召来米兰城中的画家令其改为西徐亚王坐在宝座上而恺撒跪在其脚边，为了符合匈奴人的习俗还特地为恺撒加上了打开金币口袋的动作，以表示他在向西徐亚王进贡。

阿提拉继续南下，目标直指罗马城，这次他的老友埃提乌斯束手无策，这座"永恒之城"眼看就要彻底完蛋。宗教爱国人士罗马大主教利奥一世挺身而出：为了全城百姓，我去忽悠忽悠蛮子阿提拉！被困在罗马城中的瓦伦丁尼安三世大喜过望，连忙派遣大主教出阵，并派大司法官特里基提亚斯作为政府代表一同前往。

阿提拉在波河接见了这个求和使团，利奥一世在阿提拉面前苦口婆心地劝说他放过罗马，并指出公元 410 年西哥特王亚拉里克一世入侵罗马城后不久暴毙。这说明圣彼得和圣保罗庇护圣城，蛮族友邦人士以武力入城恐怕有生命危险。

在基督教历史上普遍曾将阿提拉接受利奥一世媾和请求视为神迹，据说当时圣彼得和圣保罗从天而降，两位天使威胁阿提拉说如果他拒绝利奥一世就让他死。这当然是自吹自擂。其实阿提拉当时已经是骑虎难下，而利奥一世正好让他可以就坡下驴：首先是西罗马献出的财物实在丰厚，足以让阿提拉心动；其次是东罗马援军即将到来，即使是自视为超人的阿提拉也得考虑被两面夹击的后果；还有最重要的一点就是当时意大利地区严重饥馑，瘟疫流行，阿提拉军中也有许多士兵感染了瘟疫，要他再去攻击坚城罗马实在力不从心。

3. 苍狼的丧钟 阿提拉再也没有回来过，就在公元 453 年，阿提拉在迎娶日耳曼新娘伊笛可时喝得烂醉如泥，再也没有醒来。在《罗马帝国衰亡史》中如此记载阿提拉的末日："他们的婚礼是在多瑙河彼岸木结构皇宫里，按野蛮人的仪式和风俗进行的；那位又醉又困的国王到半夜以后才离开筵席，回到新床上去。他的侍从到第二天下午仍一直听任他去享乐或休息，对他不加干扰，一直到出奇的安静引起了他们的恐惧和疑心；于是在大声叫喊企图吵醒阿提拉无效之后，他们破门冲进了皇帝的寝宫。他们只看到发抖的新娘，用她的面纱蒙住脸坐在床边，为她自己的匕首和半夜里便已咽气的死去的国王悲伤。仰卧着的阿提拉有根血管忽然爆开，喷出的血流堵住了他的呼吸，这血没有从他鼻孔里流出，却回流到肺和胃里去了。

"他的遗体被庄严地陈列在大平原中央一个用丝绸扎成的灵堂里；几个经过挑选的匈奴人步兵队伍，踏着拍子绕着灵堂转圈，向这位活得光荣、至死不败的英雄、人民的父亲、敌人的克星和全世界的恐惧对象唱着葬礼歌。这些野蛮人根据他们的民族习俗，全都剪下一绺头发，在自己脸上无端刺上几刀，他们要用武士的鲜血，而不是用妇人的眼泪来哀悼他们的理应受此殊荣的英勇领袖。"

"阿提拉的遗体被分别装在一金、一银、一铁三口棺材里，在夜间偷偷埋掉。从各国掳掠来的战利品都扔进了他的坟墓里，破土挖坟的俘虏都被残暴地杀死。

欧洲人将阿提拉称作"上帝之鞭"

仍是那些刚刚还悲不自胜的匈奴人，现在却在他们国王的新坟前，毫无节制地大吃大喝，寻欢作乐。”

“根据在君士坦丁堡流行的传说，就在他死去的那个幸运的夜晚，马尔西安在睡梦中看到阿提拉的弓被折断了：这一说法倒恰足以证明，罗马皇帝的头脑里随时都存在着那个可怕的野蛮人的影子。”

阿提拉死了，匈奴人王国也失去了灵魂，再也没有一位英雄能如他那样威慑万里、镇抚四方。

阿提拉的王国本来只是一个凭借领袖威望绑在一起的军事联盟，丝毫没有共同的经济文化联系，于是在国王死后国家也就随之崩溃了，而阿提拉那些由来自不同种族妻子所生的儿子们更加速了帝国的毁灭。

公元455年，阿提拉的亲信、格皮达王阿尔达里克带头造反，他联合格皮达人、东哥特人、斯威弗人、赫鲁利人和阿里人在诺都河畔一起进攻匈奴人，阿提拉的长子埃拉克与三万手下被杀。阿提拉的王庭成为阿尔达里克的战利品，其余各蛮族部落也纷纷起来瓜分阿提拉的遗产。

阿提拉的另一个儿子邓吉西齐还拥有较强的力量，他带领着一支匈奴人骑兵到处流窜破坏，在多瑙河畔盘踞达十五六年之久。但随着昔日的那些蛮族奴仆们越来越强大，邓吉西齐的地盘也越来越小。他为了重建匈奴人王国率部进攻东哥特人却遭到失败，于是在公元 468 年渡过多瑙河进攻东罗马。

此时的东罗马已经不是那个可以随意欺凌的受气包了，匈奴人被击溃歼灭，邓吉西齐的头颅被悬挂在君士坦丁堡的竞技场上，成为居民们肆意嘲笑的玩物。

阿提拉曾经一厢情愿地相信他的幼子伊尔那克能为匈奴人争光，可是最后这位最受宠爱的王子能做的不过是率领部众逃到多瑙河以南的多布鲁甲苟延残喘，而另一个儿子伊尔那克则选择率部退到小亚细亚的腹心地带去，他们在那里很快被其他蛮族击灭。

还有两位阿提拉之子艾尼祖和乌星托占据了东罗马帝国的达西亚和利彭西斯地区，此外匈奴人王国再也没有残片可供记载了。

不过阿提拉的血脉并没有在顷刻间中断，一直到公元 6 世纪初还有匈奴人活动的记载，定居在塞尔维亚的匈奴人部落首领蒙杜据说是阿提拉之后，他曾经支持意大利王东哥特人迪奥德里克与东罗马帝国作战，并且在东哥特人的协助下大败东罗马帝国。

残留在黑海北岸的一些匈奴人部落分成了两大部分：在亚速海西北过着游牧生活的库特利格尔匈奴人和在顿河河口放牧的乌特格尔匈奴人。两支部落在东罗马帝国的挑拨下成为敌人，彼此仇杀不休，其中的库特利格尔匈奴人在其首领扎伯干的率领下曾报复性地攻击东罗马帝国。

公元 559 年，扎伯干率部越过结冰的多瑙河突然出现在君士坦丁堡城下，但他没能攻破坚城。扎伯干返回顿河草原，与乌特格尔匈奴人的首领桑第克继续自相残杀，直到他们一同被来自亚洲的阿瓦尔部落征服。在此之后再也没有关于匈奴人的任何记载，他们就像一块投入历史长河中的大石块，激起一大片水花后便永不再现。

第五章 最后的匈奴

ZUIHOUDE XIONGNU

千年匈奴史

第一节 风尘之警

1. 五胡乱中华 汉末魏晋之间，短暂的统一如同昙花一现。

虽然三国终归于西晋王朝，但转眼间“八王之乱”的内讧就让短暂的繁华一梦化为灰烬，中国第一个大分裂时代来临了，被汉人王朝控制的各异族纷纷叛乱，先后建立了十多个转瞬即逝的短命割据政权，这段纷乱而血腥的历史在传统上被称为“五胡乱中华”或“五胡十六国”。

这里所说的“胡”并不是匈奴人自称的“胡”，而类似于“洋”这个词，胡人就是洋人，也就是异族的外国人，胡成为当时的汉民族以外其他民族的总称，再也不是匈奴人的专利了。五胡指的是匈奴、鲜卑、羯、氐和羌族。在这五胡中结束了西晋王朝生命的依旧是本书的主角匈奴人，不过已经是深度汉化了的匈奴人。

五胡能够深入中国腹地并不是由于他们的侵略，而是中原王朝的政策指引与历史需要结合的结果。匈奴人自从南匈奴附汉之后便将单于庭内迁到西河郡美稷县，部众分散在塞内，北部边郡遍地都是南匈奴的牧歌和呼哨声。

三百余年过去了，匈奴人口增加，居留地相对扩大。尤其在公元140年南匈奴句龙王吾斯叛乱事件之后，分布在边塞地区的南匈奴人不断南下，到了魏晋时期他们集中在并州汾水一带，大部分已转为农耕生活了。

其他民族的胡人进入中原也有类似的原因，由于占据漠北的鲜卑如南匈奴这样对于中原的威胁越来越大，使得中原王朝不得不借助其他胡人的力量来进行防御。于是除了自愿南迁的以外，还有不少是被中原王朝以利诱招引或以武力威胁强制拉来做炮灰用的。

到了汉帝国末期军阀混战时代开始后，由于中原人口大量减少，曹魏时期的全国人口只占汉代的七分之一，所以更是招引胡人如羌、氐等民族来弥补内地的劳动力不足。这些胡人除被强制内迁屯垦之外，还要当兵打仗缴纳赋税，这些胡人被政府列为编户齐民严格管理，更有不少沦为大地主贵族的田客奴婢。

虽然逐步汉化，但这些胡人毕竟与汉民族不同，他们的外貌和语言使他们被视为低人一等的胡人，就连他们的部族首领也往往沦为汉人高官显贵的奴仆。例如羌族首领姚馥在晋帝国西晋王朝的黄门衙门中养马，羯族首领石勒根本就是奴隶。

在这种压迫之下自然会有反抗，胡人远比汉民族性格彪悍，所以一旦造反威胁更甚。

西晋王朝并不是没有考虑过这个问题，在公元 299 年镇压了氐人首领齐万年的叛乱后，太子洗马江统就写了一篇《徙戎论》，他警告说西北诸郡已经成为胡人的家园，历来本是汉族聚居区的关中之地，百余万人中胡人竟占了差不多一半！匈奴人聚居在平阳、上党一带，距离西晋王朝的首都洛阳乘马只三四日便到，一旦有什么叛乱入寇的“风尘之警”，整个西北方的帝国领土立刻便会变成“狄庭”。

江统分外警惕匈奴的威胁，坚称戎狄是“人面兽心”，建议把在中国的所有“外国友人”全部遣返出境。但这是一个毫无可行性的办法，比如被编户齐民的匈奴人已经是国家承认的合法居民，把这些人从已经居住数代的土地上赶回到荒凉的塞外游牧？即使是汉武帝刘彻重生恐怕也不敢尝试。

与江统的期望相反，匈奴人一直在源源不断地涌入中原。就在晋帝国创立初期，由大水塞泥黑难等率领的两万余户归附；公元 284 年，由胡太阿厚率领的十二万九千三百人归附；公元 286 年，由胡都大博和萎莎胡等率领的十万余人归附；公元 287 年，由大豆得一育鞠等率领的一万一千五百人归附。这样大批涌入的匈奴分为屠各、鲜支、寇头、乌谭、赤勒、捍蛭、黑狼、赤沙、郁鞞、萎莎、秃童、勃蔑、羌渠、贺赖、钟跂、大楼、雍屈、真树、力羯十九种，这些匈奴人按部落分散在塞内，其余在并州生活的超过十万人。

匈奴贵族的称号也有所改变，《晋书》记载：“其国号有左贤王、右贤王、左奕蠡王、右奕蠡王、左于陆王、右于陆王、左渐尚王、右渐尚王、左朔方王、右朔方王、左独鹿王、右独鹿王、左显禄王、右显禄王、左安乐王、右安乐王、凡十六等。”

虽然胡人数量在持续激增，但是从曹魏政权起他们就被政府严格控制以防止叛乱，尤其是对各部领袖采取使其离开部众的做法，在较长时间内一直相当有效。但是这些措施在公元 291 年至 306 年晋帝国陷入“八王之乱”的内部混战状态后随之瘫痪，而直接促使五胡叛变的并不是民族意识，而是各地政府官员的贪暴。在战乱期间包括汉人在内的各地百姓都被战乱折磨得无法存活，纷纷揭竿而起。居住在中原的胡人们自然也不愿忍受压迫，一有首领号召便会群起叛乱。例如最早建立的胡人国家成汉帝国就是很典型的例子：略阳是氐人聚居之地，由于遭遇持续多年的大饥荒，西北地区居民无法生存只得南下逃亡。略阳的氐人们扶老携幼辗转进入益州各郡县，这些活在最底层的氐人依靠做短工或做小买卖苦苦支撑。但到了公元 301 年时，晋帝国为了抑制民变，忽然勒令将流亡各地的难民全部遣返故乡。益州刺史罗尚既昏且贪，他抓住这个发财的好机会，在驱逐氐人的同时又设立关卡没收氐人所携的财物。

氐人这时得到“八王之乱”继续扩大，故乡仍然饥馑的消息，于是他们面临二选一的抉择：一、老实回略阳饿死或者坚持不走等着被官府杀死；二、抄刀砍了官兵叛变。

作为“皆勇健，好反叛”的胡人，他们自然选择了后者。氐人推举酋长李特为首领大举暴动，叛乱者进攻官府衙门，罗尚先是击杀李特，但不久后就被李特的儿子李雄击败逃走。公元 304 年，氐人在攻陷成都后宣布建立成汉国。

但是匈奴的叛乱则与被逼上梁山的氐人大为不同，他们作为中原政权的多年金牌合作伙伴自然是被另眼相看的。骨肉相残的西晋王朝亲王们为了拉拢外援壮大力量，都曾广泛利用过胡人首领参与战争，反过来各族的贵族人士也从天下大乱中看到了机会。

当匈奴首领刘渊被坐镇邺城的成都王司马颖招引之后，匈奴势力便趁机进入邺城。与其相争的马腾也招引来乌桓大人羯朱相助，于是乌桓直入塞内。幽州刺史王浚招引辽西鲜卑贵人卑段务尘率部攻击邺城，鲜卑人则趁机在中原大肆劫掠，他们大掠妇女，沉溺于易水而死者八千人。东海王司马越也有鲜卑兵三万助阵。从此后大河南北皆是匈奴、鲜卑等胡儿胡骑纵横的天下了。

西晋王朝的军阀们好像不懂得请神容易送神难的道理，胡人贵族们既然率部而来自然不是为了做炮灰而死的。这些野心家们一边率部趁火打劫残害中原，一边窥视着中原的大好河山。当他们断定腐朽不堪的西晋王朝已是冢中枯骨的时候，立刻翻脸转而为自己夺取皇权宝座。

刘渊就属于胡人中动手较早的那一批，这位匈奴屠各部的领袖已经露出锋利的獠牙瞄准猎物的咽喉，西晋王朝的毁灭只在须臾之间。

2. 何谓屠各 屠各这个部落来自何处并不是非常明确，一般来说认为他们是匈奴别部，是公元前 121 年被浑邪王胁迫降汉的休屠王部众后裔，属于入塞匈奴的重要组成部分。

在东汉王朝的历史记录上屠各部是有不少污点的，《后汉书・灵帝纪》中关于屠各部叛乱入寇的记载相当多，例如公元 187 年“休屠各胡叛”，公元 188 年正月“休屠各胡寇西河”，三月“休屠各胡攻杀并州刺史张懿，遂与南匈奴左部胡合，杀其单于”，等等。在这些记载中有个很值得注意的地方，那就是文中将“休屠各胡”与“南匈奴左部胡”相提并论，似乎屠各部在南匈奴中的地位独特，与匈奴人通常的左右部众有显著差异，而且不相统属。更蹊跷的是在现存的汉帝国官印中，有标明为“匈奴”与“屠各”的两类。前者标明是汉帝国授予匈奴贵人的，如“汉匈奴归义亲汉君”“汉匈奴恶适尸逐王”“汉匈奴恶适姑夕且渠”“汉匈奴呼律居訾成群”“汉匈奴姑涂黑台耆”“汉匈奴守善长”“汉率善胡长”“汉匈奴呼卢訾尸逐”“汉匈奴栗借温禺鞮印”“汉匈奴伊酒莫当百”“汉匈奴归义亲汉长”“汉匈奴破虏长”等；后者则似乎是专门颁发给屠各贵人的，如“汉休屠胡佰长”“汉屠各率众长”等。难道在汉帝国眼中屠各竟不是匈奴吗？

从时间上来看，如果屠各真是休屠部后裔的话，那么他们入塞的时间要比南匈奴长得多。东汉王朝将这些归降匈奴部落分置在边郡作为属国加以管理，当年呼韩邪归汉后汉帝国内部曾讨论可不可“罢边备塞吏卒”，当时侯应的十条反对理由中第四条便是：边境驻军不仅防备匈奴，还监护属国降民。这些属国之众全系匈奴胡人，如果没有监督恐怕会思旧逃归匈奴。

“魏屠各率善仟长”印

到了东汉王朝时代仍有属国胡骑随汉军作战的记载，由此可见在汉帝国眼中属国匈奴人与南匈奴并不完全一致，前者是帝国直辖的胡人百姓，后者则是被帝国监护的藩属国人民。由此出现标明“匈奴”与“屠各”的两类汉印也就不奇怪了。也就是说屠各是入塞匈奴人的一部分，但不是南匈奴的一部分。

在中国古代的历史文献中有不少为屠各涂脂抹粉的记载，如唐代学者李善曾注引《晋中兴书》云：“胡俗：其入居塞者有屠各种，最豪贵，故得为单于。”

在唐代房玄龄等著的《晋书・北狄・匈奴传》中也说：“屠各最豪贵，故得为单于，统领诸种。”

似乎在唐代学者看来屠各竟然是单于的直属部落，也就是挛鞮氏族。但是这就与屠各源自休屠的说法完全相悖了，因为休屠部只是匈奴别部，跟高贵的挛鞮氏族八竿子打不着。由此可见，所谓“屠各最豪贵，故得为单于”完全是不能成立的。所谓“屠各最豪贵”极有可能是刘渊的汉赵政权史官为了宣传而杜撰出来的，以至于令后世迷惑。不过屠各有其独特之处，那就是自西汉王朝以来降汉匈奴部落难以计数，名王贵人数不胜数，到了汉末却唯有屠各一脉相传，始终彰显其名。

“晋屠各率善佰长”印

到了刘渊起事时已经可以被匈奴人认可共推为大单于一事，似乎的确显示出屠各部在匈奴五部中具有特殊地位，以至于其他贵人无法挑战刘渊的地位。

从汉末魏初时期大批胡人部落入塞后便消失不见来看，应该是迅速被其他强大部落所吞并。盘踞于并州的屠各部在这个过程中应该一直保持大鱼的角色，将其他弱小部落作为小鱼和虾米一口口吞噬。如果真是这样的话，那么屠各名号能一直保留也就不奇怪了。

再来看看刘渊的家系，他自称是南单于于扶罗之后，具体传承顺序是南单于羌渠——南单于于扶罗——左贤王左部帅刘豹——刘渊。

在这里出现了几个很明显的破绽：首先，既然屠各与南匈奴各有渊源，即便是南匈奴上下都对此持打酱油围观的态度，严格注重宗法的汉帝国又岂能坐视不管？更别说羌渠在继位前担任的右贤王职务更是非单于（挛鞮氏）子弟不得担任的。最好笑的就是于扶罗的倒霉老爹南单于羌渠可是被叛乱的屠各部所杀的，那么他的后世嫡曾孙又是如何变成世仇的屠各呢？

一个有趣的年龄数字可供推敲，刘渊的父亲刘豹在公元 195 年担任左贤王，由于按匈奴传统这个职务一般不会授予未成年人，所以当时他肯定已经成年。刘豹死于公元 274 年，假定担任左贤王时为十五岁左右，那么去世时已经差不多九十四岁，可谓老寿星……就此打住，我们再来看看刘渊的出生时间：公元 249 年。也就是说老寿星刘豹竟然在六十九岁的高龄又抱了个大胖小子，这实在令人难以置信。

当然不能一口咬定没有这种高龄得子的可能性，只是这实在好比买两元钱彩票一举中奖五百万，概率低到可以忽略……

由上述分析来看，刘渊这个屠各部的贵族后裔定是假冒了刘豹的家系，这种乱认祖宗的做法无论古今中外都不罕见。只是刘渊是名人，就难免总有后人来扒掉这层画皮。

3. 汉家的外甥 虽然身为匈奴人，刘渊可是一点都没有放松过自身的文化修养。这位贵族子弟深受汉文化影响，自幼就拜上党名士崔游为师，“习《毛诗》《京氏易》《马氏尚书》，尤好《春秋左氏传》《孙吴兵法》，略皆诵之，《史》《汉》《诸子》，无不综览”。后来刘渊又迷上了军事，“于是遂学武事，妙绝于众，猿臂善射，膂力过人”。

这位匈奴王子的文化程度比起西晋王朝里的达官贵人们毫不逊色，甚至更高。当他作为质子来到洛阳后，更是广泛结交达官贵人和各地名士，颇受上层人士的赏识。

刘渊的相貌长得不错，“姿仪魁伟，身长八尺四寸，须长三尺余，当心有赤毫毛三根，长三尺六寸”，所以颇为引人瞩目，再加上他宣称自己的母亲呼延氏当初患有不孕症，在龙门祈子时忽然有条大鲤鱼上演了鲤鱼跳龙门的好戏，不过这鱼跳错了地方，竟然蹦到了呼延氏的祭坛上，此鱼头顶生有二角，巫师大为惊讶地呼喊说：“大吉大利呀，这是特别吉祥的预兆，定生贵子！”呼延氏回家后梦见这条鱼变成人，左手持一半个鸡蛋大的神秘物体送给自己说：“此是日精，服之生贵子。”

呼延氏急着追问：“啥精，味精还是鸡精？”

接着呼延氏惊醒，连忙转告糟老头子刘豹，刘豹大喜道：“当初老夫相过面，说咱家定有富贵子孙，三世必大昌，这就是了！”

于是呼延氏怀孕十三月才生下刘渊，这神奇的孩子都不用爹娘发愁起名，生下来的时候自己左手上就有文身刺着名字：渊。

这是多么神奇的大忽悠故事，非有机敏的头脑和绝厚的脸皮以及特大的胆子不敢吹嘘。毕竟反常即妖，鲤鱼跃龙门的故事很可能被视为谋反前的宣传资料。不过由于刘渊关系网雄厚，所以司马昭不但不疑反而“深待之”，到了晋武帝司马炎上台后，刘渊的朋友征东大将军王浑又多次替他吹嘘。司马炎召来一看果然仪表堂堂，于是对王浑之子骁骑将军王济说：“你老爸眼光独到啊，我认为刘渊比昔日的胡人大臣由余和金日磾更优秀，将来定是司马家的栋梁。”王济立即敲边鼓说：“正如皇上所言，刘渊的才干远超过这两人。现在东吴老孙家还在跟咱对着干，如果派刘渊去讨伐孙吴他们还反抗个屁呀！”

司马炎连连点头称善，幸而朝中还有明白人。大臣孔恂和杨珧连忙劝阻说：“俺俩瞅着这刘渊虽有才华却难以控制，陛下若少派军马给他肯定不足以成事，但如果真给他大军指挥的话，东吴虽可拿下但恐怕刘渊也不复北渡了。到那时如果刘渊凭借长江天险与我们对抗，又如之奈何？”

司马炎一听傻眼了，只好默然不答就此拉倒。

后来鲜卑首领树几能在凉州起兵反晋，刘渊的同乡上党李熹趁机建议封刘渊为大将军，征发五部匈奴为炮灰西征凉州。孔恂又劝阻说：“如果刘渊真能平凉州、斩树几能的话恐怕才是凉州真正的灾难！这样的话就是蛟龙得云雨，再非池中物了。”

于是刘渊又没捞到大将军做，他自己自然很郁闷，便趁着送王弥离开洛阳的机会在送行宴会上号啕大哭说：“诸位朋友以同乡情意屡次举荐我，可是每次都受到恶意的谗言阻碍。做名人难，做匈奴名人更难啊！我本来并不想做官，可是如此一来可能要在洛阳做一辈子质子，再也见不到故乡并州了！”

晋武帝司马炎非常赏识刘渊的才能，只是由于大臣一再劝阻才没有授予他兵权

刘渊充分发挥表演天分，“慷慨歔欷，纵酒长啸，声调亮然，坐者为之流涕”。当时齐王司马攸在座，他看刘渊定不是安分之人，于是赶紧向大哥司马炎报警：“陛下不除刘元海，臣恐并州不得久宁。”王浑听了连忙说：“别介！咱大晋何以无故杀人侍子，这不是给自己的脸上抹黑吗？”

于是司马炎把弟弟的警告又抛到脑后，他虽然没有给刘渊兵权，后来还是在改匈奴五部帅为五部都尉时，让他做了匈奴北部都尉。第二年又升迁为五部大都督，完全控制了并州匈奴，成为事实上的“大单于”。

“八王之乱”开始后，成都王颖坐镇邺城，招揽刘渊担任宁朔将军，率领五部匈奴为自己效力。但他跟其他匈奴的高级贵族一样，被限制居留在邺城不能离开。留在并州的匈奴贵族们早已是野心勃勃，他们认为应该趁乱自立，继而争夺天下。这些自信的匈奴人认为“混得好”可以争取统一天下，即使不成至少也可以退而割据一方做个军阀。

左贤王刘宣就表示说：“昔我先人与汉约为兄弟，忧泰同之。自汉亡以来，魏晋代兴，我单于虽有虚号，无复尺土之业，自诸王侯，降同编户。今司马氏骨肉相残，四海鼎沸，兴邦复业，此其时矣。左贤王元海姿器绝人，干宇超世。天若不恢崇单于，终不虚生此人也。”于是匈奴贵族们密谋推举刘渊为大单于，并派遣呼延攸到邺城告知刘渊。刘渊一听大喜，“请归会葬”，但是司马颖的警惕性还是有些的，所以“弗许”。刘渊便让呼延攸先回去，“告宣等招集五部，引会宜阳诸胡，声言应颖，实背之也”。

到了公元 304 年幽州刺史王浚率兵南下时，刘渊趁机向司马颖建议：“王浚有鲜卑兵十余万人，邺城部队恐怕不能抵抗。在下愿为大王效劳，动员匈奴五部兵力，共赴国难。”

司马颖表示邺城兵力微弱，不如退守洛阳，刘渊劝他说一旦离开邺城便是示弱于敌，造成自己士气低落，那样又如何能守得住？进而又表示匈奴兵彪悍胜过鲜卑，只要司马颖坚守邺城，他就可以率部野战击败王浚。司马颖大喜之下册封刘渊“为北单于、参丞相军事”，刘渊回到并州左国城就被刘宣等推举为大单于，“二旬之间，众已五万，都于离石”。

就在此时司马颖已经放弃邺城败退到洛阳，刘渊叹息道：“司马颖不听我言，这样就溃败，真是个奴才啊。不过我答应过要救他，此时不可不救。”于是命右于陆王刘景、左独鹿王刘延年等率步骑两万讨伐鲜卑。

刘宣等却不愿意再为晋效力，他们劝刘渊：“晋帝国对我匈奴好像对待奴隶一样，所以当初右贤王刘猛率部反叛，只可惜当时晋帝国实力强大，所以刘猛未能成功。右贤王被杀是单于之耻啊！如今司马氏父子兄弟骨肉相残，这是苍天厌恶晋帝国，而授之于我匈奴的机会。单于如今应当复兴我匈奴，招引鲜卑、乌丸等外援，干吗还要去救自己的仇敌！”

刘渊称帝后赏赐给其他胡人首领的铜马纽“亲赵侯印”

刘渊本来只是做个姿态，这下趁机说：“好，那就不管司马颖那奴才的死活啦。不过天下唯有德者居之，如今我匈奴已有十余万众，与晋军作战可以以一当十，如摧枯拉朽一般容易。只不过我现在能力虽有但威望不够，只怕起兵后汉人并不会拥护我啊。”

经过一番盘算后刘渊拒绝了招引其他胡族外援的建议，因为那样会把自己同晋帝国的战争变成一场完全得不到汉人支持的民族战争，他从当年的汉匈和亲政策上找到理论依据，认为匈奴单于应该算是汉帝国皇帝的外甥，他这位冒牌的冒顿后裔自然也有资格继承汉帝国留下的遗产，正如他所说的："汉有天下世长，恩德结于人心，是以昭烈崎岖于一州之地，而能抗衡于天下。吾又汉氏之甥，约为兄弟，兄亡弟绍，不亦可乎？且可称汉，追尊后主，以怀人望。"

于是刘渊迁都于左国城，立妻呼延氏为王后，以刘宣为丞相，崔游为御史大夫，刘宏为太尉，建立汉国，自立为"汉王"，年号为"元熙"。追尊刘禅为孝怀皇帝，为新认的八辈儿祖宗立牌位供奉，这些新祖宗分别是三祖：高祖刘邦、世祖刘秀、昭烈刘备；五宗：太宗文帝刘恒、世宗武帝刘彻、中宗宣帝刘询、显宗明帝刘庄、肃宗章帝刘炟。这样一来刘渊又宣布自己是刘邦、刘秀、刘备的当然继承者，同时建立起一个由屠各贵族和南匈奴贵族联合执政的封建制政权。

从刘渊不断攀认汉帝国血缘关系，而对于自己真正祖先绝口不提这一点来看，他尽力要争取的是中原民心，根本没想过要重返漠北建立游牧王朝，由此可见刘渊汉化程度之深。不过他后来"又置单于台于平阳西"来追念匈奴祖先，也算是对本民族文化的一种留恋。

在天下大乱的时代刘渊的策略相当有效，一时间远近汉匈百姓归附者达数万人。并州刺史司马腾闻讯率兵镇压，他的部将聂玄与刘渊战于干大陵，结果聂玄大败而归，司马腾惊恐之下想出妙计——"遂率并州三万余户下山东"跑路了，刘渊的汉国随即连克太原、上当、兹氏、屯留、长子、中都、介休等县。公元305年，由于离石饥荒，他迁往屯黎亭就食。到了公元308年七月，刘渊攻克平阳、河东两郡后迁都蒲子，冬十月又迁都平阳，后正式称帝，改元"永凤"。从这件事来看刘渊是在效仿刘邦称汉王五年后便称汉帝的过程，只可惜后来刘邦统一天下他就没有能力效仿了。

不管怎么说，刘渊称帝后还是一时风光。附近的汉、胡叛乱领袖纷纷前来投靠，其中有个叫作石勒的羯族青年成为他的大将，石勒后来充分发挥匈奴骑兵机动性强的特点，采取游击战略把晋帝国在北方的武装力量逐步扫光。可惜刘渊命不长，在称帝不久后逝世。在做皇帝时他依旧效仿汉帝国的做法，封子弟为王，外姓有功人士为侯。所任命的官职基本与汉帝国相同，连自己的妻子也称皇后而不是阏氏。不过大单于的名号他也没有丢掉，最后授予自己的第四子刘聪大司马大单于的称号，不过此时的单于不过是皇帝的下属，与昔日的单于不能相提并论。

公元 301 年刘渊去世后太子刘和继位。刘和字玄泰，和父亲一样外貌不凡。他“身长八尺，雄毅美姿仪”，又“好学夙成，习《毛诗》《左氏春秋》《郑氏易》”。看起来果然是接班的好苗子，只可惜此人“内多猜忌，驭下无恩”，他对于老爹给自己的几个兄弟兵权极为不满，认为是对自己皇权的严重威胁，于是骨肉相残的悲剧也就在所难免了。

刘和继位后，卫尉西昌王刘锐和宗正呼延攸因为没能成为位高权重的顾命大臣，于是就进谗言说：“先帝不唯轻重之计，而使三王总强兵于内，大司马握十万劲卒居于近郊，陛下今便为寄坐耳。此之祸难，未可测也，顾陛下早为之所。”

呼延攸是刘和的亲舅舅，对于他的建议外甥皇帝自然深以为然。他立刻召见御林军将领刘盛、刘钦和马景等说：“四位弟弟们手握重兵必将谋反，所以朕不得不提前动手了！”

刘盛劝刘和说：“先帝还没出殡呢，四王又没有谋反，为何却要骨肉相残，恐怕天下人要耻笑皇上啊。如今天下未平，四海未定，愿陛下秉承先帝统一天下的遗志，相信自己的手足兄弟，千万别听信谗言！”刘锐和呼延攸立即拍桌子怒喝“不同意立即杀头”，当下就把刘盛砍了。马景见势不妙连忙说：“唯陛下马首是瞻，臣等愿效死力！”

于是大伙儿商定如下安排：刘锐和马景攻大司马刘聪，呼延攸率刘安国攻齐王刘裕，侍中刘乘与刘钦攻鲁王刘隆，尚书田密、武卫刘璇攻北海王刘乂。田密和刘璇表面答应，暗中却派人通知刘聪，刘聪立即命令部属做好战斗准备。经过一番刀光剑影的混战后，刘裕和刘隆被刘和杀死。刘聪又攻杀刘和，而刘锐和呼延攸也落得“枭首通衢”的下场。

当一切尘埃落定后，刘聪最终坐上了皇位，改元“光兴”。

4. 胡汉分治 七月刘聪即位之后，十月便派四万军队长驱入洛。他吸取刘渊时代连续四次围攻洛阳失败的教训，先扫荡洛阳周边地区以孤立晋帝国首都。在这过程中晋帝国太傅司马越四处征召天下勤王兵马援救，结果司马越嗓子都吆喝破了也没人前来搭救。于是他丢弃晋怀帝司马炽不管，自己率主力二十余万以讨伐石勒的名义试图南下杀出一条生路，不料到处是叛乱，处处无通途。

公元311年春季，走投无路的司马越忧惧交加，在项城一病而亡。宰相王衍接替指挥晋军，他试图率军东下逃跑，却被石勒的轻骑紧紧追击，到了四月，石勒在苦县之宁平城歼灭了这二十余万晋军，是时“衍军大溃，勒分骑围而射之，相登如山，无一免者”。

被俘虏的宰相王衍和百官纷纷表示自己只是出来打酱油的，对天下大乱一点责任都没有。尤其是王衍擅长清谈，他在石勒面前侃侃而谈，令对方如听评书连播般倾听许久。就在王衍巧舌如簧之际，他的同僚已经全被杀害。最后王衍表示自己自幼便厌恶从政，只想为自身避免灾祸而已，接着又献媚劝石勒自立门户，不必为刘聪打工。石勒听后大怒说：“你名声传遍天下，身居显要职位，年轻时即被朝廷重用，一直到头生白发，怎么能说不参与朝廷政事呢？天下被破坏正是你的罪过。”说完让手下把王衍押出去处死，并吩咐不要用刀刃杀他，于是石勒的士兵们在半夜里推倒墙壁把这位评书表演艺术家活活压死。至此晋帝国的所有希望彻底破灭，不要说没有士兵，连官员也几乎丧尽了。

五月，呼延晏率军二万七千直击洛阳，在河南一带晋军连败十二阵，死亡三万。留守洛阳的最后一丁点军队护送着司马越的妻儿逃走，结果进入石勒的伏击圈全军覆灭。晋帝国皇帝司马炽像被遗弃的孤儿一样无依无靠，此时洛阳城里饥荒严重，残余的居民开始互相残杀吃人肉。到了六月，汉政权的大将王弥、刘曜及石勒占领洛阳，司马炽投降后与宫人、珍宝等一同被带回平阳，汉军大掠洛阳，屠杀残余官员百姓三万余人，并焚烧晋帝国宫庙，挖掘历代先帝陵墓盗取珍宝。

刘聪见到司马炽“假怀帝仪同三司，封会稽郡公，庾珉等以次加秩”，摆酒宴说：“当年你做豫章王时，朕曾与王济造访，王济向你介绍朕，你说久闻大名，又拿自己做的乐府歌向朕请教。谈论词曲过后我们又一同玩射壶游戏，最后你赠朕柘弓和银研，你还记得这些事吗？”感慨一番后，刘聪又问：“你们司马家骨肉之间，为什么自相残杀得这么厉害？”

司马炽说：“汉赵帝国受天命而兴，司马家的人不敢劳你们动手，所以自己先替你们铲除。”

经过一番“至日夕乃出”的宴会后，刘聪还以自己后宫中的“小刘贵人赐帝”，送给司马炽一个老婆。但是优待至此为止，司马炽虽然是名义上的汉政权贵族，却穿着平民的衣服，常常与奴隶们一起在宴会上负责斟酒。

公元 313 年，刘聪在正月朝会上又令司马炽斟酒。当时有晋帝国旧臣“光禄大夫庾珉、王俊等起而大哭”，见此情景刘聪大为恼火。又有人告发庾珉等人密谋联络据守晋阳的西晋并州刺史刘琨，于是刘聪遂用毒酒毒杀司马炽并诛杀庾珉、王俊，最后又把赐给司马炽的小刘贵人收回后宫接着当老婆。

司马炽在平阳遇害之后，他的侄子司马邺于长安继帝位，改元“建兴”，是为晋愍帝。司马邺的帝国只剩一座长安城，既无兵又无粮，连百姓都没有——长安已是空城，百姓几乎死光。

公元 316 年刘曜兵临长安，司马邺也就随之而降，他也被送往平阳封为怀平侯。刘聪令他做狩猎时的前导和洗碗碟酒杯的杂役。司马邺虽然老实干活但仍不免在第二年被杀，西晋王朝的血脉到此断绝。

消灭了西晋王朝之后，中原地区大体上都落入汉政权之手。刘聪在自己的统治区内推行了独特的“胡汉分治”政策，也就是由皇帝兼任大单于，使胡汉两套不同的行政机构同时运行。按户统治汉人，按落统治胡人。

《晋书·刘聪传》记载：“聪以刘易为太尉。初置相国，官上公，有殊勋德者死乃赠之。于是大定百官，置太师、丞相，自大司马以上七公，位皆上公，绿綟绶，远游冠。置辅汉，都护，中军，上军，辅军，镇、卫京，前、后、左、右、上、下军，辅国、冠军、龙骧、武牙大将军，营各配兵二千，皆以诸子为之。置左右司隶，各领户二十余万，万户置一内史，凡内史四十三。单于左右辅，各主六夷十万落，万落置一都尉。省吏部，置左右选曹尚书。自司隶以下六官，皆位次仆射。置御史大夫及州牧，位皆亚公。以其子粲为丞相、领大将军、录尚书事，进封晋王，食五都。刘延年录尚书六条事，刘景为太师，王育为太傅，任顗为太保，马景为大司徒，朱纪为大司空，刘曜为大司马。”在这段话中可以看出刘聪以左、右司隶统治汉人，各负责管理二十万户，每一万户设置一个内史管理，一共有四十三个内史管理着四十余万户汉人。又以单于左、右辅各管理胡人十万落，每一万落设置一个都尉管理，一共统治着二十万落胡人。

虽然刘聪与刘渊一样是深度汉化了的匈奴人——他的母亲张夫人还很可能就是汉人——但其设立的胡汉分治制度却毫不允许汉族与各胡人种族进行融合，反而使得不同种族之间泾渭分明，以便于匈奴贵族们利用民族冲突和仇恨对国家进行操纵控制。在汉政权的政治分赃表上，屠各与南匈奴出身的贵族牢牢把持了绝大部分重要职务，刘聪在处理这两个贵族集团之间的关系上也煞费苦心，因为当初刘渊上台就有南匈奴贵族的极大助力，因此刘聪对于拉拢、维持南匈奴贵族极为重视。例如刘聪曾“遣其镇北靳冲寇太原，平北卜珝率众继之。冲攻太原不克，而归罪于珝，辄斩之。聪闻之，大怒曰：此人朕所不得加刑，冲何人哉！遣其御史中丞浩衍持节斩冲”。

在这件事情当中靳冲是屠各贵族，卜珝是南匈奴贵族，刘聪杀靳冲就是为了给南匈奴贵族们一个交代。至于刘聪自己的私生活也颇有“汉匈交融”的特点。当年他杀死刘和后假装要让年幼的弟弟北海王刘乂登基，群臣和刘乂都劝刘聪自己做皇帝，于是刘聪立刘乂为皇太弟，领大单于、大司徒，并说将来刘乂长大后就把帝位传给他，以表示自己没有夺位之心。随后又发生了“太后单氏姿色绝丽，聪烝焉”这件事，单氏是刘乂之母，刘聪垂涎其美色就与其私通，却不肯正式娶其为妻，给予封号。他这样的做法明显是受到汉族伦理观念影响，却又残留着明显的匈奴风俗。

刘乂虽然年幼，却对哥哥和母亲的这种做法十分不满，于是“乂屡以为言，

所谓魏晋风流，都被雨打风吹去了……

单氏惭恚而死，聪悲悼无已。后知其故，乂之宠因此渐衰，然犹追念单氏，未便黜废”。

5. 日落平阳 虽然汉政权远未达到统一天下的地步，但刘聪荒淫的程度却不比大一统王朝的任何一个暴君逊色。在皇宫中正式皇后就有数位，姬妾更是无法计数，刘聪常常几个月不出皇宫理事，一心一意营建宫殿和搜罗美女。一旦出宫往往也是出去游玩，他“游猎无度，常晨出暮归”。他所宠信的中常侍王沈、宣怀、俞容，中宫仆射郭猗，中黄门陵修等都是奸佞小人、溜须拍马之徒。此时“军旅无岁不兴，而将士无钱帛之赏，后宫之家赐赍及于僮仆，动至数千万”。

对于刘聪的种种倒行逆施行径，不少大臣直言上谏，结果往往是人头落地。本来此刻江南的东晋王朝正如襁褓中的婴儿般脆弱，可是汉政权摊上刘聪这样的皇帝，只能眼巴巴地看着机会彻底流失掉。

刘聪在荒淫的同时还格外残暴。公元 314 年刘乂与太师卢志、太傅崔玮和太保许遐谈话时，卢志等人提醒刘乂：刘聪之所以让他做这个皇太弟不过是继位时为了安抚人心，他本人早就想让自己的儿子晋王刘粲继承皇位。如今刘粲被任命为相国，这个位置自曹操时代以来就是为皇位继承人预留的。现在既然刘粲已经上位准备做皇储，那么刘乂你也就成为挡路的绊脚石，危难就在旦夕了！现在动手还来得及，刘聪的儿子们年龄不大，刘粲举止轻佻，派一个刺客就能干掉。现在刘聪被天下怨恨，一旦你起兵反叛连御林军也会立即倒戈相助。说到这里三位大臣激动地说：“乂哥，我们动手吧！”可惜刘乂却说：“NO！”这正是刘乂做事小心的地方，也是让他失去最后自救机会的地方。后来东宫舍人荀裕告发卢志等劝刘乂谋反之事。刘聪闻言大怒，立即逮捕了叛国贼老卢、老崔和老许，“假以他事杀之”。又派兵“监守东宫，禁乂朝贺”。刘乂这时才追悔莫及，他“忧惧不知所为”，于是上表请求将自己废为平民，并建议册封刘粲为皇太子。刘聪觉得弟弟毕竟没有谋反，于是暂时不做处理。

中宫仆射郭猗和中护军靳准都与刘乂有私怨，此时趁机落井下石。他们跑到刘粲那里造谣说刘乂正在谋划叛乱，现在应该早动手诱使他暴露阴谋。刘粲听后深信不疑，就按照两个家伙的谋划撤去监视刘乂的军队，让刘乂放松警惕。

赵汉皇室内部不断上演刀光剑影的倾轧，丝毫没有吸取西晋灭亡的教训

公元 317 年三月，刘粲派人通知刘乂说：“可了不得啦，京城有人叛乱，皇上请叔叔令卫士们衷甲（将铠甲穿在衣服里面）以备非常！”刘乂信以为真便照办了，接着靳准跑到刘聪那里报警说：“可了不得啦，京城有人叛乱，皇上请到东宫一看便知。”刘聪派人去一看，果然东宫卫士人人衷甲。他立刻让刘粲领兵包围东宫，刘粲得意扬扬地将那些不知所措的“叛乱分子”们一网打尽，他把服侍刘乂的氐、羌酋长十余人用“悬首高格，烧铁灼目”这样骇人听闻的酷刑折磨，这些人受刑不过，只得自诬与刘乂同谋造反。

刘聪看到审讯记录后大为感慨地对这帮阴谋家说：“朕今天才知道你们是大大的忠臣呀！”说完后立即下令“诛乂素所亲厚大臣及东宫官属数十人”，这些“首恶分子”都是靳准平时看不惯的。刘乂被废为北部王，刘粲不放过自己的叔叔，派靳准“贼杀之”。

这场大清洗还未结束，东宫卫士及其牵连者一万五千余人都被屠杀，“平阳街巷为之空”。消息传出后氐、羌族胡人群起骚动“叛者十余万落”，刘聪又以靳准为车骑大将军前往讨伐。

刘聪似乎完全忘记了自己当年的那句问话：“你们司马家骨肉之间，为什么自相残杀得这么厉害？”他虽然在名义上是中原共主，但随着手下将领们实力的膨胀，新的割据势力也逐渐形成。

早在公元 311 年，石勒就已经开始动手了。他最大的竞争对手是汉政权的另一员大将王弥，“初，石勒恶弥骁勇，常密为之备”。王弥对石勒也是采取麻痹拉拢的办法，先是破洛阳后“多遗勒美女宝货以结之”，后来又表示有俺老王为公左右，天下不足定也！石勒其人猜忌心极重，王弥越是这样他越是忌惮而“阴图之”。王弥见势不妙就在谋士刘暾建议下假意讨伐脱离自己据守青州的曹嶷，私下里给曹嶷写信约定合作击杀石勒。刘暾带着书信前往青州，行至东阿时被石勒部下的游骑抓获，密信也被搜出。石勒大怒之下立杀刘暾，接着设伏兵击杀王弥后兼并其众。

石勒本来就拥兵自重，除掉王弥后更是“有据赵、魏之志”。石勒占有襄国后势力更大，已经处于半独立状态。对于这样桀骜不驯的属下，刘聪却只是在王弥被杀后遣使责备石勒“专害主辅，有无上之心”，骂完之后又把王弥的部众正

| 罗聘《锁谏图》。本作临摹唐代阎立本同名作品，描述了廷尉陈元达向皇帝刘聪冒死进谏的情景

式分配给他，等于是默认了石勒的做法。

看着刘聪这样的窝里横货色，石勒更是放心大胆地扩展势力。

公元 316 年，石勒派遣两万骑屯并州大量招抚汉人流民，这就完全破坏了刘聪的胡汉分治政策。刘聪照例是遣使责备，石勒则“不受命，潜结曹嶷，窥为鼎峙之势”，如此一来刘聪对石勒连最后一点控制力也丧失了。而曹嶷则在齐鲁之间纵横，攻拔四十余处郡县堡壁，部众发展到十余万人，有“雄据全齐之志”。再加上鲜卑的势力已经南下到燕、代之间，刘琨仍然据守并州一部，所以汉政权实际控制区小得可怜，诚如石勒的首席谋士张宾所言：“不过汉帝国的一个郡而已”——不过是并州一角加上关中一隅罢了。

石勒、曹嶷抗命于外，王沈、靳准专横在内，外加天灾不断，“时聪境内大蝗，平阳、冀、雍尤甚。靳准讨之，震其二子而死。河汾大溢，漂没千余家。东宫灾异，门阁宫殿荡然”，虽然刘聪终于立刘粲为皇太子领相国、大单于，并大赦天下，但是在汉政权多年的残暴统治之下，这个国家已经没有希望了。此时平阳城内居民逃亡及死亡者已超过半数，司隶统治下的胡人百姓纷纷投靠石勒，前后有二十万落之多。就连作为政权基石的匈奴人也有三万余骑逃奔东晋——连匈奴人自己也抛弃这个风雨飘摇的政权了！

公元 318 年七月，刘聪病重，自知将不起，征召在长安的大司马刘曜为丞相、录尚书，辅政，又驿召在襄国的石勒为大将军、录尚书事，受遗诏辅政。这两位都不愿意再为汉政权效力，尽皆“固辞乃止”。于是刘聪只得“仍以刘景为太宰，刘骥为大司马，刘顗为太师，朱纪为太傅，呼延晏为太保，并录尚书事；范隆守

尚书令、仪同三司，靳准为大司空、领司隶校尉，皆迭决尚书奏事”。

在位九年的刘聪死了，新皇帝刘粲走马上任，“大赦境内，改元汉昌”。这位屠各和南匈奴联合政权的新掌门人比他父亲更荒唐、更凶暴，即位后第一件事就是跟五位年龄都还不满二十岁的皇太后日夜奸淫，根本不过问国家大事。看着这位“晨夜蒸淫于内，志不在哀”的皇帝，汉政权百姓彻底失去了信心。而刘粲更是以疯狂的劲头折腾自己已经马上就要倒塌的王国，他“在位无几，作兼昼夜，饥困穷叛，死亡相继，粲弗之恤也”。

不到两个月，身为刘聪与刘粲两人岳父的靳准动手了。他先告诉刘粲说：“现在群臣纷纷打算效仿伊尹、霍光的做法废掉陛下，以大司马刘曜取代。陛下如果不先动手就来不及了！”

既然岳父发话再加上老婆吹枕头风，刘粲对此自然不会像刘乂那样总是说NO，于是“粲诛其太宰、上洛王刘景，太师、昌国公刘顗，大司马、济南王刘骥，大司徒、齐王刘劢等。太傅朱纪、太尉范隆出奔长安。又诛其车骑大将军、吴王刘逞，骥母弟也”。

在亲手刨掉维护自己的最后一点根基后，刘粲“大阅上林，谋讨石勒”，他将军政大权全部交给靳准，以其“为大将军、录尚书事”。这下刘粲放心地“荒耽酒色，游宴后庭”，而靳准则顺利地以兄弟靳康分执兵权，接着“勒兵入宫，升其光极前殿”，靳准命令御林军将瑟瑟发抖的刘粲拖下龙椅，厉声呵斥他的罪行后一刀砍死。

靳准不但杀掉刘粲一个人，而且把刘姓皇族不管男女老幼全部屠杀殆尽。刘姓皇族坟墓，包括刘渊、刘聪在内全部剖棺焚尸顺便盗墓。靳准作为刘氏政权的受益者而发动这场政变实在难以理解，从他杀人掘墓的行为上看似乎对刘姓皇族恨之入骨。但这股怨恨从何而来就不得而知了，只能说刘聪和刘粲都是恶人，而靳准是小人，小人得势后往往比恶人得势更加的疯狂残暴。

靳准“自号大将军、汉天王，置百官，遣使称籓于晋”，他拿着从西晋王朝那里夺来的玉玺对晋人胡嵩说：“自古无胡人为天子者，今以传国玺付汝，还如晋家。”

不过残余的官员们并不打算与这位魔鬼共舞：左光禄刘雅出奔西平。尚书北宫纯、胡崧等招集晋人，保于东宫，靳康攻灭之。准将以王延为左光禄，延骂曰：“屠各逆奴，何不速杀我，以吾左目置西阳门，观相国之入也，右目置建春门，观大将军之入也！”

靳准虽然怒而杀之，但是王延的预言旋即实现。

政变发生后，石勒和刘曜都知道机会已经来了，他们分别率部向平阳进军。石勒派张敬率骑五千为前锋，自己带着精锐五万后继，一路上“羌、羯降者四万余落”。就在石勒与胡崧作战时，刘曜自长安屯于蒲阪，然后先自立为皇帝，建立起匈奴屠各政权的延续“前赵”政权，改元“光初”。刘曜加封石勒为“大司马、大将军，加九锡，增封十郡，并前十三郡，进爵赵公”，而石勒此刻正在猛攻平阳小城，受够了汉政权折腾的残余官员百姓纷纷归附于他：“平阳大尹周置等率杂户六千降于勒。巴帅及诸羌羯降者十余万落，徙之司州诸县。”

靳准知道自己无法顽抗下去，于是请降。而“勒与刘曜竟有招怀之计”，刘曜还派使者到平阳城中“宣慰诸屠各”，并告诉靳准说：刘粲这丫做乱伦丑事，老靳你把他杀了是件大好事。现在你要早早投降，使我得以进城，如此一来还发愁将来的荣华富贵吗？

老靳听完老刘的肺腑之言后却颇为犹豫，因为他手太快已经先把老刘的老娘和哥哥都给“咔嚓”了。看着老靳犹豫不决而石勒就要破城，他手下的兄弟们干脆彼此勾结攻杀靳准后“推靳明为盟主，遣泰及卜玄奉传国六玺送于刘曜”。围城打了半天的石勒闻讯大怒：敢情老子白忙一场啊？他派使者进城责问竟又被杀，于是攻击甚急。而刘曜竟然还派征东将军刘畅前来救靳明，于是靳明率平阳男女老少一万五千人投奔刘曜。

石勒进城后先将靳姓家族中没跑得了的，无论男女老幼全部屠杀，接着“焚平阳宫室”。如此一来刘姓皇族基本死尽，平阳成为荒城。刘曜则欢欢喜喜地做皇帝过瘾去，然而屠各的命运也无法延续多久了。

6. 屠各覆亡

公元 319 年，石勒派左长史王修率团向刘曜献捷致敬。

此时的石勒仅在名义上是前赵政权的大将，刘曜根本拘束不住石勒。看着王修等人前来行臣子之礼，刘曜自然是龙颜大悦，他慷慨地加封石勒为“大司马、大将军，进爵赵王，增封七郡，并前二十郡，出入警跸，冕十有二旒，乘金根车，驾六马，如曹公辅汉故事，夫人为王后，世子为王太子”，除此之外石勒使团的王修和副使刘茂也都拜为将军，封列侯。

本来一切都是客客气气皆大欢喜的，结果一个使团中的叛逃者坏了整个好

北朝壁画狩猎图，胡人骑射的传统依旧未丢

事。此人是舍人曹平乐，他对刘曜进谗言说：“石勒所以进贡，并不是效忠‘中央’，而是另有其他的阴谋，目的在探听虚实。代表团早晨返回，石勒晚上就发兵攻击了。”

当时刘曜的军队经过连续作战已经极为虚弱疲敝，他害怕王修回去果然会让石勒进攻自己，于是立即派人将使团成员追回杀头。

刘茂腿快侥幸逃归后把经过报告石勒，石勒大怒，立刻将曹平乐诛灭三族。紧接着刘曜又宣布先前说的那些赵王什么的封号待遇全部取消，石勒更怒。他激愤地说道：“刘家天下全靠我打下来，若不是我他们哪有南面称朕的机会！如今刘曜称帝我好心派使者效忠祝贺，他竟然听信小人之言杀害使者！什么赵王、赵帝，还不是我自己一句话就能做！”紧接着石勒自立为赵王宣布独立，脱离前赵伪政府建立后赵新政权。

前、后赵这两个政权都继承了刘聪胡汉分治的办法，尤其在前赵统治区更是采取了一些革新措施。刘曜自己做皇帝后直接统治汉人，让儿子刘胤做大单于依靠各胡人部落豪帅统治各自的族人。又在左、右贤王以下设置官职，由各胡人部族的上层人士担任，略有些“民族自治”的意味，以此来拉拢保证胡人们的效忠。这样一来关陇地区的氐人和羌人无不降服，最盛时前赵政权拥兵二十八万五千人。

刘曜充分利用汉族文化传统来加强统治，他在长安“立太学于长乐宫东，小学于未央宫西”，挑选年龄在十三岁以上、二十五岁以下的青少年一千五百人入学就读。学生们在其中学习儒家经典，又任命儒生官员教授讲习。这些学员学成后即成为前赵政权的官员预备人选，其中通过考试成绩“上第”者直接授予郎中的官衔。通过这些手段，刘曜争取到汉人士族人士的拥护，从而初步稳定了自己的政权。

虽然上述措施听起来很美，可是在刘曜统治下生活并不容易。前赵政权定有较重的租税制度，又实行严苛的法律，再加上劳役频繁，所以很快让百姓们领教到匈奴政权惯有的暴虐苛政。

在屁股还没在龙椅上坐稳的情况下，刘曜不是休养生息积蓄国力，反而大兴土木为自己的父亲和妻子营造陵墓，仅此一项工程便令他的小小国土上哀号遍野，不得休养的百姓民怨沸腾。

在公元 320 年关中的巴氐胡人便揭竿而起跟老刘家干上了，紧接着各地胡人群起响应，暴动迅速发展到三十万人之多。光禄大夫游子远用尽软硬兼施的手段招降了胡人暴动首领权渠，刘曜拜权渠为征西将军、西戎公，分徙伊余兄弟及其部落二十余万口于长安。“西戎之中，权渠部最强，皆禀其命而为寇暴，权渠既降，莫不归附”，于是这场胡人的反叛被镇压了下去。

正所谓按下葫芦浮起瓢，公元 322 年，秦陇汉族百姓又在陈安率领下大举起义。陈安是善武之人，“安左手奋七尺大刀，右手执丈八蛇矛，近交则刀矛俱发，辄害五六；远则双带鞬服，左右驰射而走”。他联络陇右胡人各部一起响应，起义军顷刻间便达到十余万人。刘曜亲自率军镇压，并征伐各部豪帅发其部众分路进剿。陈安率部血战后被杀，起义持续了一年半才被彻底镇压。

历经两场大起义折腾的前赵政权还来不及喘息，石勒的后赵便已经打上门来。

公元 324 年，后赵司州刺史发兵击杀前赵河南太守尹平于新安，并掠五千户而归。自此揭开了前后赵之间争霸战的序幕，“自是二赵构隙，日相攻掠，河东、弘农之间，民不聊生矣”。

经过一系列伤亡惨重的会战之后，公元 328 年石虎率军四万进攻前赵，刘曜率倾国精兵与之会战。石虎见势不妙便跑路，结果刘曜一路追来深入后赵围攻洛阳，周边郡县顺风而降，后赵举国震动。石勒处变不惊，他亲率六万步兵和二万七千骑兵出击围困洛阳的刘曜。

刘曜曾是屠各匈奴贵族中最认真接受汉族文化的君主，此时却彻底陷入匈奴人的嗜酒传统之中：“曜不抚士众，专与嬖臣饮博，左右或谏，曜怒，以为妖言，斩之。”

当他得知石勒率大军来袭时才惊慌失措地率十余万大军在洛水以西布阵，决战时竟然还先饮酒数斗才出战，在阵前又痛饮一番，后赵大将石堪率军突击导致前赵军大溃时，刘曜“昏醉急退，马陷石渠，坠于冰上，身上受伤十余处”，前赵皇帝就这样稀里糊涂地做了俘虏，前赵军五万余人被杀，战争就此结束。

当刘曜被押到石勒面前时，这位皇帝俘虏还试图拯救自己：“石王！忆重门之盟否？”

石勒回答说：“今日之事是上天注定的，还废什么话！”

石勒将刘曜关押在襄国永丰小城，“给其妓妾，严兵围守”。此时刘曜才悲叹说：“今日之祸，都是我咎由自取啊！”

石勒令他给儿子刘熙写信招降，刘曜却在此时开始保持一个皇帝应有的气节，他写道：“与诸大臣匡维社稷，勿以吾易意也。”石勒看后大怒，便杀死了刘曜。

刘曜虽不屈而死，但是前赵太子刘熙却已经丧胆，他与南阳王刘胤、刘咸等商议放弃长安西保秦州。尚书胡勋劝阻说：“今虽丧主，国尚全完，将士情一，未有离叛，可共并力拒险，走未晚也。”刘熙一听竟有人胆敢劝自己全力抵抗石勒，立即认为是妖言惑众，立斩之，接着率百官逃往上邽。如此一来前赵士气崩溃，“关中扰乱”，前赵将军蒋英、辛恕决定立即跳槽，他们拥众数十万占据长安，遣使招石勒，石勒派石生率军前往接收。

刘熙这时才后悔，又率众数万反攻长安，一时间本来投降的陇东、武都、安定、新平、北地、扶风、始平诸郡尽皆起兵响应。但刘熙被石虎击败擒获，石虎将刘熙和其他前赵宗室成员以及文武百官三千余人全部屠杀，“又坑其王公等及五郡屠各五千余人于洛阳”。

至此，刘渊所开创的屠各和南匈奴联合政权灰飞烟灭，屠各人二十七年的野心最后不过只是黄粱一梦罢了……

前赵覆灭后并州匈奴却没有绝种，他们虽然遭到极大打击但还是有所存留。匈奴人散居在并州和秦雍之间，其中的刘、乔与呼延氏都是匈奴中的大姓。

公元416年，并州匈奴数万落叛乱，他们进入平阳，推举故右贤王之后曹弘为大单于。后秦政权派征东将军姚懿前往镇压，姚懿擒获曹弘后押送长安，后来又将一万五千余落参与叛乱的匈奴人迁徙到雍州。

到了公元428年还有关于并州匈奴后裔的记录，在这之后他们就与其他民族融合而销声匿迹了。

第二节 最后的匈奴

1. 勃勃之野心 淝水之战后被短暂统一的北方再度天下大乱，又一位匈奴后裔趁机揭竿而起建立了属于自己的割据政权。这位叫作赫连勃勃的野心家与刘渊不同，他是正牌的南匈奴后裔。他的种族非常独特，名字叫作铁弗匈奴。所谓铁弗匈奴，指的是父亲为匈奴而母亲为鲜卑的后代。这个匈奴分支是在南北朝时期才出现的，可以说是当时民族大融合进程的产物之一。

由于不同民族的胡人们交错杂居，所以大大增加了通婚的概率。既然父匈奴母鲜卑叫作铁弗，那么反过来母匈奴父鲜卑又会被称之为什么呢？历史上没有确切定论，不少人怀疑应该就是鲜卑拓跋部。

要论述赫连勃勃的事迹，应当先从他的祖先刘虎说起。刘虎的祖父是末代南单于呼厨泉的右贤王去卑，公元 216 年呼厨泉率领诸王到邺城朝见，曹操趁机授予他官职后将其留下，而派遣去卑归平阳监国执政。

这一时期并州匈奴汉化大大加速，到了去卑的孙子时就已经改用汉族姓名刘虎了。身为正牌的南匈奴后裔，刘虎依附于刘聪的汉政权并曾与晋帝国的并州刺史刘琨交战。

公元 310 年，刘虎率部众与白部鲜卑联合进攻刘琨，刘琨便“遣使卑辞厚礼说鲜卑拓跋猗卢以请兵。猗卢使其弟弗之子郁律率骑二万助之，遂破刘虎、白部，屠其营”，刘琨与猗卢结为兄弟，表猗卢为大单于，以代郡封之为代公。但是拓跋猗卢不久就在代郡自立为代王，建立起割据政权。刘虎收拾残部跑到朔方肆卢川休整，他虽然打了败仗，刘聪还是以他是匈奴宗室之后拜为楼烦公。

刘虎死后，其子务桓统辖其众。务桓一方面归附于代并娶代王什翼犍之女拓跋氏为妻，另一方面又与赵政权的石虎结好。务桓死后经过一番内部争斗，第三子刘卫辰最终胜利。刘卫辰继续其父的两面派手法，向什翼犍表示效忠并娶其女拓跋氏为妻，同时再与前秦苻坚结好，苻坚授予刘卫辰左贤王的称号。刘卫辰的手段不过是左右逢源以自保，而代与前秦也因为他居于朔方塞外，部落有千余户而拉拢控制他。

铁弗部落是半农耕半游牧经济，刘卫辰向苻坚借地耕种，许诺春来秋去。苻坚同意后铁弗部落便再度进入塞内，力量也渐渐强盛起来。

公元 365 年，刘卫辰背叛苻坚联合其他匈奴部落攻击前秦的杏城，结果被苻坚击败擒获。由于苻坚打算借助匈奴力量经略中原，所以没有杀刘卫辰，反而授予其夏阳公爵位，仍然让他统领部众。

公元 367 年，拓跋代认为刘卫辰已经彻底投靠前秦，所以起兵讨伐。刘卫辰没想到居然会被岳父攻击，一时大溃，这时苻坚又保护了他。后来前秦击灭拓跋代，苻坚封刘卫辰为西单于。到北魏拓跋珪兴起时，刘卫辰据守朔方代来城，手下控弦之士三万八千，颇为强盛。于是成为西燕、后秦等割据政权争相拉拢的对象。

到了公元 391 年，刘卫辰派军攻击北魏，北魏反击灭了刘卫辰部。就在铁弗人四散之际，刘卫辰的第三子刘勃勃逃至后秦姚兴属下的高平公没奕干手下，没奕干看刘勃勃身材魁梧、仪表俊美、聪明过人、敏捷善辩，一想：真佳婿也！于是将女儿嫁给刘勃勃。刘勃勃受到姚兴的赏识，被任命为安北将军、五原公，镇守朔方。姚兴分配给刘勃勃三交五部鲜卑和杂虏二万余落，铁弗部似乎又开始复兴。

事情到了这里，本来还算是圆满。但是在公元 407 年，当后秦与北魏结好时，刘勃勃便愤而叛秦。他的第一个报复对象竟然是自己的老岳父：刘勃勃集合自己的部众三万余人先是抢了柔然可汗献给后秦的八千匹马，接着假装游猎来到没奕干驻地，一举袭杀了倒霉的高平公并吞并了其部众。

刘勃勃也是受汉化影响的匈奴首领，他可能是看了司马迁老先生的《史记·匈奴列传》，所以认定匈奴是夏朝后裔、大禹传人。在叛乱的同一年六月，刘勃勃同志向部众宣布：“从此后我就是大夏天王兼匈奴大单于，你们就是大夏国公民，咱的年号叫作‘龙升’，咱的敌人是后秦和西夏！”接下来刘勃勃完全照搬中原王朝的形式设立文武百官，然后誓师出发攻击姚兴。从此后刘勃勃与姚兴连年交战，不断夺取胜利。

到了公元 413 年三月，刘勃勃征发岭北汉胡民众十万人在朔方之北、黑水之南修筑都城统万城，并改元“凤翔”。刘勃勃认为自己的姓氏是从祖先母系的汉

赫连勃勃的统万城遗址

从遗址一角就能看出当年统万城的壮丽规模

室刘姓而来，以他的眼光来看“子而从母之姓，非礼也”，于是改名为赫连勃勃，赫连是天的意思。又下令部众中凡是非赫连正统的宗室一律以铁伐为姓氏，以表示刚锐如铁，都能伐人。

虽说赫连勃勃自命为天子，可这位天子却是暴虐非凡之人，在修筑象征着“一统天下，君临万邦”之意的统万城时，赫连勃勃以叱干阿利为将作大匠监工，“阿利性尤工巧，然残忍刻暴，乃蒸土筑城，锥入一寸，即杀作者而并筑之”。叱干阿利如此残暴的手段竟然被赫连勃勃认为是大大的忠臣，继续令其负责监督制造兵器。于是又一场灾难开始了：“既成呈之，工匠必有死者：射甲不入，即斩弓人；如其入也，便斩铠匠”，到最后器具造成之时，被杀害的工匠竟多达数千人。

赫连勃勃的战马石雕

赫连勃勃不但重用酷吏，自己也是暴君。他“常居城上，置弓剑于侧，有所嫌忿，便手自杀之，群臣忤视者毁其目，笑者决其唇，谏者谓之诽谤，先截其舌而后斩之”，在做这些疯狂杀戮的时候，赫连勃勃倒是绝不搞胡汉分治的种族歧视政策——他杀起人来不分胡汉。只要这位“天子”心念一动，定然是生灵涂炭血流成河。赫连勃勃打起仗来同样嗜杀成性，做他的俘虏绝无好下场，动辄便是“坑战士二万人”“坑将士四千余人，以女弱为军赏”之类骇人听闻的记录。

赫连勃勃不但嗜杀，而且出奇的虚荣。他向南梁君主秃发傉檀求婚不成后，恼羞成怒，立即“率骑二万伐之，自杨非至于支阳三百余里，杀伤万余人，驱掠二万七千口、牛马羊数十万而还”。当与东晋权臣刘裕通使约为兄弟时，却又先令侍郎皇甫徽写好言辞优美的复书背熟，当着刘裕使者的面一边口述一边令舍人记录，表演了一番“出口成章”的好戏。当刘裕看到复书后果然被蒙在鼓里，又听说赫连勃勃相貌英挺，于是连连自叹不如。

虽有百般缺点，但赫连勃勃其人却也有过人之处。他对天下局势演变判断很准，对敌国内部情况了如指掌。

当刘裕北伐攻克长安后，北方割据政权均大为紧张，而赫连勃勃却对群臣说："刘裕伐秦，水陆兼进，且裕有高世之略，姚泓岂能自固！吾验以天时人事，必当克之。又其兄弟内叛，安可以拒人！裕既克长安，利在速返，正可留子弟及诸将守关中。待裕发轸，吾取之若拾芥耳，不足复劳吾士马。"

后来时局果然如赫连勃勃所料，刘裕在击败姚泓灭秦之后，立即南返以防被他人夺权。而赫连勃勃毫不顾忌与刘裕的兄弟之约，他挥军南下击败晋军夺取长安，并在霸上即皇帝位，改元为"昌武"。回到统万城后，赫连勃勃继续发挥意淫本色，他"名其南门曰朝宋门，东门曰招魏门，西门曰服凉门，北门曰平朔门"，这四扇门分别把大江南北的主要竞争对手数落了个遍，而众邻居们也只能纷纷表示"生活基本不受影响"……

赫连勃勃自己残暴不仁，他的儿子们也彼此自相残杀。当初他立太子赫连璝，后来又打算改立酒泉公赫连伦。公元 424 年，镇守长安的赫连璝发兵七万攻杀赫连伦，后来太原公赫连昌又袭杀赫连璝，当最后的胜利者带着数万大军返回统万城时，目睹了儿子们自相残杀悲剧的赫连勃勃只好下令以赫连昌为太子。

公元 425 年八月，赫连勃勃去世，赫连昌继位后改元"承光"。就在此时，一直虎视眈眈的北魏王朝开始摩拳擦掌了。因为赫连氏兄弟相攻内部动乱，所以北魏太武帝拓跋焘打算除掉这个眼中钉肉中刺。问题是当时柔然可汗屡屡南下入寇，所以拓跋焘有些犹豫。他问计于大臣时，太常崔浩说："柔然来去无踪不好对付，而赫连氏土地不过千里，统治者倒行逆施，人神共愤，上天早已将其遗弃，自然应该先讨伐他们。"

于是在公元 426 年，北魏两线出击大举攻夏，北线打到统万城下暂时未克，于是将俘获的百姓万余家掠回北魏都城平城，沿途死亡约四成之多；南线则一举攻克长安，邻近郡县望风而降。

公元 427 年，拓跋焘用计诱使赫连昌出城会战，他自己则在阵前马失前蹄，幸亏拓跋齐拼死救护才得以脱险。接着北魏攻下统万城，赫连昌逃往上邽。拓跋焘进入统万城后参观了"后妃、宫人等以万数，府库珍宝、器物不计其数，马三十余万匹，牛羊数千万头”，以及那些壮丽的宫殿和富丽堂皇穷奢极欲的装饰后，对左右发出了如下感慨：“一个巴掌大点的小国，竟敢如此滥用民力！怎能不灭亡！”

公元 428 年，北魏进攻上邽。这回轮到赫连昌摔跤了，他在败退时以马失前蹄嘴啃泥、坠地被擒的喜剧方式结束了这场战争。

赫连昌被俘后，拓跋焘对他十分礼遇。不仅使其住在西宫，更把妹妹始平公主嫁给他，并封为会稽公。公元 430 年，赫连昌又被封为秦王。

就算拓跋焘如此厚待，仍然无法令赫连昌真心归顺。公元 434 年，赫连昌叛魏西逃，途中被抓获格杀。

赫连昌被擒北魏撤军后，其弟赫连定收拢数万败军回归上邽称帝，改元“胜光”。

北魏军再度攻击赫连定，穷追之下竟被其所败，北魏军军心动摇，竟至于弃守长安而逃。赫连定随即向北魏求和，但是拓跋焘则因这意外失利勃然大怒，他勒令赫连定赶紧投案自首。

既然谈判不成，那就只有打下去。

公元 429 年，赫连定率军反攻统万，结果走到半路上又不敢前进了。他想起父亲赫连勃勃一向不喜欢凶暴无赖的自己，于是登上苛蓝山遥望统万城哭着说：“如果当初让我即位的话，岂有今日？”

此后赫连定与拓跋焘数次交锋，由于国力差距甚大而渐渐不支，连长安也被夺去。赫连定遂打算联结南朝刘宋共同对付北魏，拓跋焘得知后决定立即消灭赫连定。在北魏兵锋逼迫之下，赫连定先灭掉已经奄奄一息的西秦，又打算渡黄河再攻北凉。结果在赫连定半渡黄河时遭到吐谷浑王慕璝袭击，赫连定被俘后转卖给北魏。

公元 432 年，铁弗匈奴的最后一位首领被北魏处死。

至此，铁弗匈奴绵延二十五年的勃勃野心终于画上了血淋淋的句号。

2. 卢水胡的传奇

《后汉书·西羌传》中曾记录了一个羌族妇女被捕的事件：羌人中的烧何部落女酋长比铜钳本来在老家过得好好的，结果来了群自称为卢水胡人的蛮子把她的部众打得落花流水。失去家园的比铜钳只得来依附汉帝国的临羌县求生，可惜比铜钳的部众们缺乏法律意识手脚不干净，于是临羌长便逮捕比铜钳法办，这是卢水胡第一次出现在史书上的记录。

《西羌传》随后又准确记载了在公元 77 年夏天时，胡人首领迷吾打算叛乱出塞，结果附近的属国卢水胡人群起响应。这些记载说明卢水胡是匈奴投降汉帝国的后裔分支，他们居住的地方在河西一带，卢水胡是汉代属国兵力中的重要组成部分，曾多次被征发参与对匈奴的战争，例如公元 73 年卢水胡骑就随着窦固出酒泉塞出击北匈奴。

认定卢水胡属于匈奴的证据其实比较单薄，主要在于对南北朝时期的卢水胡人领袖沮渠蒙逊家系的考证，沮渠蒙逊的祖先为匈奴左且渠，所以后代以官职为姓氏。沮渠蒙逊也记作大且渠蒙逊，《宋书》中解释说他的祖先担任过左、右沮渠的职务，其后裔不仅以官职为姓氏还加上一个“大”以表示自己是酋豪的身份。西汉时代有过记载,匈奴中有高官职务名为大沮渠,非匈奴贵族不得担任,所以《宋书》的解释未必靠得住，但无论如何卢水胡都被视为匈奴一支。

从汉末开始，卢水胡和其他少数民族一同向中原渗透，并不断有大规模叛乱记录。南北朝时期是群雄蜂拥而起竞相逐鹿的乱世，而居住在凉州一带的卢水胡人也不甘寂寞，当他们得到伟大领袖沮渠蒙逊的时候，一切都将为之改变。

沮渠蒙逊是临松卢水胡人，此人也是汉化了的匈奴贵族，“蒙逊博涉群史，颇晓天文，雄杰有英略，滑稽善权变”，因此先后统治过凉州的梁熙、吕光，沮渠蒙逊知道鹤立鸡群往往是变成特大号烧鸡的下场，所以常以游逛痛饮的浪荡公子形象自我保护。

公元 397 年，后梁王吕光进攻后秦，沮渠蒙逊的伯父沮渠罗仇和沮渠麹粥都作为部将跟随出征。大伙儿兴高采烈地出发，结果稀里哗啦地败回来。三河太守沮渠麹粥对哥哥沮渠罗仇说：“吕光其人荒耄骄纵，尽听信谗言。如今打了败仗难免要拿部下出气来推卸自己的责任，我们平素就为其所忌惮，这次一定在劫难逃。与其这样不明不白地死在昏君手上，还不如率部众向西平而去，只要我们起事定然四方响应，凉州立即就是我们的了。”

沮渠罗仇却说：“你说得很在理，但咱家世代以忠孝闻名于世，不能叛变主上坏了家族的名声。还是宁人负我，无我负人吧……”

两兄弟协商不成，不久“皆为光所杀”。

沮渠蒙逊对伯父之死极为悲愤，他在葬礼上对前来吊唁的“姻诸部会葬者万余人”发表了独立宣言：“当初汉室中微之时，我家祖先就帮助窦融保护河西平安。如今吕王昏耄，荒虐无道，滥杀无辜！既然我们的先辈曾经雄踞河西，那么为何我们不为两位伯父报仇雪恨，恢复祖先的基业呢？”

卢水胡表演艺术家沮渠蒙逊声泪俱下，听众无不热血沸腾，“众咸称万岁”。于是大伙儿立刻砍了吕光的中田护军马邃和临松令井祥，拿这俩倒霉蛋的人头祭旗造反，“一旬之间，众至万余”。

沮渠蒙逊屯据金山，扯虎皮做大旗做起了山大王。可惜他没有赫连勃勃那样高的野战水平，再加上刚开始造反人手也不够，于是被吕光派出的平叛部队在忽谷打成了“散黄儿鸡蛋”。造反群众基本被打光，领袖本人躲进山里跟官兵玩起了“藏猫猫”。

眼看卢水胡人的大业就要失败，幸而星星之火已经扩散。沮渠蒙逊的堂兄沮渠男成当时是后凉将军，听到弟弟高举义旗的消息后一时激动之下也率部叛变了，这股叛军可不是乌合之众，他们把吕光的平叛部队打得满地找牙，连政府军主将酒泉太守垒澄都丢了脑袋。

沮渠男成继而率部围攻建康城，并派人进城劝降据守的建康太守段业说：“吕光昏庸无道，后凉领土不过一州之地却叛者连城，瓦解倒台只在须臾之间！如今百姓期盼明主，而段君有盖世之才，何必为垂危之国效力？不如请您到凉州做君主，以救河西百姓，您意下如何？”

段业开始认定这是在忽悠自己，于是高风亮节坚决不从。后来相持俩月了还不见救兵来，段业只好联系沮渠男成说：“男成啊，上次你说的事吧，我想了想觉得还成。”

这样一来段业也入伙造反者行列，他被沮渠男成等人推举为“大都督、龙骧大将军、凉州牧、建康公，改吕光龙飞二年为神玺元年”。沮渠蒙逊闻讯连忙带着残部赶来投奔，于是“业以蒙逊为张掖太守，男成为辅国将军，委以军国之任”。

此后凉州的革命事业发展顺利，沮渠蒙逊率部“引水灌城”，冲塌了后凉西郡城墙，抓获了吕光侄子太守吕纯。此战之后晋昌、敦煌两郡皆降。此后他又劝阻段业不要追击败退的吕弘，不要让臧莫孩据守西安城，段业不听，结果都失败了。虽然段业感叹一句："孤不能用子房之言，以至于此！"但是也开始忌惮比自己更有才华的沮渠蒙逊，于是"蒙逊惧业不能容己，每匿智以避之"。

公元 399 年二月，段业称凉王，建立北凉国，改元"天玺"，"以蒙逊为尚书左丞，梁中庸为右丞"。

北凉建立后民心不稳，不少将领背叛自立。段业一面派沮渠蒙逊等人镇压，一面更加忌惮这个野心勃勃又颇具才华的手下。于是他决定把沮渠蒙逊调任临池太守，以使其远离自己身边。这样一来沮渠蒙逊留下的空缺立即被段业亲信马权填补，马权智勇双全又时常轻侮沮渠蒙逊。沮渠蒙逊气恨交加之下立即使出阴招：他串通巫卜之人跑到段业面前进谗言说："天下群雄都不足为虑，但是马权怀有二心才是大王的心腹大患啊！"深信占卜和巫术的段业竟然听信了沮渠蒙逊的鬼话，找茬把马权一刀砍了。虽然沮渠蒙逊除掉了马权，段业却依旧忌惮他如故。被逼急了以后，沮渠蒙逊干脆打算除掉段业，他找沮渠男成商量说："段业是个昏庸之主，绝没有成大事的才华。我打算除掉他，然后以兄长为凉州之主如何？"

沮渠男成回答说："绝对不可！段业本是孤客，因我们沮渠氏推举才能为君主。他依靠我们兄弟好似如鱼得水。人家亲信我们，我们怎能背叛他？如此做法定然不祥，会遭报应。"

两人之间的对话颇似当年的沮渠罗仇和沮渠麹粥，不过沮渠蒙逊可不是沮渠罗仇，愿意陪着哥哥同生共死。他一咬牙：好，既然男成你不助我，那么只好为了革命大业牺牲你了！

公元 401 年四月，沮渠蒙逊请求做西安太守，这正合段业之意，自然痛快答允。接着沮渠蒙逊又约沮渠男成一同祭拜兰门山，男成不知其诡计也一口答应。沮渠蒙逊便向段业告密说："我兄男成打算叛变大王！他要在节假日动手，如果到时他请求祭拜兰门山那就是动手信号了！"段业闻讯大惊，到了约定日期沮渠男成果然向他请求祭拜兰门山，于是段业立即将这位隐藏在革命队伍中的大叛徒逮捕，看在多年革命同志的情面上没有开刀问斩，而是逼迫沮渠男成自杀。

沮渠男成情知被弟弟暗算，他悲愤地辩解说："这都是我弟弟沮渠蒙逊的诡计！他先前与我商议谋反被我拒绝，我念及兄弟情分没有告发他。如今他执意要动手叛乱，因为担心有我在的话卢水胡部众不会听他的话，所以这才约我同祭兰门山，又暗中向大王诬告以借刀杀人！请大王先关押着我，而向外宣布我已经身亡。沮渠蒙逊闻讯定然叛乱，那时我再现身揭露他的罪恶，为大王率兵平叛，定然无往不胜啊！”这一番辩白即使是铁石心肠的人也会为之所动，可段业这样满脑子糨糊的榆木脑袋竟然听不进去，他令人杀害了沮渠男成，一位英雄就此冤死。

沮渠蒙逊等待的机会终于到来，他如五年前在伯父葬礼上那样再度声泪俱下地真情表白：“我兄忠于段业，竟然被段业无故冤杀！当初我拥立段业是把他当成陈胜、吴广一般的豪杰，可实际上他是听信谗言滥杀忠良的浑蛋，男成这般赤胆忠心的好汉死在昏君手下令人切齿痛恨！难道这样的人可以率领我们统一天下结束战乱吗？”

沮渠男成一向深得部众拥戴，其他凉州胡人首领也对其钦佩，于是沮渠蒙逊的煽动立即起效，葬礼又一次变成了誓师大会，气愤填膺的卢水胡和其他胡人随着这位宣传家再度造反。

当队伍抵达氐池之时已超过一万，而段业派出的镇压部队纷纷倒戈。连他的爱将镇军将军臧莫孩也率部投靠沮渠蒙逊，他又派出右将军田昂和武卫将军梁中庸平叛，结果两军一接触田昂便率五百骑加入沮渠蒙逊所部，梁中庸也随之而降。

不到一个月时间叛军直抵张掖城下，田昂之侄田承爱大开城门欢迎，段业左右全部逃散，沮渠蒙逊几乎是兵不血刃地获得胜利。随着段业人头落地，这位卢水胡革命家的大业似乎已经搞定。

沮渠蒙逊自立为大都督、大将军、凉州牧和张掖公，改元“永安”，定都张掖。“任命堂兄沮渠伏奴为镇军将军、张掖太守、和平侯，弟弟沮渠挐为建忠将军、都谷侯，田昂为镇南将军、西郡太守，臧莫孩为辅国将军，房晷、梁中庸为左右长史，张骘、谢正礼为左右司马。一时之间北凉国内“擢任贤才，文武咸悦”。

俗话说纸包不住火，沮渠蒙逊的把戏并不能永远维持下去，更何况是在叛乱无常的凉州地区。在他上台几个月后酒泉和凉宁两郡便投靠了西凉，后秦大将姚硕德又击破后梁。

一时之间北凉国内风雨飘摇，一夕数惊，沮渠蒙逊大为恐慌，打算率部东迁归附后秦。他派遣沮渠挐和牧府长史张潜去姑臧见姚硕德请降，姚硕德大喜之下封张潜为张掖太守，沮渠挐为建康太守。

两人回来后表现完全不一样：张潜劝沮渠蒙逊东迁，沮渠挐则私下对哥哥说：“吕氏犹存，姑臧未拔，硕德粮竭将远，不能久也。何故违离桑梓，受制于人？”辅国将军臧莫孩也认为有理，于是沮渠蒙逊心思又变了。他一刀砍了张潜，并向南凉求援。没想到南凉主秃发利鹿孤一面强迫北凉交出沮渠挐为人质，一面发兵趁火打劫掠北凉贵族及居民六千余户而去。沮渠蒙逊无奈只得屈从答应，南凉才放还所掠人等。

此事后沮渠蒙逊一边对后秦小心翼翼地应付，一边大力加强国力建设励精图治。他下令广泛收集人才并减免百姓赋税徭役，还让境内胡人“专攻南亩”从事农业生产。沮渠蒙逊对于内部贪官污吏的惩处很强力果断，他的伯父中田护军沮渠亲信和临松太守孔笃“并骄奢侵害，百姓苦之”。

沮渠蒙逊说：“乱吾国者，二伯父也，何以纲纪百姓乎！”于是“皆令自杀”。沮渠蒙逊甚至对背叛自己的人也予以宽恕，当西郡太守梁中庸投奔西凉后，沮渠蒙逊笑着说，“我与中庸情谊深厚，而他终不信我，我也不追究他了”，于是“乃尽归其妻孥”。

当时小国北凉所面对的局势是：中原为北魏和东晋两个王朝对峙，而北凉周边东有后凉，西有西凉，此外还有后秦也对北凉构成威胁。沮渠蒙逊为了生存而采用臣服大国吞并小国的策略，他向后秦入贡结盟，与后凉与南凉则多年攻战不休。

到了公元 412 年，北凉迁都至姑臧，沮渠蒙逊称河西王，改元“玄始”。此后北凉又开始与西秦连年交战，后来由于谁也吞并不了谁，遂于公元 417 年缔结和约。

公元418年，东晋刘裕北伐攻灭北凉多年的盟友后秦。沮渠蒙逊听说后“怒甚”，当时门下校郎刘祥正巧向他奏事，沮渠蒙逊见刘祥面带笑容便咬牙切齿地说：“汝闻刘裕入关，敢研研然也！”刘祥竟然因此被杀，沮渠蒙逊多年营造的和蔼面具被其内心深处的“峻暴”撕得粉碎。

纵然他再对刘裕不满，也不得不于公元 419 年向东晋奉表称臣。公元 421 年，北凉灭西凉，敦煌也归沮渠蒙逊所有。此时东晋已经被刘宋取代，沮渠蒙逊接着于公元423年派使者到建康朝贡，保持与南朝的友好关系。到了公元430年，沮渠蒙逊转而向已经称雄中原的北魏朝贡，把左右逢源的外交手段贯彻到底。

晚年的沮渠蒙逊变得荒淫暴虐，臣民们苦不堪言。公元433年，沮渠蒙逊去世。在他晚年时，北凉已经成为河西一带最强大的割据势力。但是曾经允诺沮渠蒙逊“盛衰存亡，与魏升降”的北魏王朝也准备趁机动手了，随着公元436年灭北燕，北凉已成为五胡十六国中仅存的一个。

北魏时期持盾武士俑

统一天下是任何一个称霸中原王朝的必然愿望，所以北凉的丧钟也就敲响了。

公元439年，拓跋焘以与北凉主沮渠牧犍通奸的嫂子李氏毒害嫁给沮渠牧犍的北魏武威公主为由，率大军伐凉。在困守姑臧数月后，沮渠牧犍被迫出降。

至此称雄凉州四十年的北凉灭亡，五胡十六国的时代彻底结束。沮渠牧犍开始被优待，到了公元447年因有人告发图谋叛乱而被赐死。

其实北凉的历史并没有就此结束，沮渠牧犍的弟弟沙州刺史沮渠无讳一度也向北魏投降，但随即又叛并试图收复故土。在北魏军事打击之下，沮渠无讳派弟弟沮渠安舟闯入西域攻占鄯善，后来又占据高昌。北魏以车师大帅车伊洛为平西将军与沮渠无讳和沮渠安舟相互攻伐多年。

公元444年，沮渠无讳死，沮渠安舟继立为北凉主。此后北凉在西域纵横，到了公元460年柔然可汗率部攻陷高昌击杀沮渠安舟。沮渠氏的余脉终于灭亡，此时距离沮渠蒙逊自立为王已经过去一个甲子了。

北凉虽然面积不大，但它为中国留下的东西却很多。

由于凉州是战乱时中原汉族士人避难的地点之一，历任统治者对士人多优

云冈石窟自北魏时期开始修建

凉州是战乱时中原汉族士人避难的地点之一，“子孙相乘，衣冠不坠”，为汉文化复兴保留了火种

待，所以这里“子孙相乘，衣冠不坠”。沮渠蒙逊对汉族人才颇为重视，沮渠牧犍更是喜爱汉族文学。所以当中原的汉族文化被战乱摧残几尽时，北凉这边还保存下了珍贵的火种。当北凉被灭后，它的历法、音乐、器物、服饰和典籍都被北魏引回中原推广复兴，在日后北魏快速的汉化历程中，这些北凉传承下来的汉族文化遗产也起到一定的助力作用。此外，北凉高层人士多信奉佛教，所以当北魏将北凉的经卷和僧侣们迁往平城时，更是为早已在北魏兴盛的佛教添砖加瓦。卢水胡在北凉的传奇，为匈奴的历史画上了一个句号。

3. 最后的匈奴 五胡十六国是匈奴在中国历史上的告别演出，如果我们对比中西古代历史的话，可以发现这也几乎和匈奴人正式谢幕的时间重合。

魏晋南北朝时期的匈奴内部几乎已经分成若干个新的独立民族，这些分支互不相属，彼此独立。同时匈奴内部的民族组织也几乎完全瓦解，匈奴人再也无法形成匈奴帝国时代的那种无坚不摧的合力。在南北朝时期，匈奴所建立起的三个政权都带有明显的汉族文化特点。而那些汉化了的匈奴人仍然在南北朝的各个政权中出仕任官，在史书上留下属于匈奴的点点斑痕。随着时光流逝，匈奴这个名字终于消失在时间长河之中。不过匈奴人没有灭亡，他们是与汉族、鲜卑和其他民族融合在一起了，正如在欧洲的匈奴人与其他蛮族融合成为斯拉夫人、匈牙利人和保加利亚人乃至于芬兰人。

金戈铁马的匈奴是草原的传奇，万里狂飙的胡儿是大地英豪。他们走得是那样匆忙，后世只能在史书和废墟中追寻他们的马啸与呼哨。忆往昔未央宫中运筹帷幄，单于庭里气吞山河，长城内外狼烟滚滚，河南地上呼哨马啸，西域之争浴血黄沙，多瑙河畔战鼓喧天。两千年斗转星移，把一切野心梦想都化成了点点尘埃；几万里风霜雪雨，将所有恩怨情仇皆消磨得烟消云散。

匈奴的传奇至此结束，此刻有一首席慕蓉的《出塞曲》在我心中反复回荡：

请为我唱一首出塞曲
用那遗忘了的古老言语
请用美丽的颤音轻轻呼唤

我心中的大好河山
那只有长城外才有的清香
谁说出塞歌的调子太悲凉
如果你不爱听
那是因为歌中没有你的渴望
而我们总是要一唱再唱
想着草原千里闪着金光
想着风沙呼啸过大漠
想着黄河岸啊阴山旁
英雄骑马壮
骑马荣归故乡

（全文完）